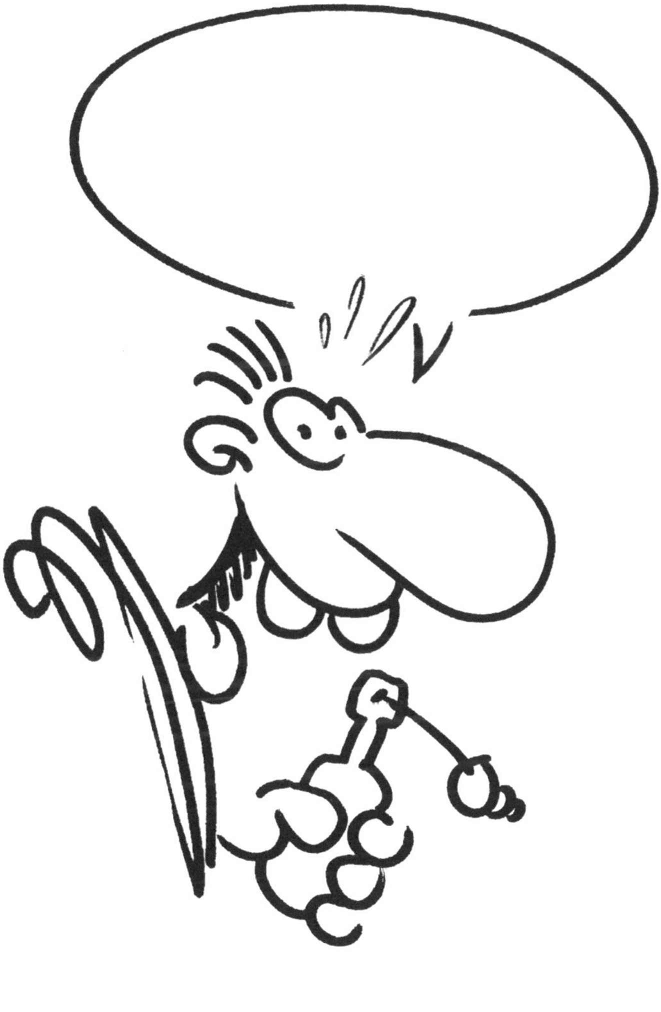

Story, Szenario und Zeichnungen
Brösel

Inspiration für „Werner und Andi in Berlin"
Wolfgang Krolow

Wir danken unserer Familie, unseren Mitarbeitern, unseren Freunden und allen, die uns geholfen haben.
– Rötger & Petra

Bröseline

Klimaneutral
Druckprodukt
ClimatePartner.com/10659-1811-1004

1. Auflage 2019 I Bröseline GmbH, Alte Dorfstraße 25, 24241 Sören I Fax: + 49 (0)4322/4422741 composs@t-online.de I I Originalausgabe: 1987 I 978-3-947626-05-2 I V.i.S.d.P.: Petra und Rötger Feldmann
Layout: Brösel & Tim Eckhorst I Supervision: Petra Feldmann
Druck: Schipplick & Winkler Printmedien GmbH, Lübeck
Vertrieb: PPM Peter Poluda Medienvertrieb e.K., Dörentrup
www.werner.de I www.werner-tv.de
Die Deutsche Nationalbibliothek verzeichnet diese Publikation in der Deutschen Nationalbibliografie: detallierte bibliografische Daten sind im Internet über http://dnb.d-nb.de abrufbar.

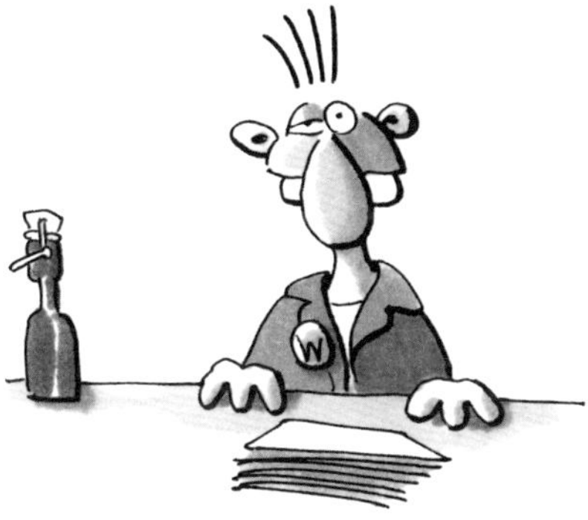

INHALT:

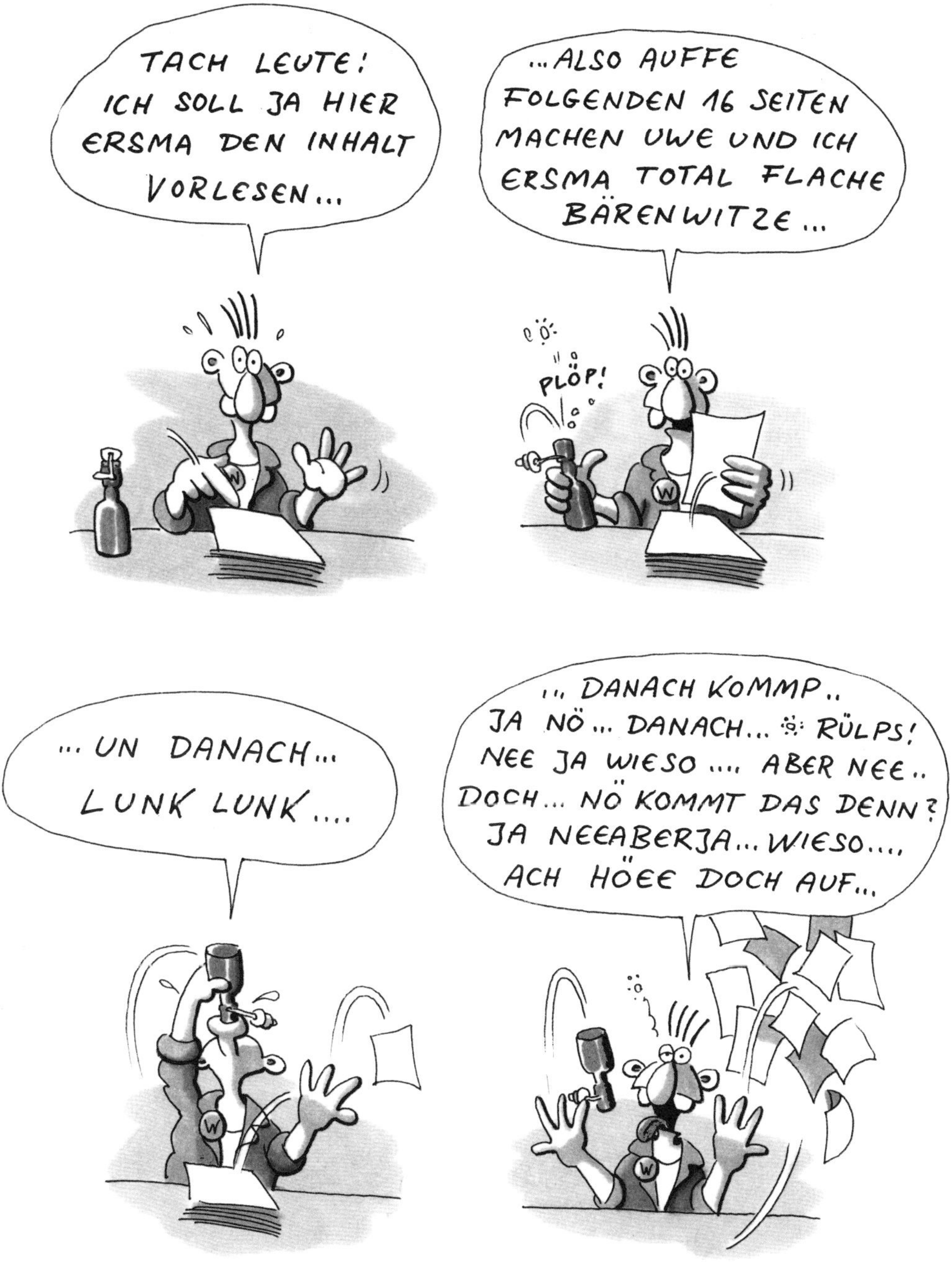
TACH LEUTE! ICH SOLL JA HIER ERSMA DEN INHALT VORLESEN...
...ALSO AUFFE FOLGENDEN 16 SEITEN MACHEN UWE UND ICH ERSMA TOTAL FLACHE BÄRENWITZE...
PLÖP!
...UN DANACH... LUNK LUNK....
... DANACH KOMMP.. JA NÖ... DANACH... RÜLPS! NEE JA WIESO .... ABER NEE.. DOCH... NÖ KOMMT DAS DENN? JA NEEABERJA... WIESO.... ACH HÖEE DOCH AUF...

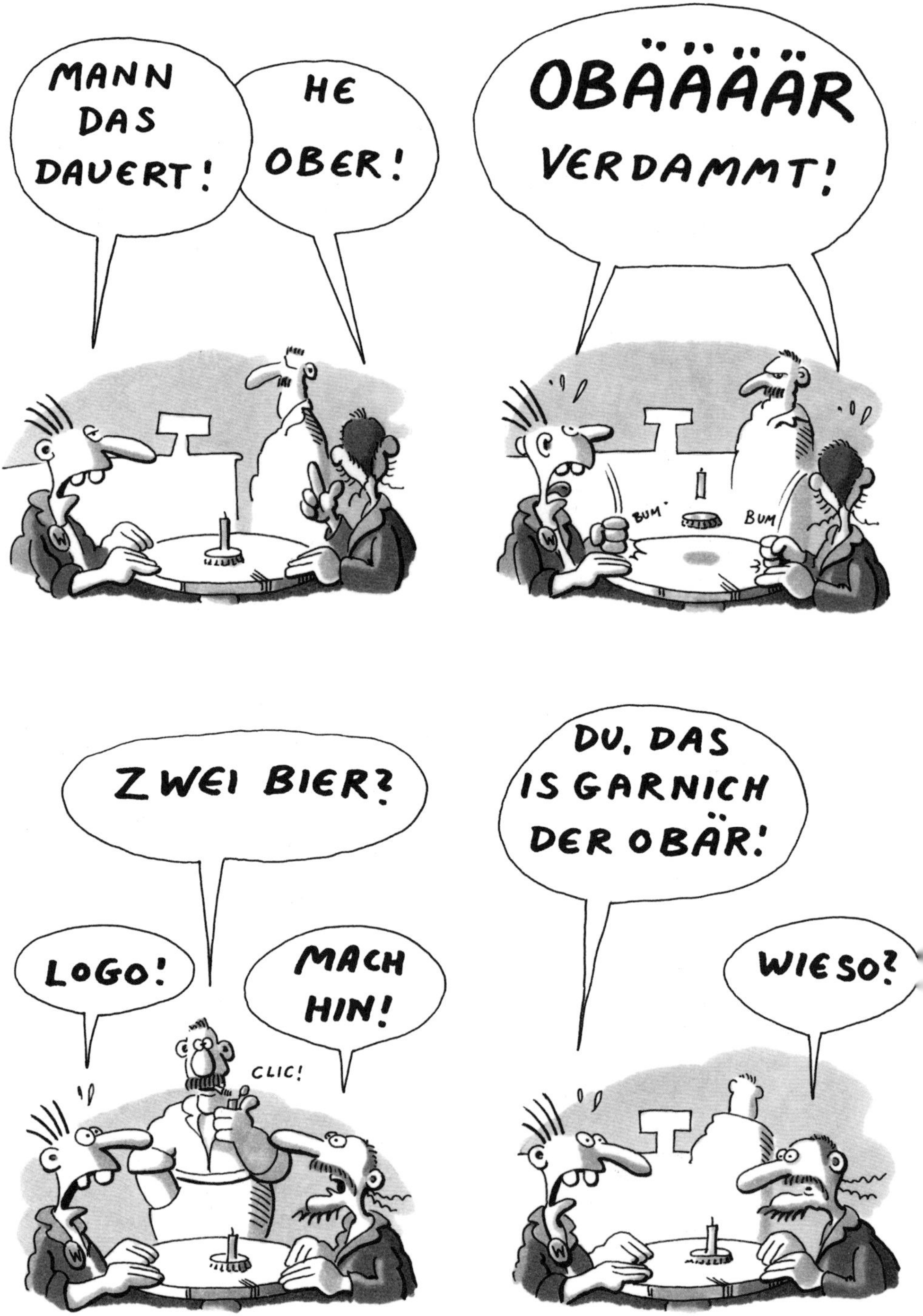
MANN DAS DAUERT!
HE OBER!
OBÄÄÄÄR VERDAMMT!
BUM
BUM
ZWEI BIER?
LOGO!
MACH HIN!
CLIC!
DU, DAS IS GARNICH DER OBÄR!
WIESO?

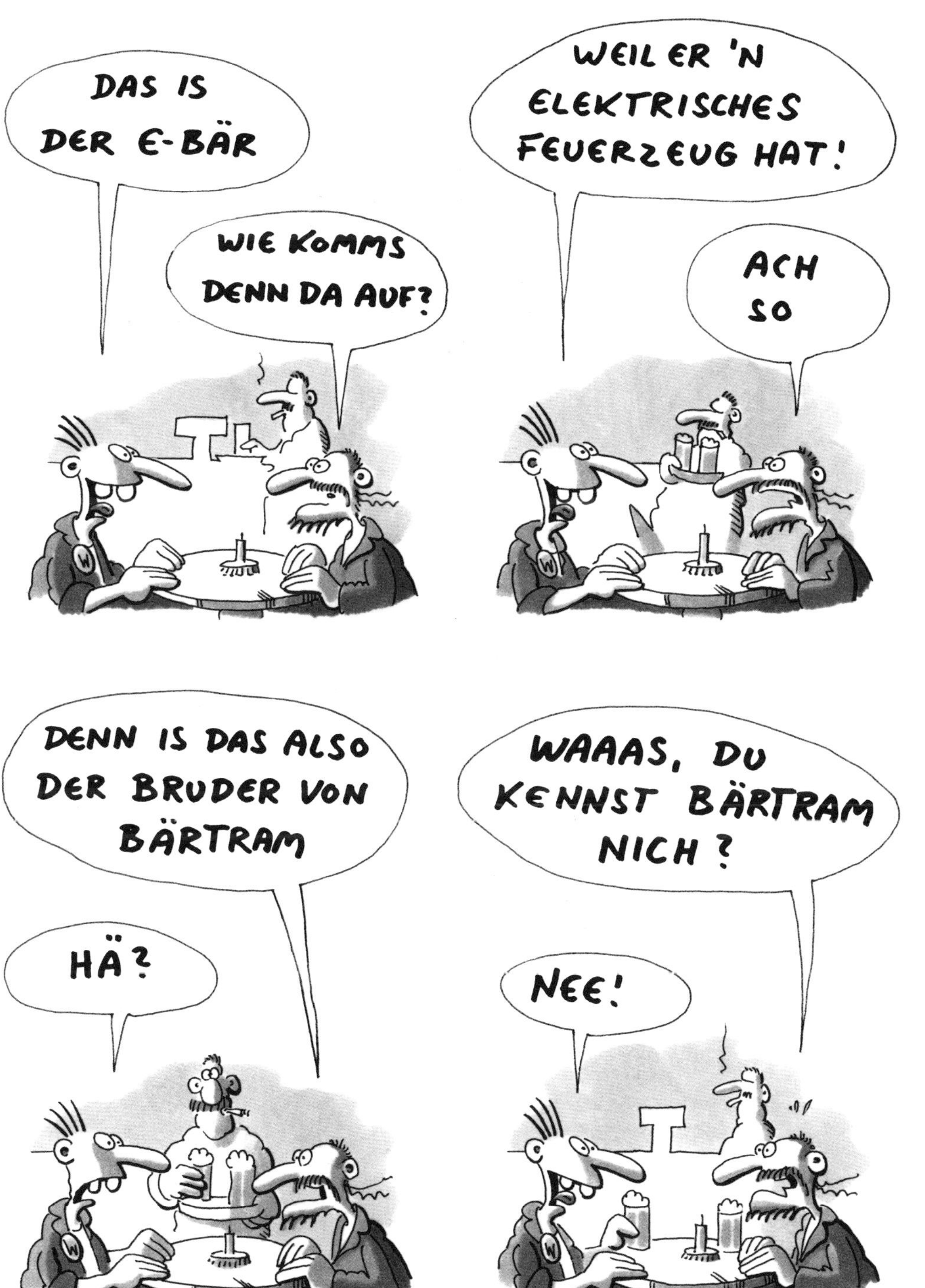
DAS IS DER E-BÄR
WIE KOMMS DENN DA AUF?
WEIL ER 'N ELEKTRISCHES FEUERZEUG HAT!
ACH SO
DENN IS DAS ALSO DER BRUDER VON BÄRTRAM
HÄ?
WAAAS, DU KENNST BÄRTRAM NICH?
NEE!

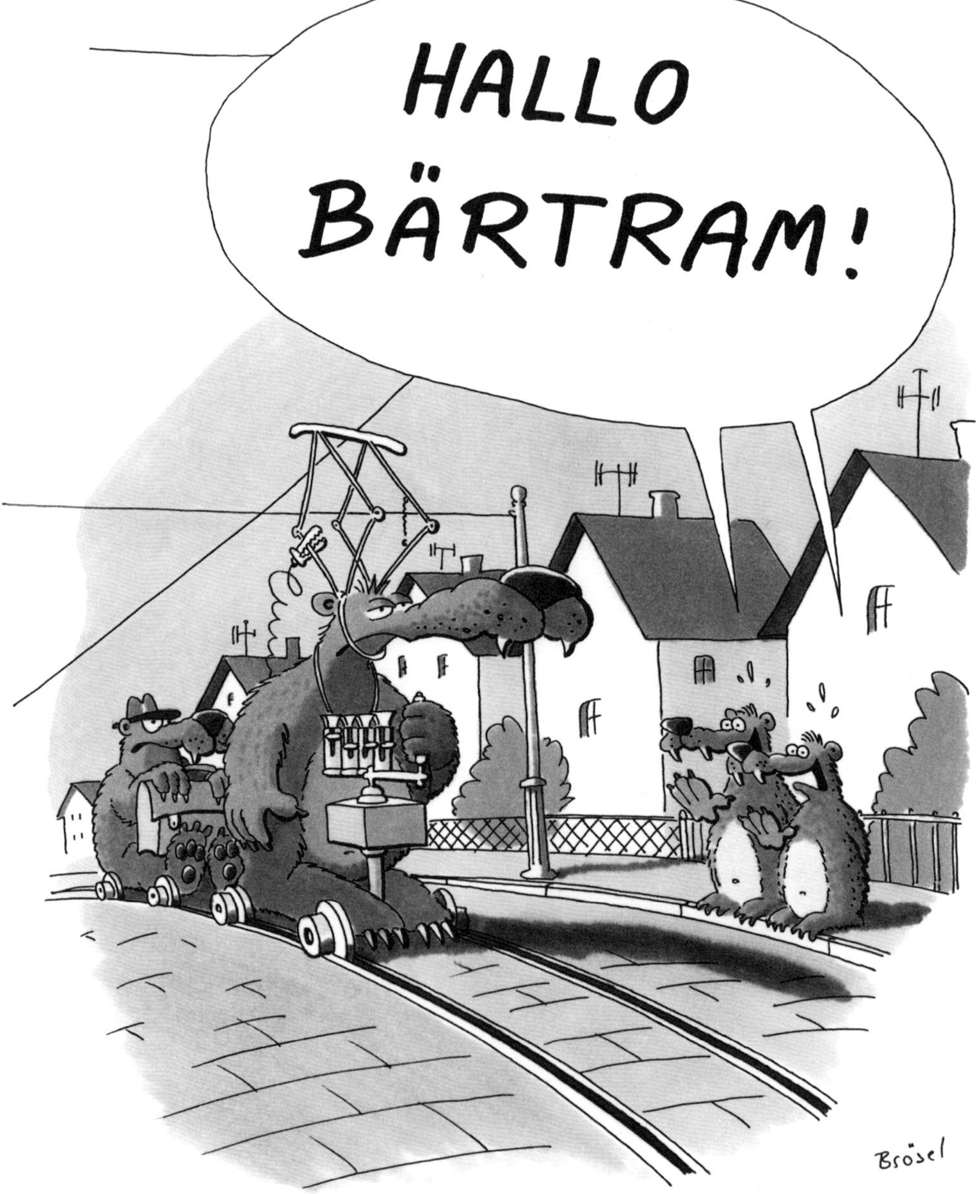
HALLO BÄRTRAM!
Brösel

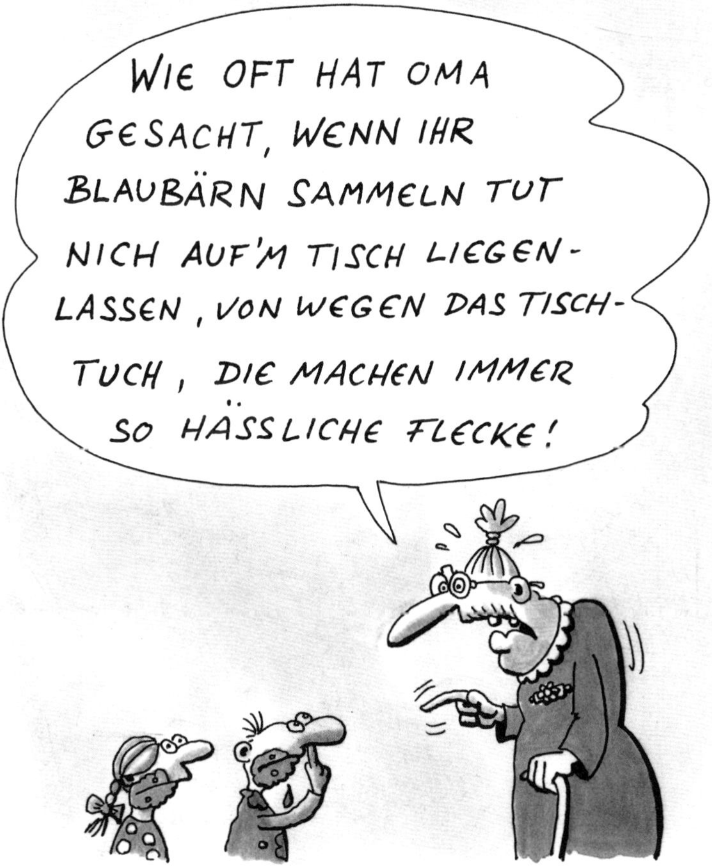
WIE OFT HAT OMA
GESACHT, WENN IHR
BLAUBÄRN SAMMELN TUT
NICH AUF'M TISCH LIEGEN-
LASSEN, VON WEGEN DAS TISCH-
TUCH, DIE MACHEN IMMER
SO HÄSSLICHE FLECKE!

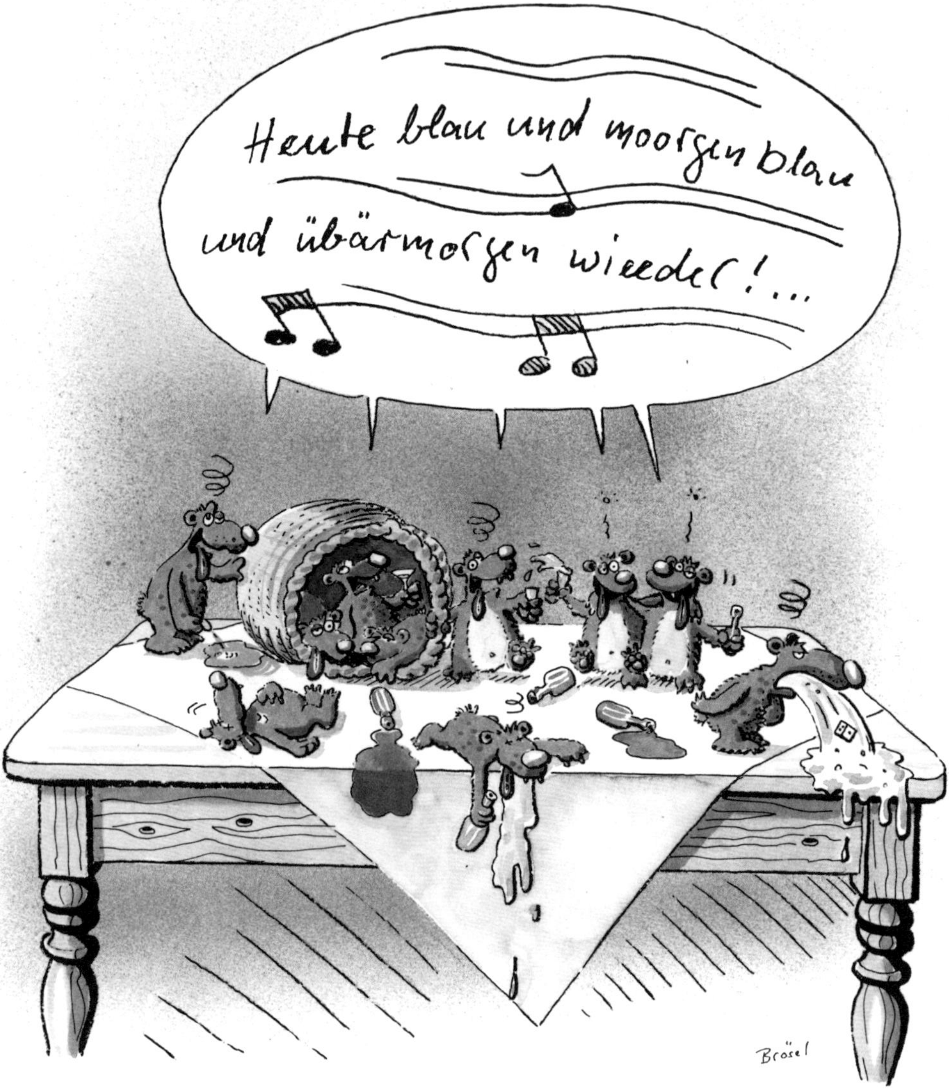
Heute blau und moorgen blau
und übärmorgen wieeder!...
Brösel

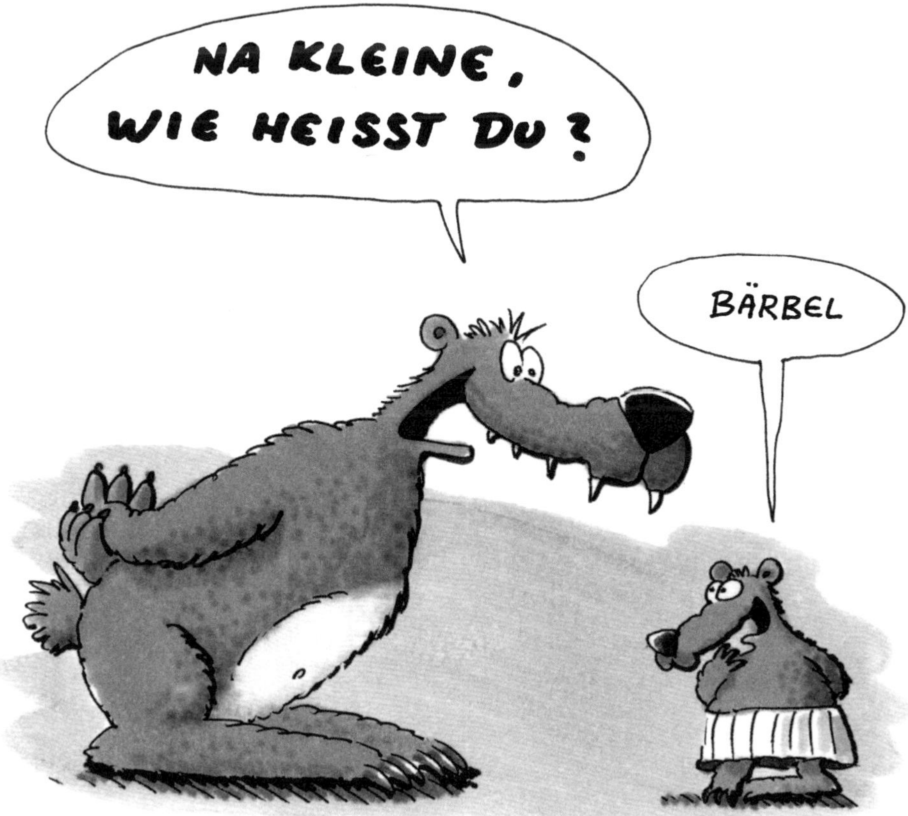
NA KLEINE,
WIE HEISST DU?
BÄRBEL

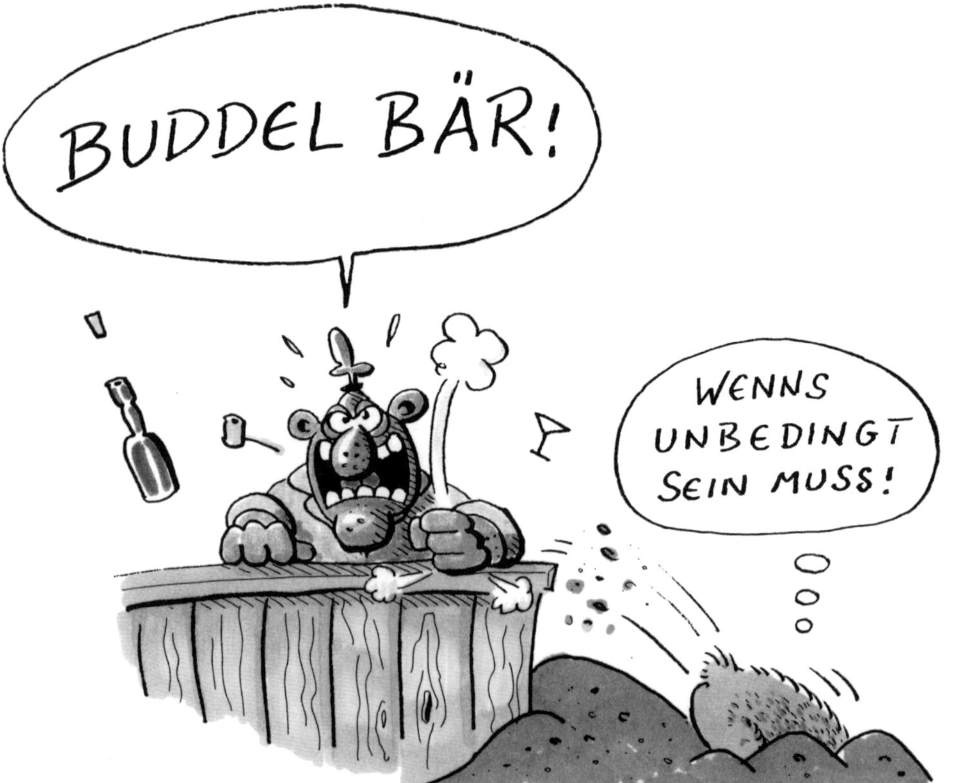
BUDDEL BÄR!
WENNS UNBEDINGT SEIN MUSS!
Brösel

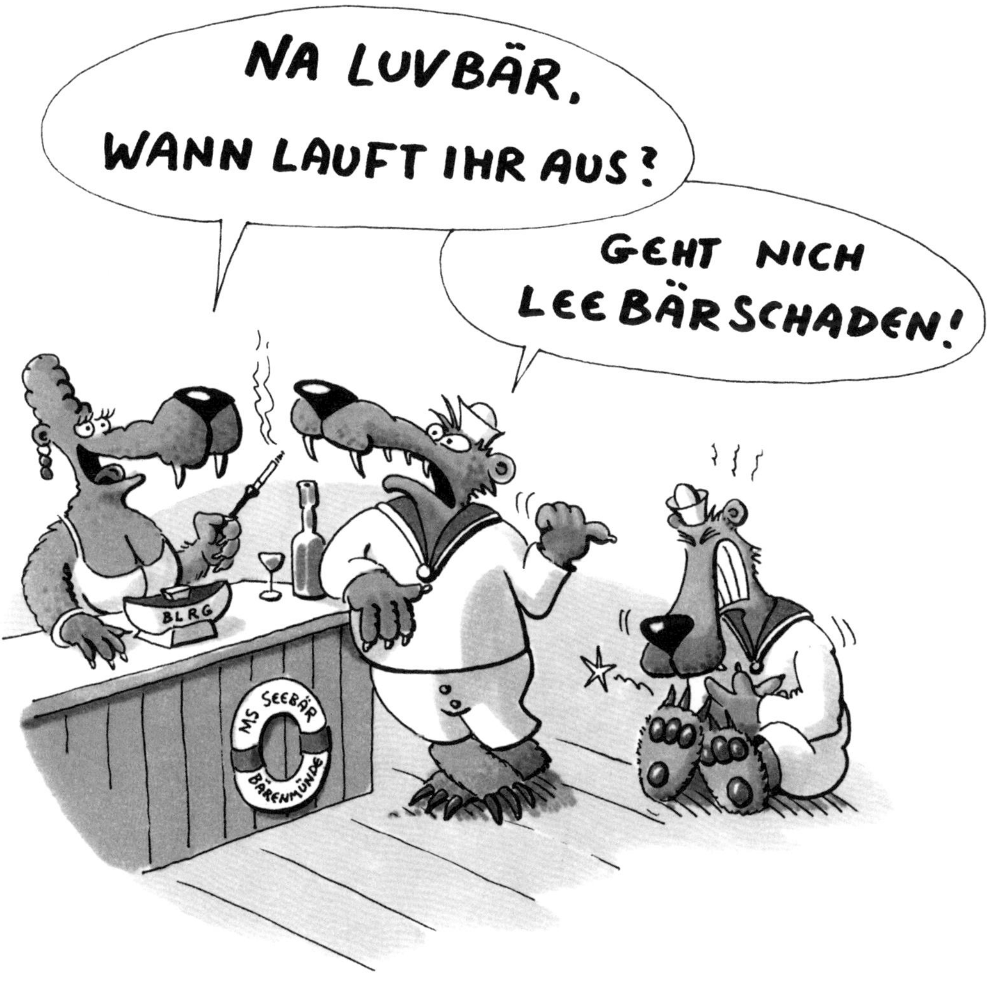
NA LUVBÄR,
WANN LAUFT IHR AUS?
GEHT NICH
LEEBÄRSCHADEN!
BLRG
MS SEEBÄR
BÄRENMÜNDE

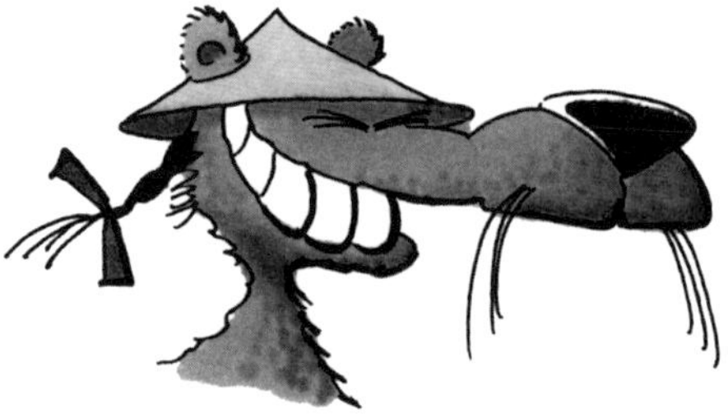

Bär-Lin

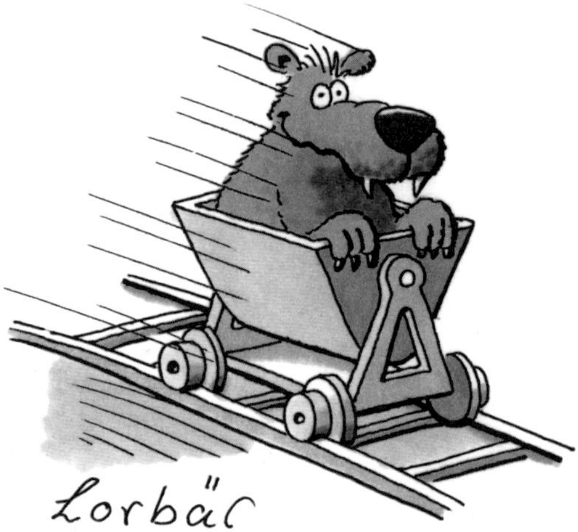

Lorbär

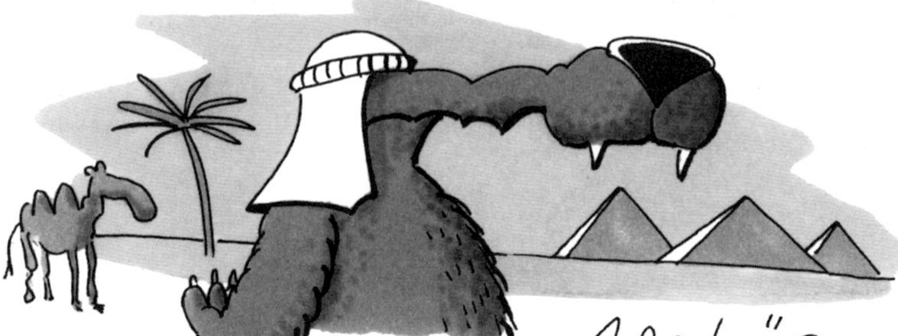

Arabär

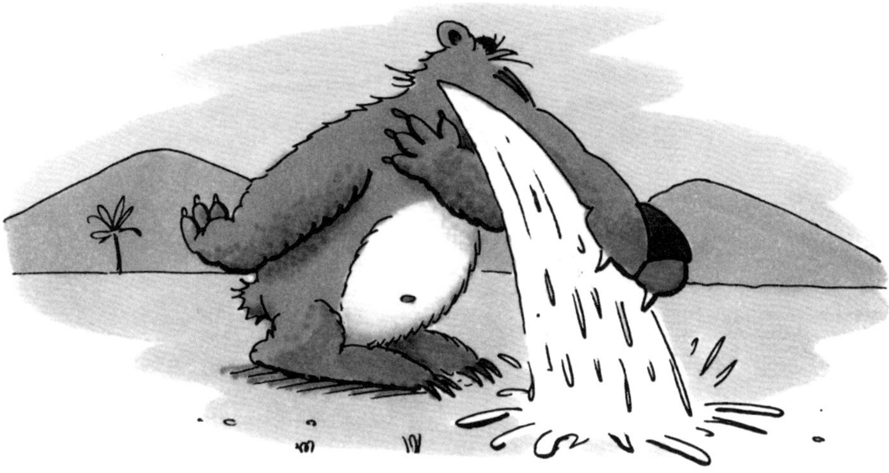

Bächtold bricht

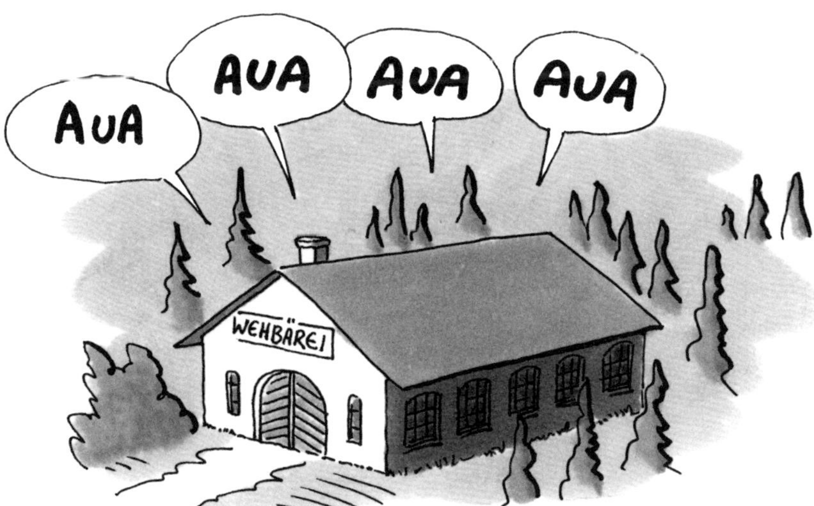

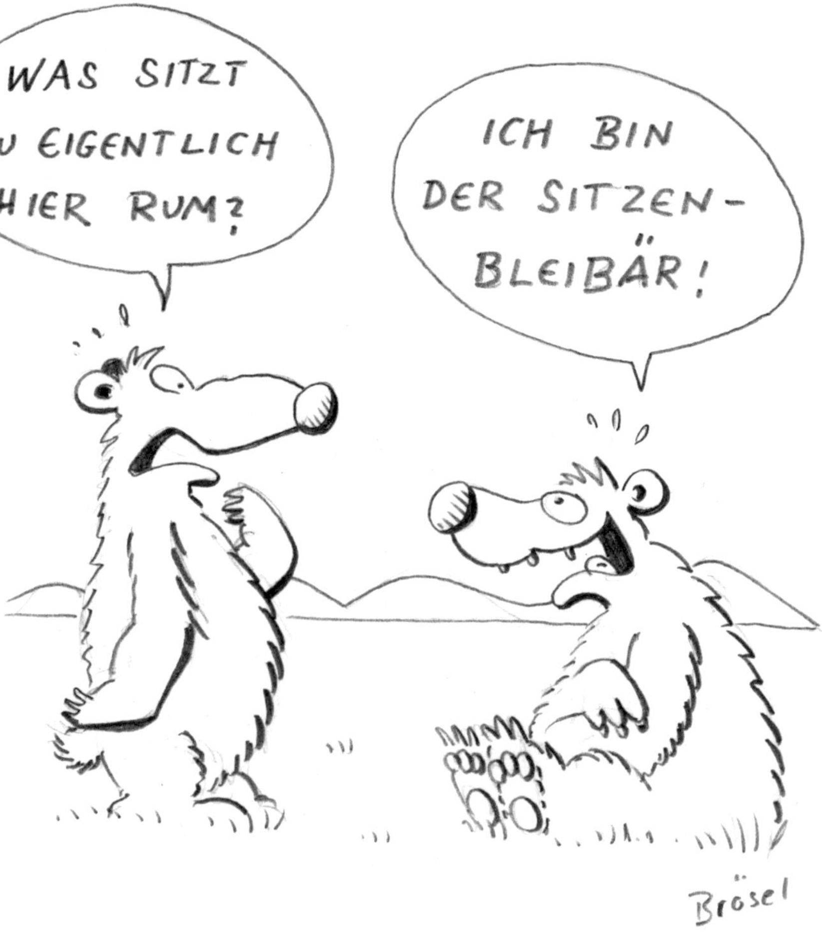
WAS SITZT DU EIGENTLICH HIER RUM?
ICH BIN DER SITZEN-BLEIBÄR!
Brösel

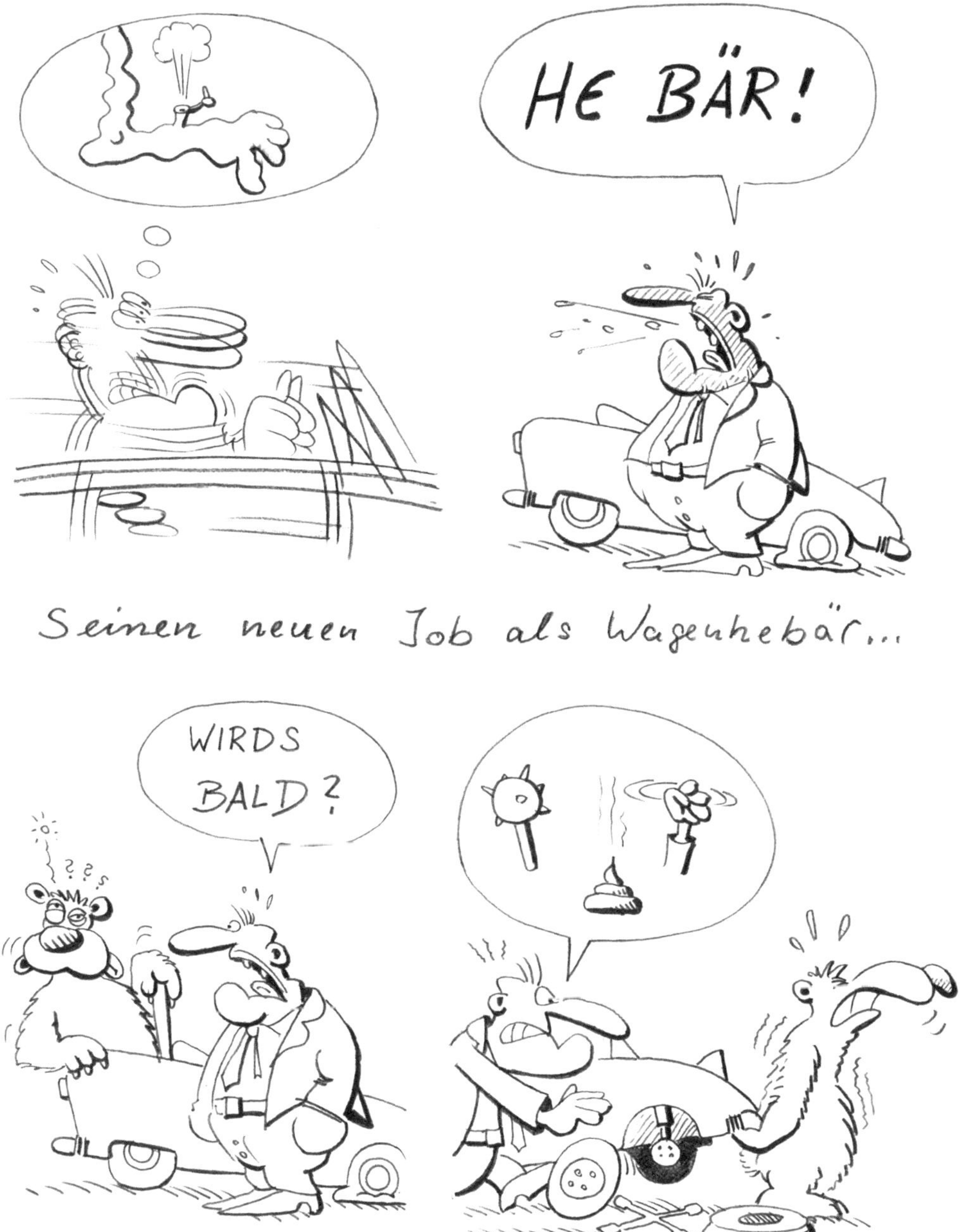
HE BÄR!
Seinen neuen Job als Wagenhebär...
WIRDS BALD?
... hatte sich Hubert angenehmer vorgestellt!

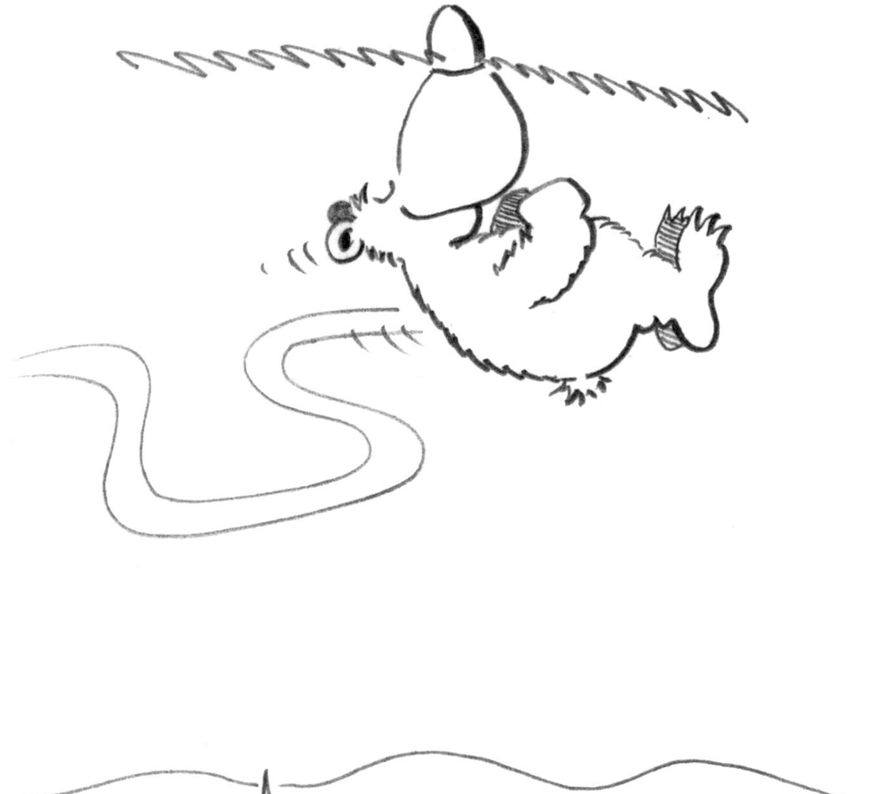

Hubschraubär

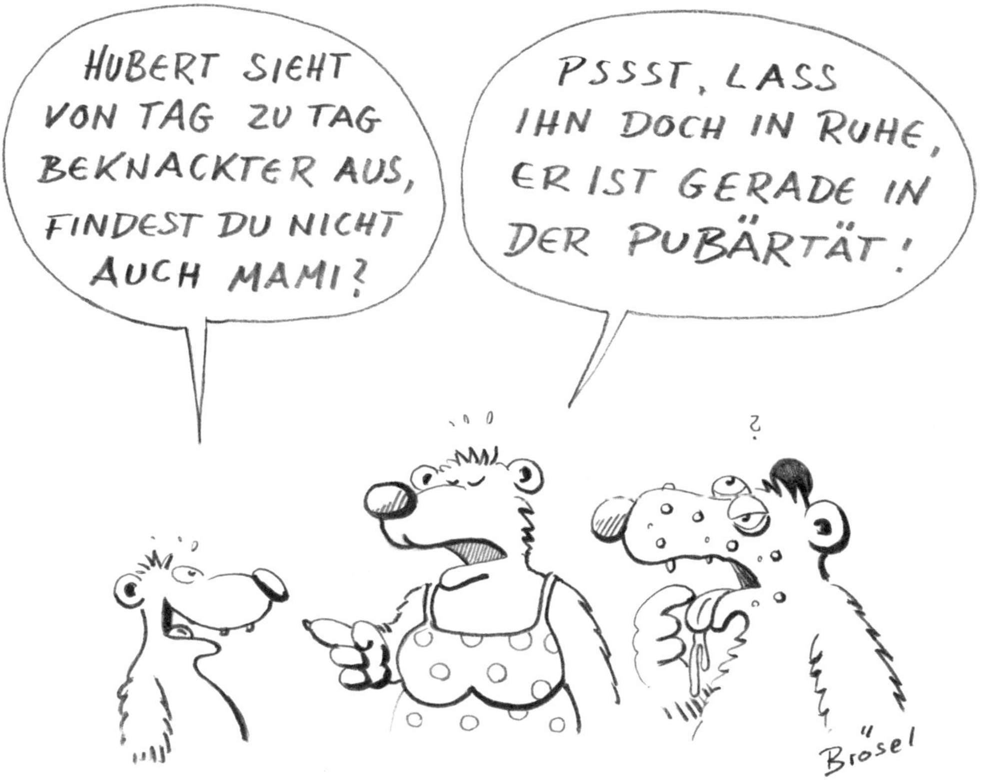
HUBERT SIEHT VON TAG ZU TAG BEKNACKTER AUS, FINDEST DU NICHT AUCH MAMI?
PSSST, LASS IHN DOCH IN RUHE, ER IST GERADE IN DER PUBÄRTÄT!
?
Brösel

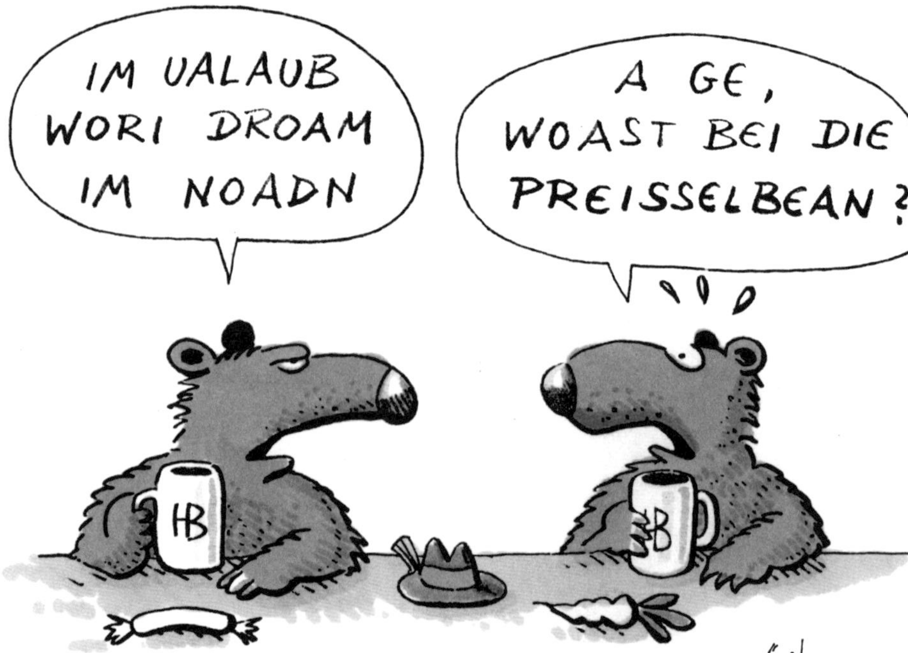
IM UALAUB WORI DROAM IM NOADN
A GE, WOAST BEI DIE PREISSELBEAN?
HB
HB
Brösel

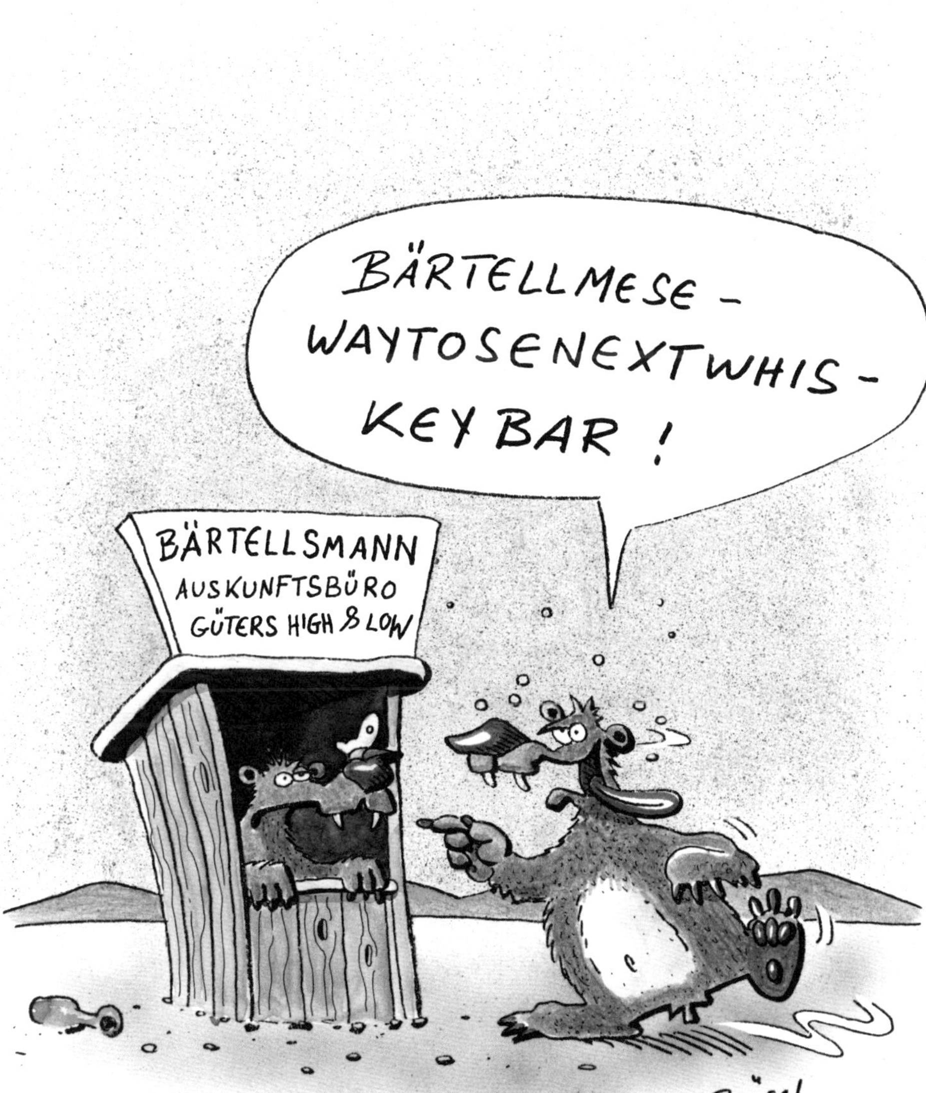
BÄRTELLMESE-
WAYTOSENEXTWHIS-
KEYBAR!
BÄRTELLSMANN
AUSKUNFTSBÜRO
GÜTERS HIGH & LOW
Brösel

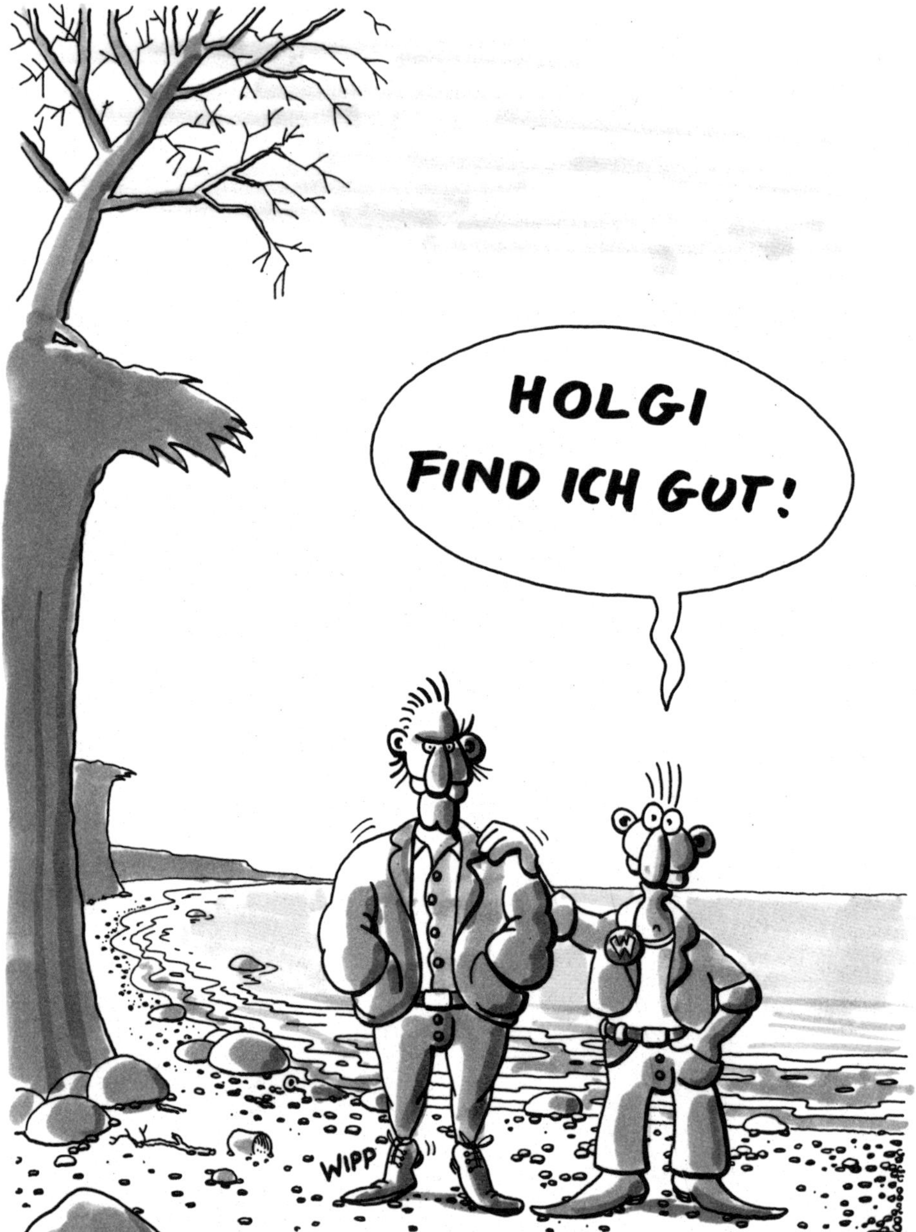
HOLGI
FIND ICH GUT!
WIPP
Brösel

WERNER

ZU BESUCH
BEIE ROCKER IN HÄMBURCH

HEUTE:
DER PRÄSI DREHT AB!

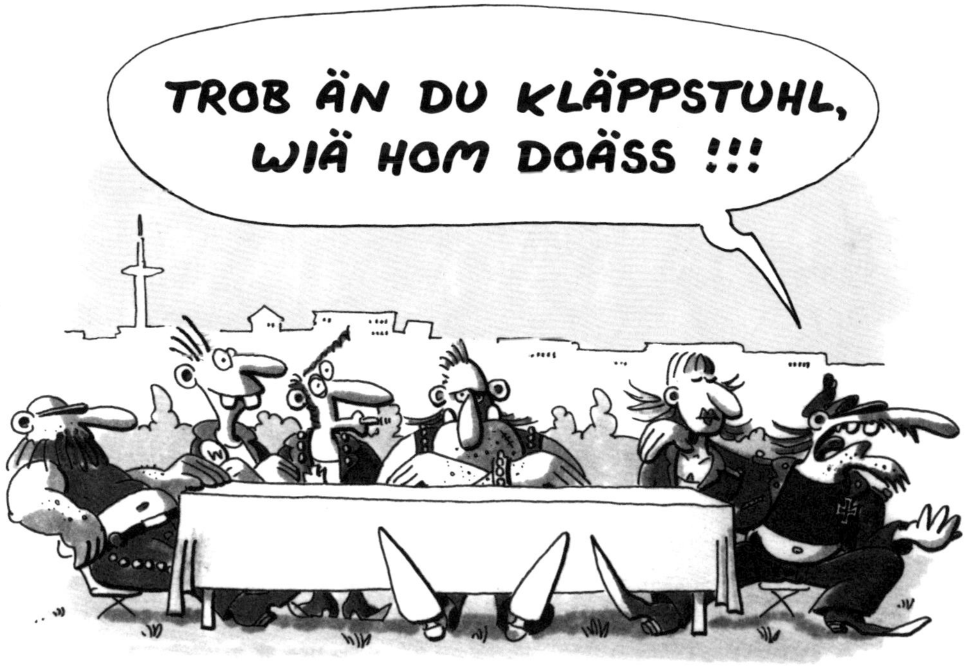

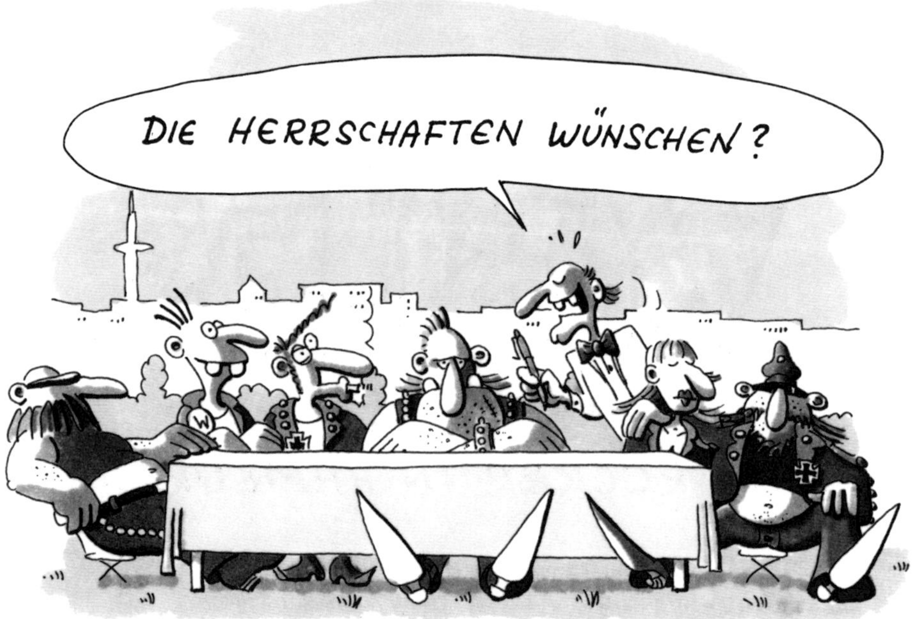
DIE HERRSCHAFTEN WÜNSCHEN?

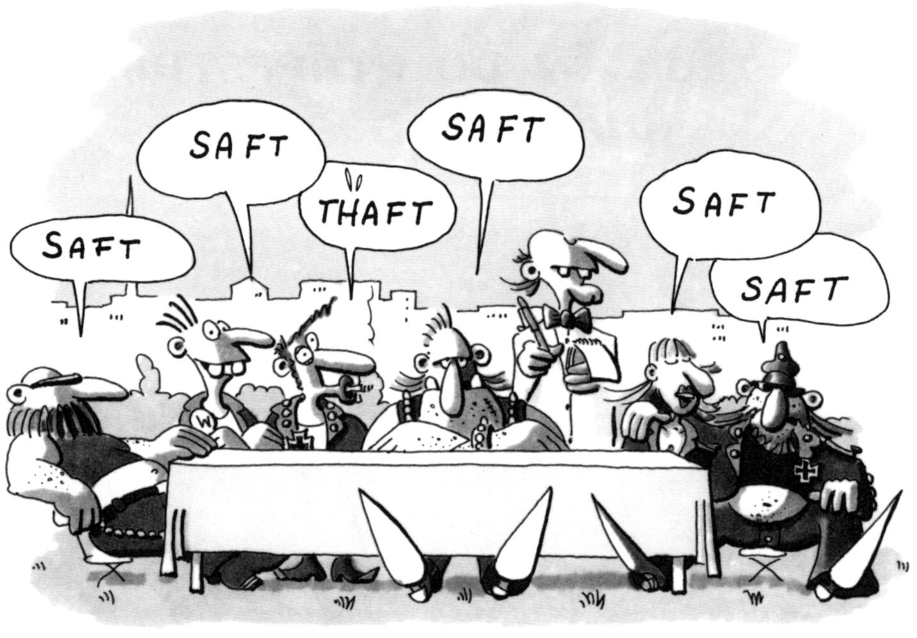
SAFT
SAFT
THAFT
SAFT
SAFT
SAFT

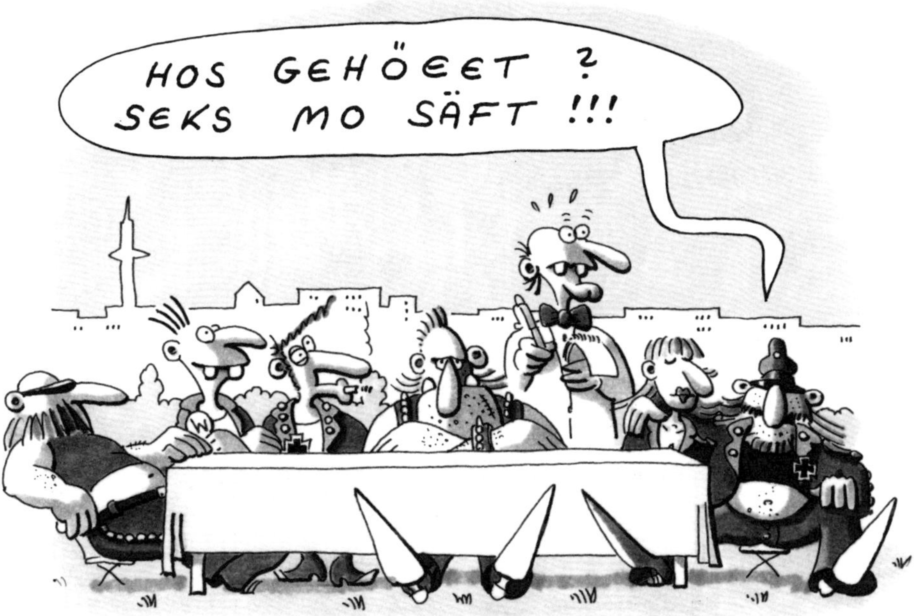
HOS GEHÖEET ?
SEKS MO SÄFT !!!

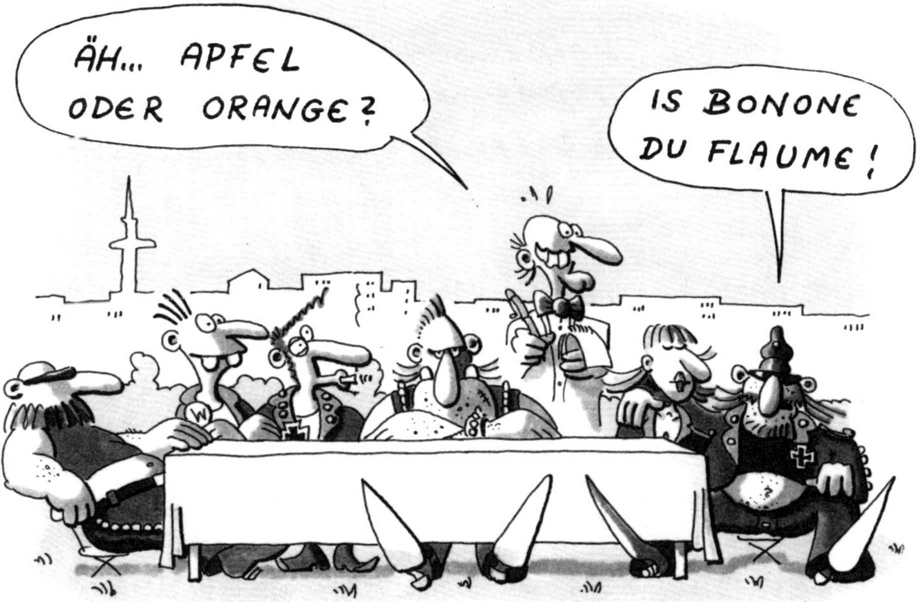
ÄH... APFEL
ODER ORANGE?
IS BONONE
DU FLAUME!

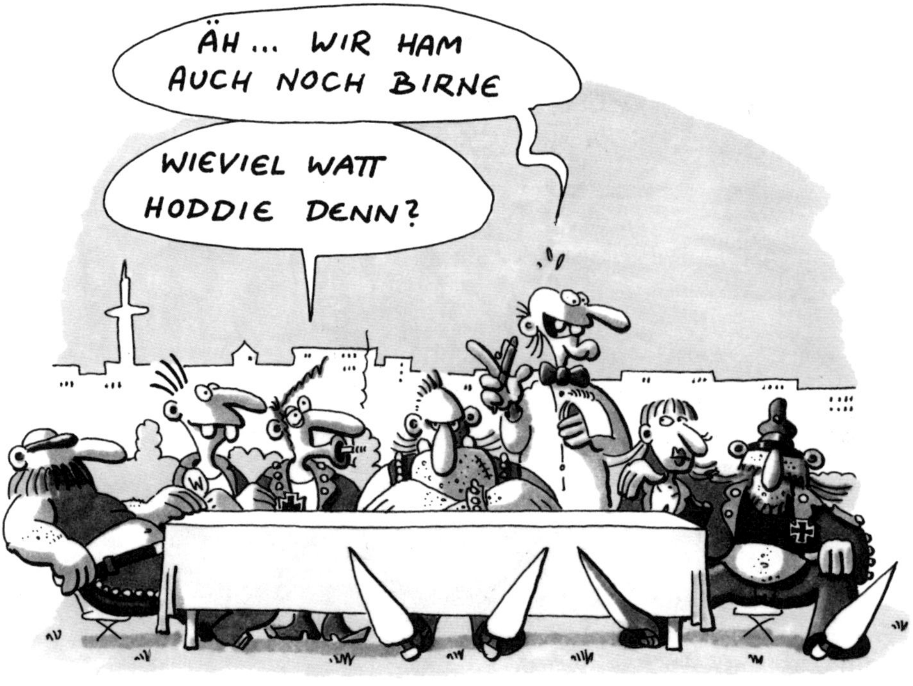
ÄH ... WIR HAM AUCH NOCH BIRNE
WIEVIEL WATT HODDIE DENN?

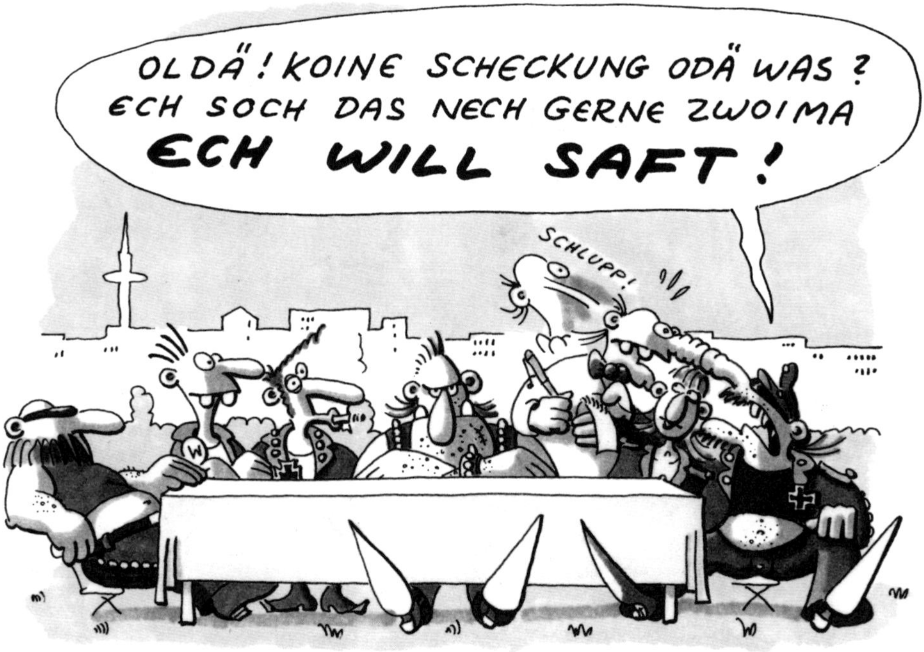
OLDÄ! KOINE SCHECKUNG ODÄ WAS? ECH SOCH DAS NECH GERNE ZWOIMA ECH WILL SAFT!
SCHLUPP!

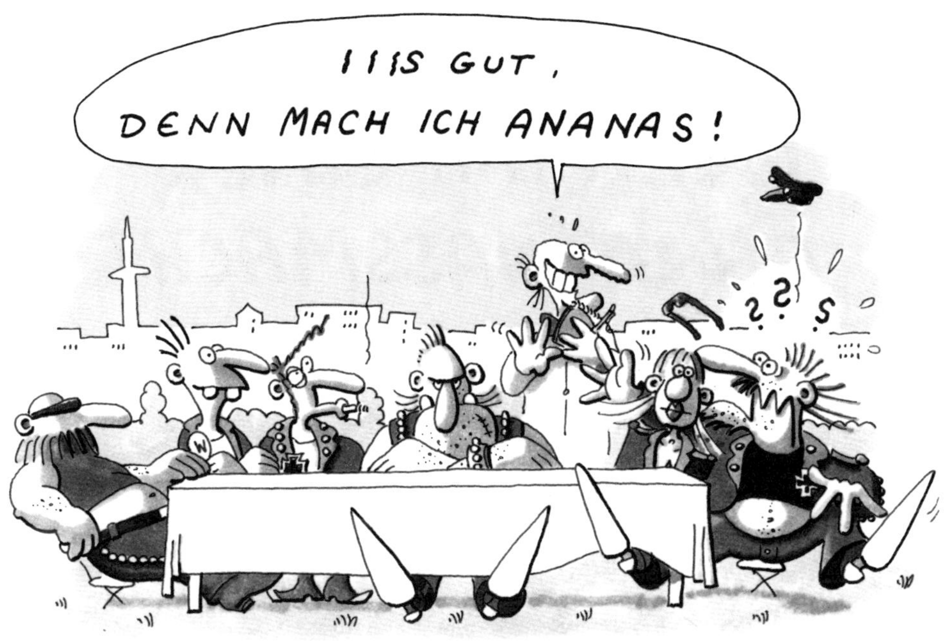
IIIS GUT,
DENN MACH ICH ANANAS!

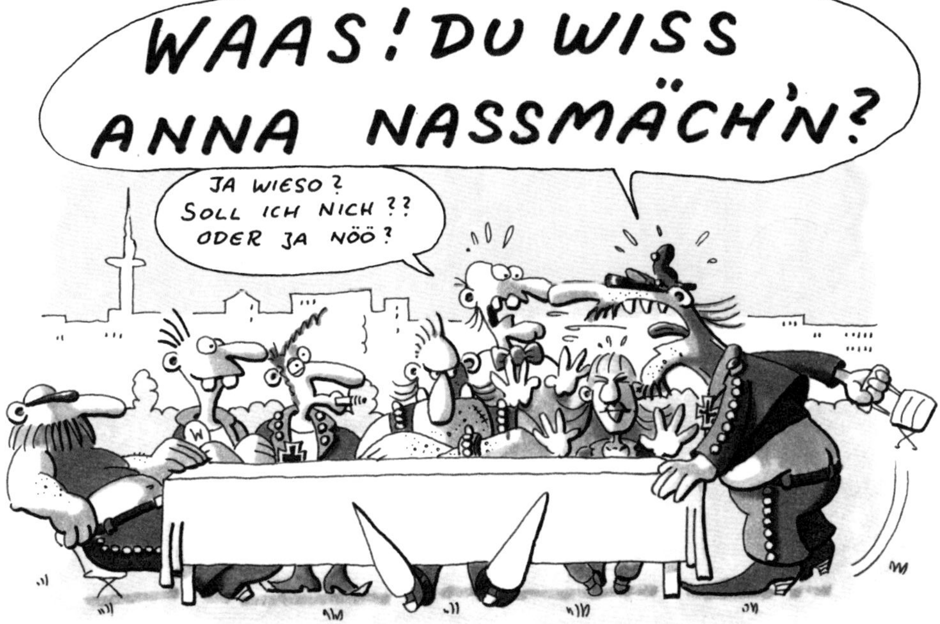
WAAS! DU WISS
ANNA NASSMÄCH'N?
JA WIESO?
SOLL ICH NICH??
ODER JA NÖÖ?

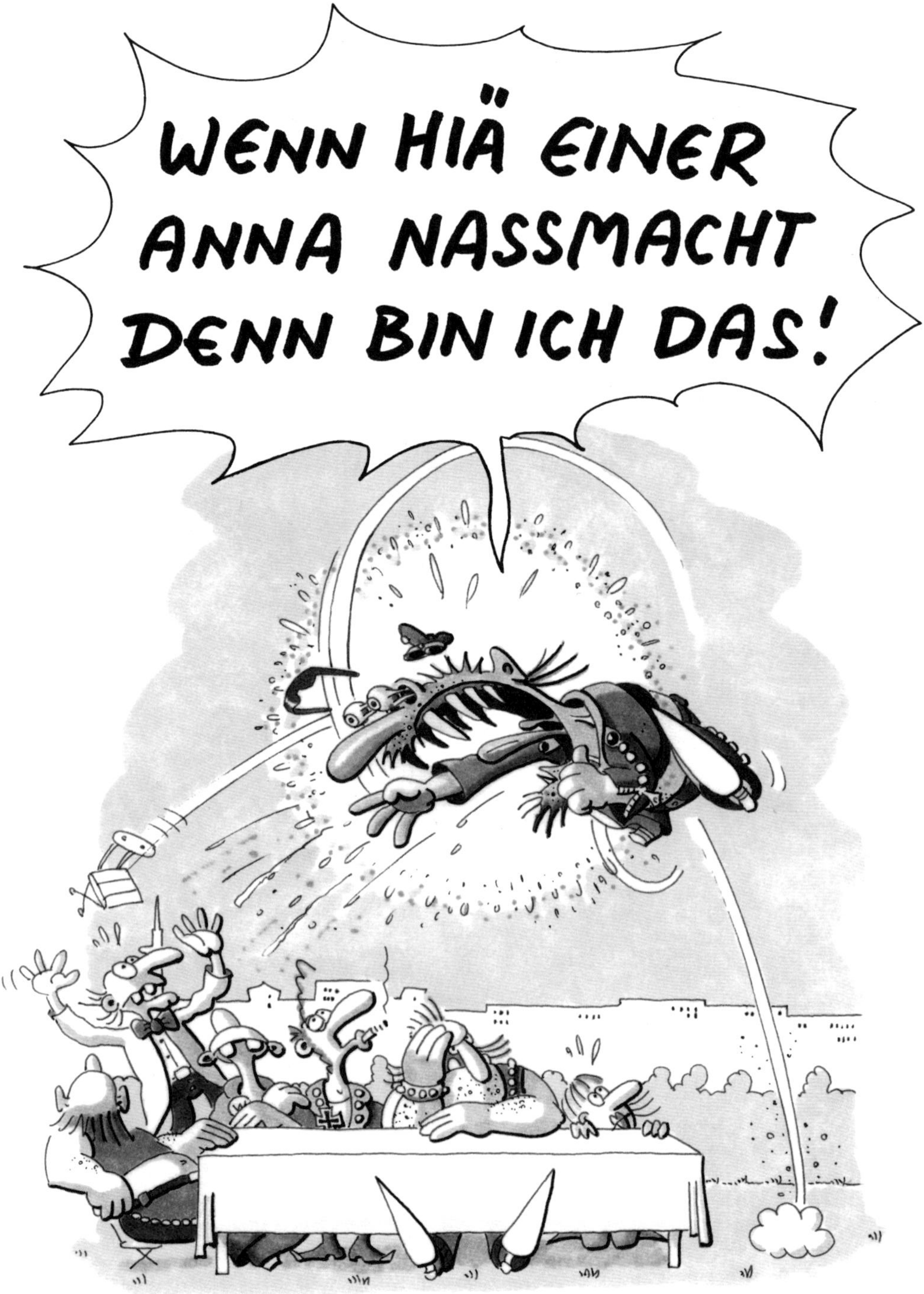
WENN HIÄ EINER
ANNA NASSMACHT
DENN BIN ICH DAS!

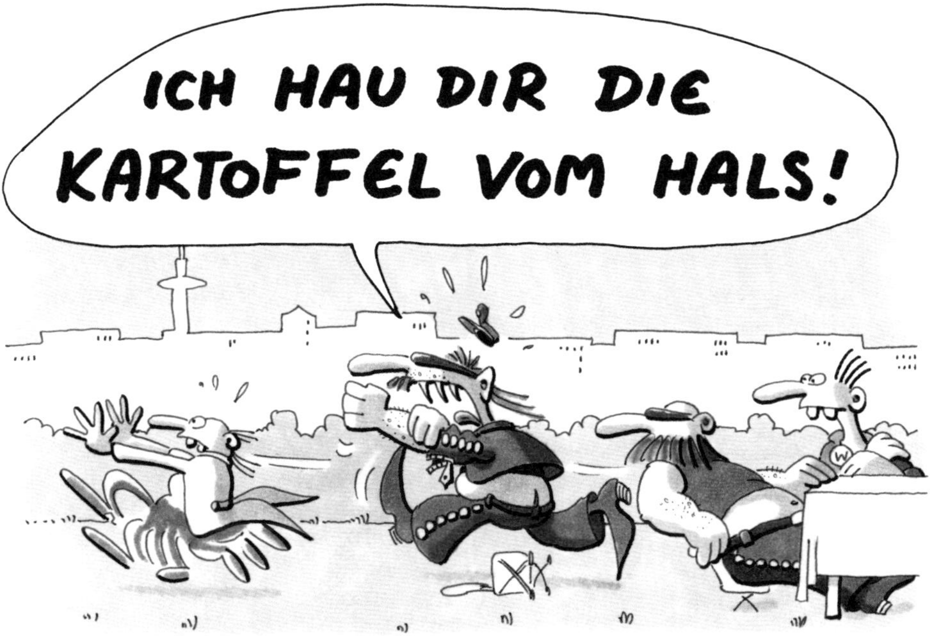
ICH HAU DIR DIE KARTOFFEL VOM HALS!

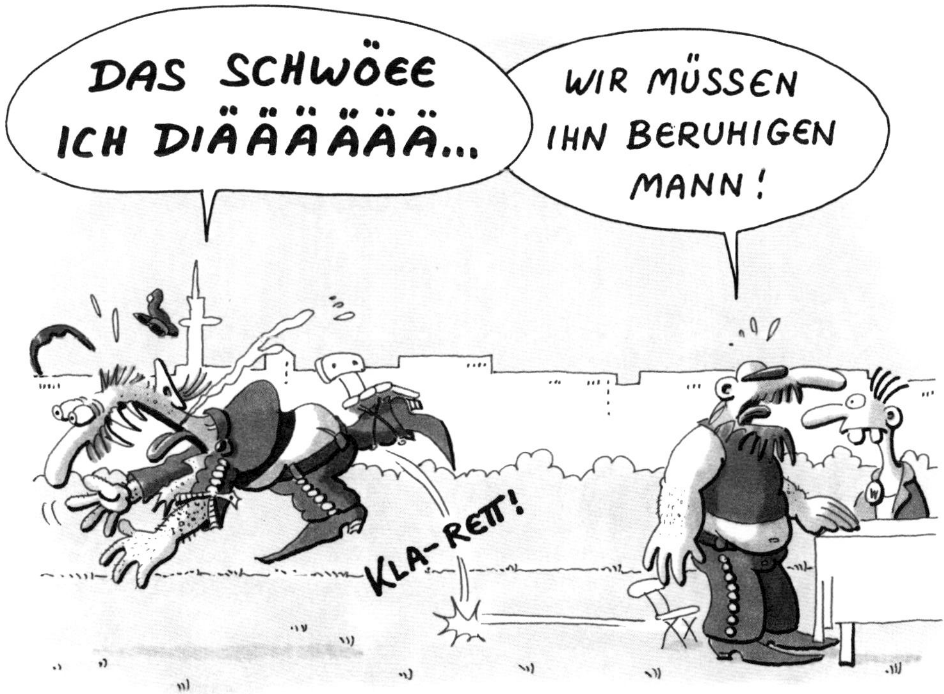
DAS SCHWÖEE ICH DIÄÄÄÄÄÄ...
WIR MÜSSEN IHN BERUHIGEN MANN!
KLA-RETT!

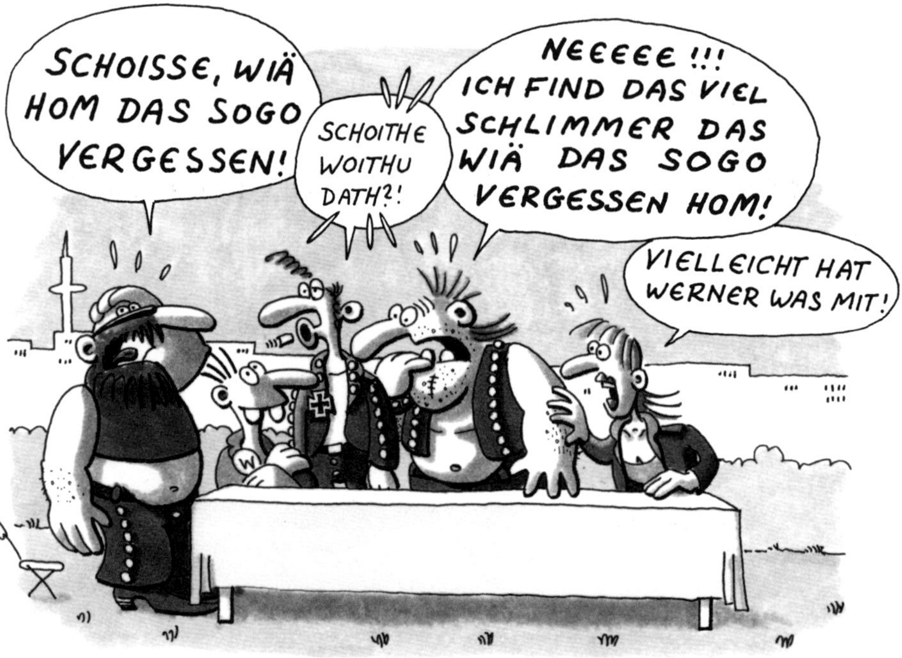
SCHOISSE, WIÄ HOM DAS SOGO VERGESSEN!
SCHOITHE WOITHU DATH?!
NEEEEE!!! ICH FIND DAS VIEL SCHLIMMER DAS WIÄ DAS SOGO VERGESSEN HOM!
VIELLEICHT HAT WERNER WAS MIT!

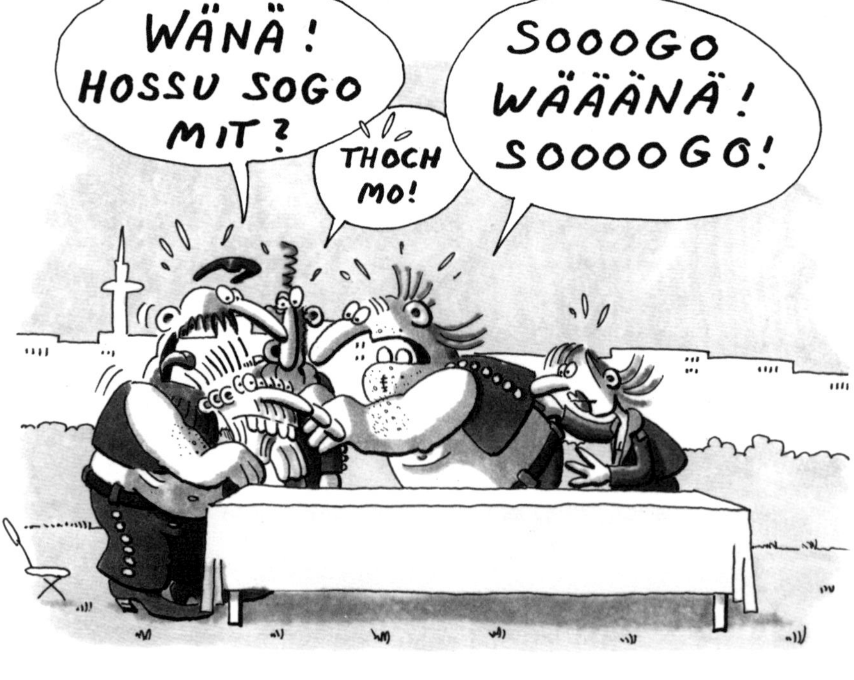
WÄNÄ! HOSSU SOGO MIT?
THOCH MO!
SOOOGO WÄÄÄNÄ! SOOOOGO!

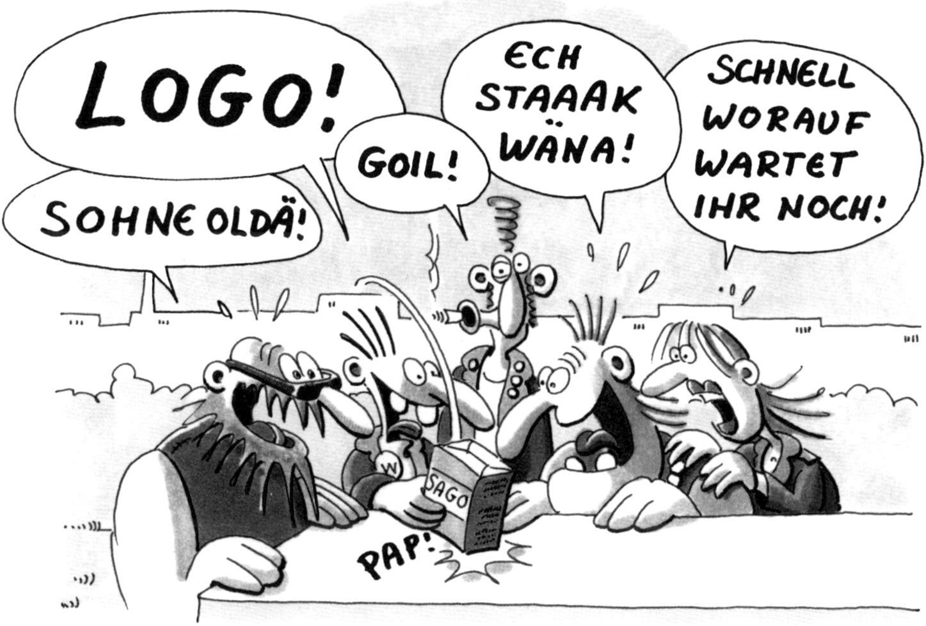
LOGO!
SOHNE OLDÄ!
GOIL!
ECH STAAAK WÄNA!
SCHNELL WORAUF WARTET IHR NOCH!
SAGO
PAP!

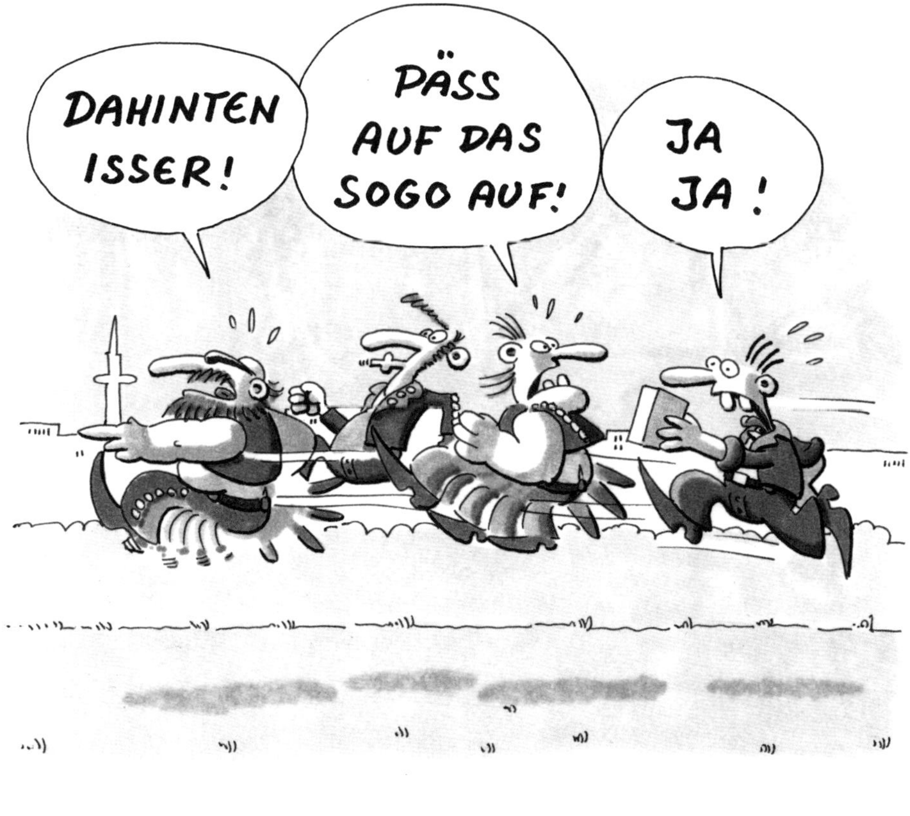
DAHINTEN ISSER!
PÄSS AUF DAS SOGO AUF!
JA JA!

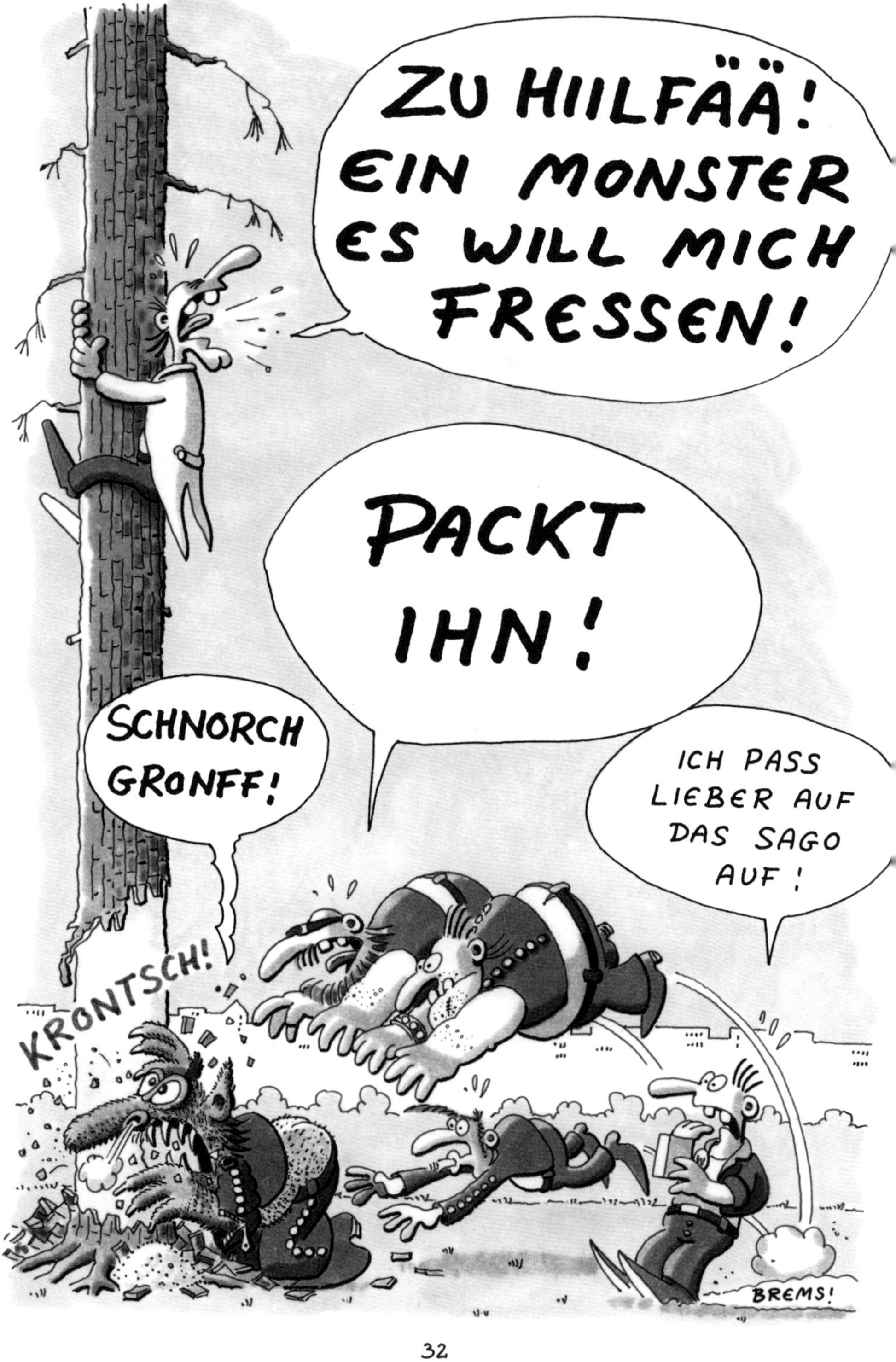
ZU HIILFÄÄ! EIN MONSTER ES WILL MICH FRESSEN!
PACKT IHN!
SCHNORCH GRONFF!
ICH PASS LIEBER AUF DAS SAGO AUF!
KRONTSCH!
BREMS!

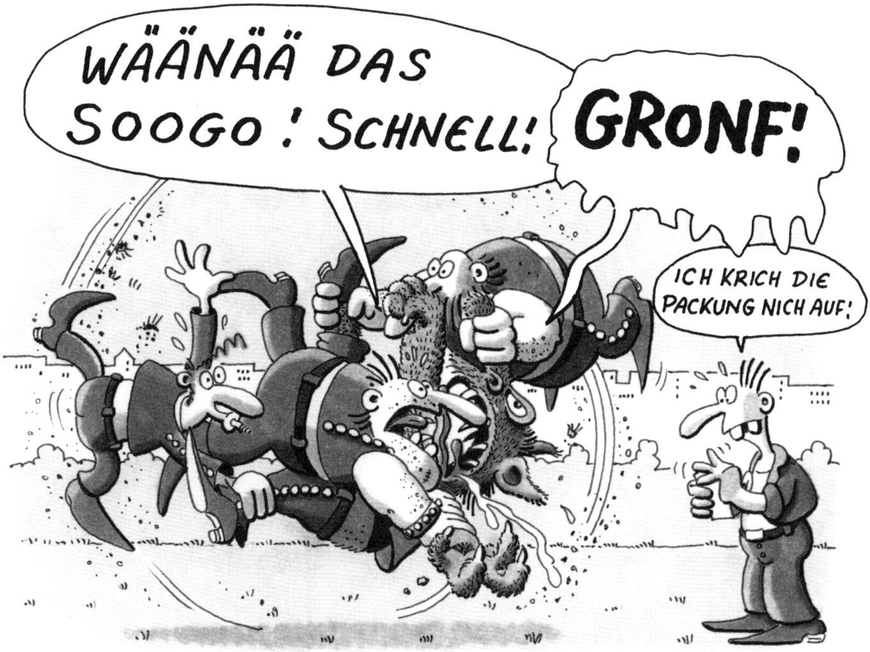
WÄÄNÄÄ DAS SOOGO! SCHNELL!
GRONF!
ICH KRICH DIE PACKUNG NICH AUF!

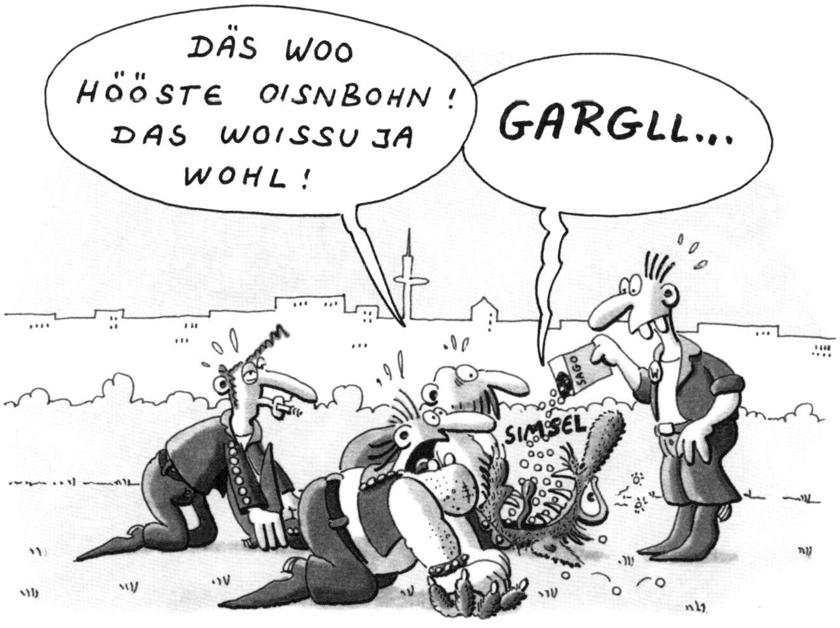
DÄS WOO HÖÖSTE OISNBOHN! DAS WOISSU JA WOHL!
GARGLL...
SAGO
SIMSEL

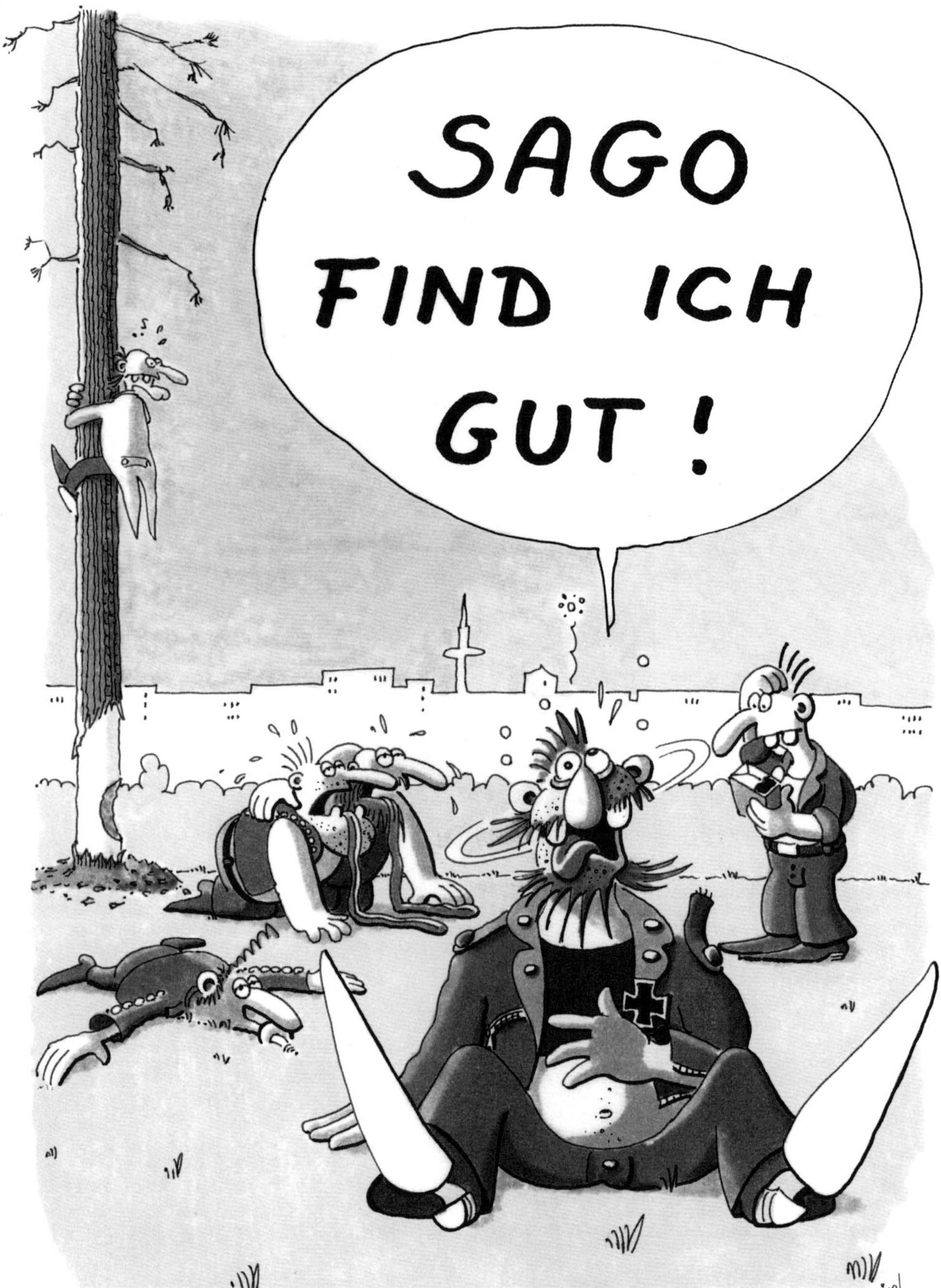
SAGO FIND ICH GUT!
Brösel

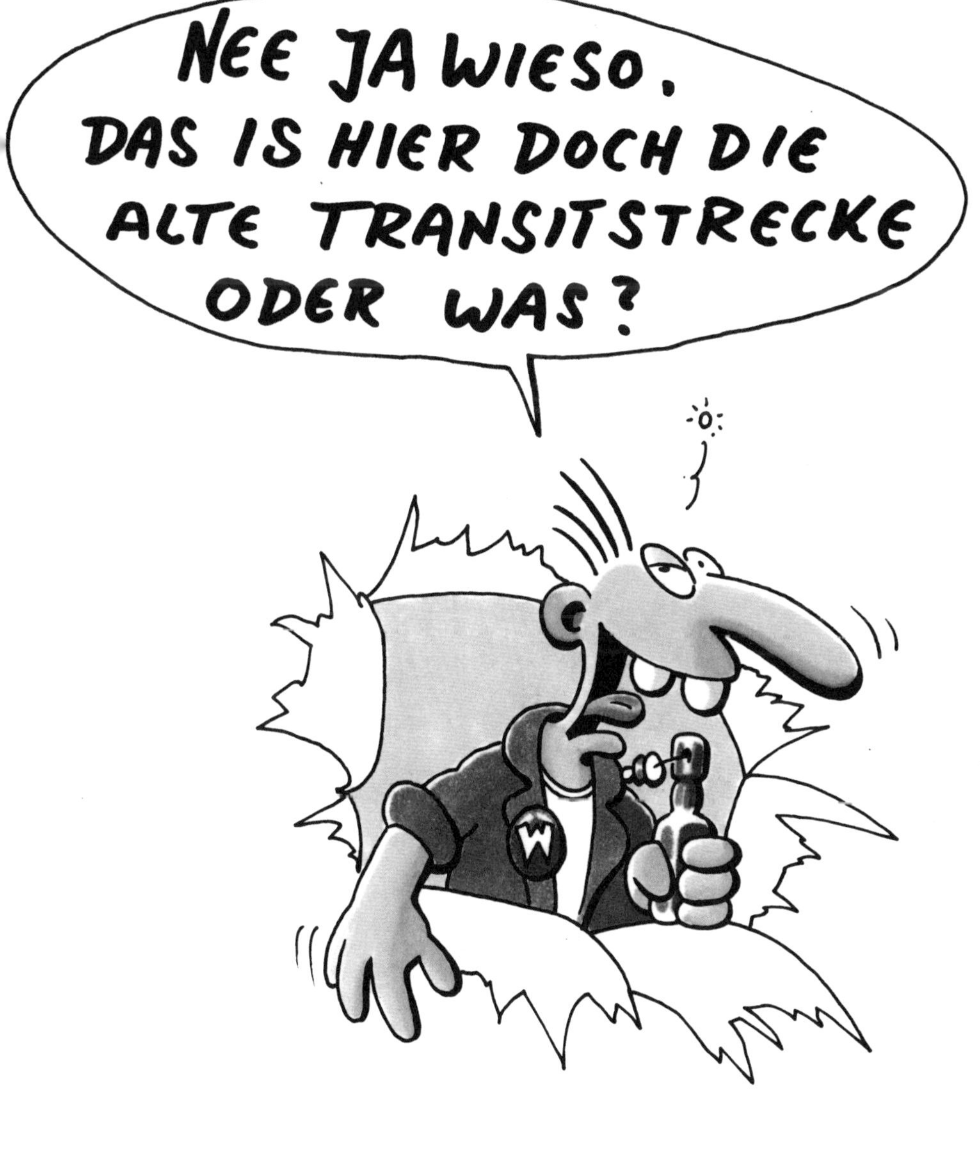
NEE JA WIESO.
DAS IS HIER DOCH DIE
ALTE TRANSITSTRECKE
ODER WAS?

WERNER + ANDI

NACH DREI DURCHGEGLOTTERTEN NÄCHTEN IN BERLIN...

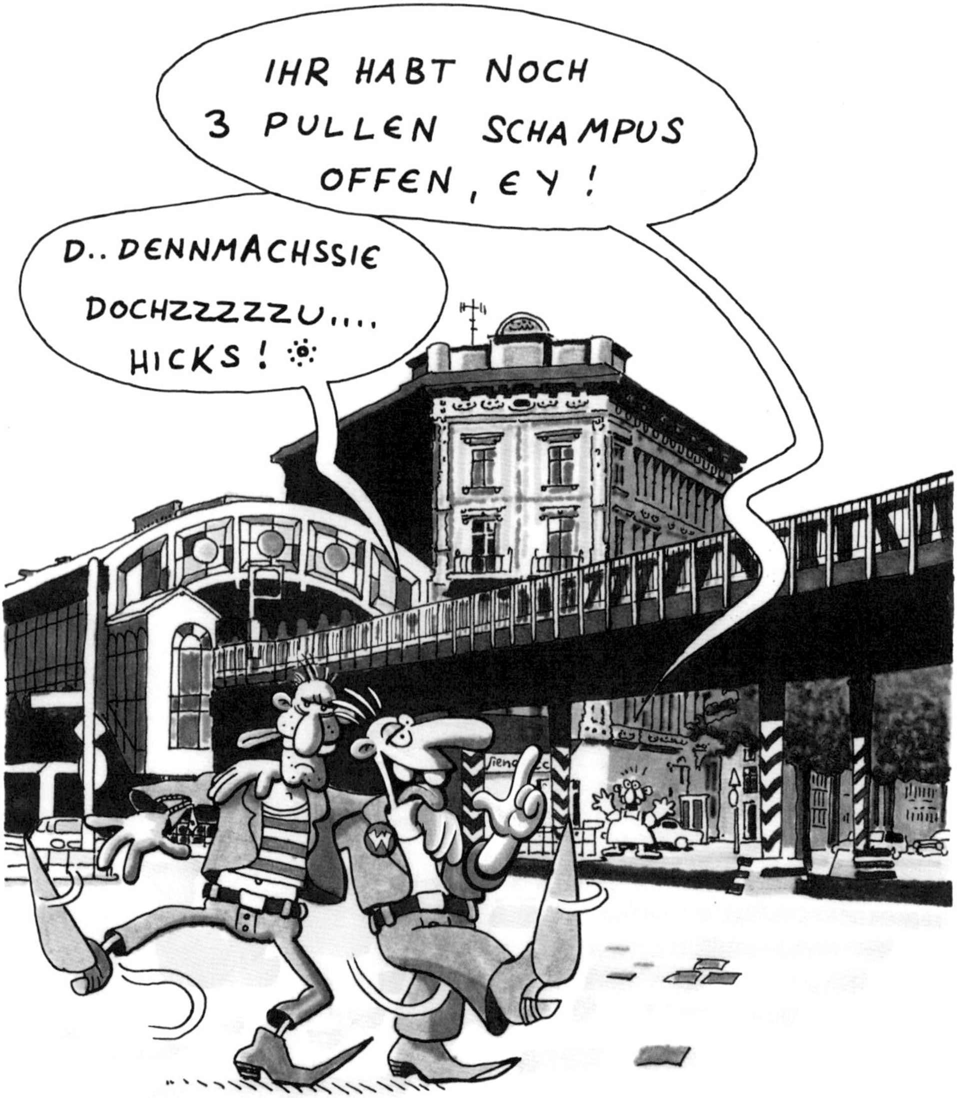

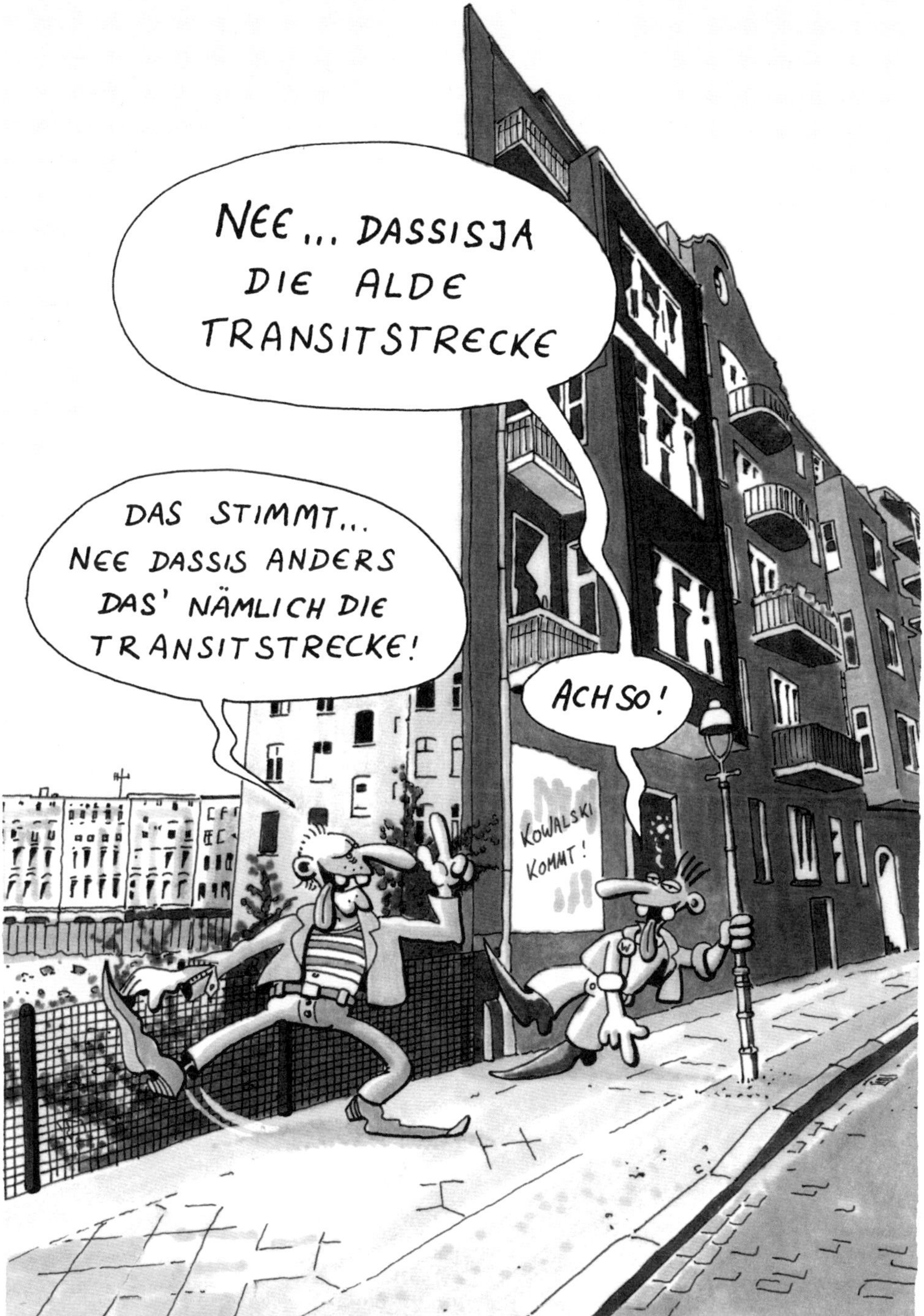
NEE ... DASSISJA DIE ALDE TRANSITSTRECKE
DAS STIMMT... NEE DASSIS ANDERS DAS' NÄMLICH DIE TRANSITSTRECKE!
ACHSO!
KOWALSKI KOMMT!

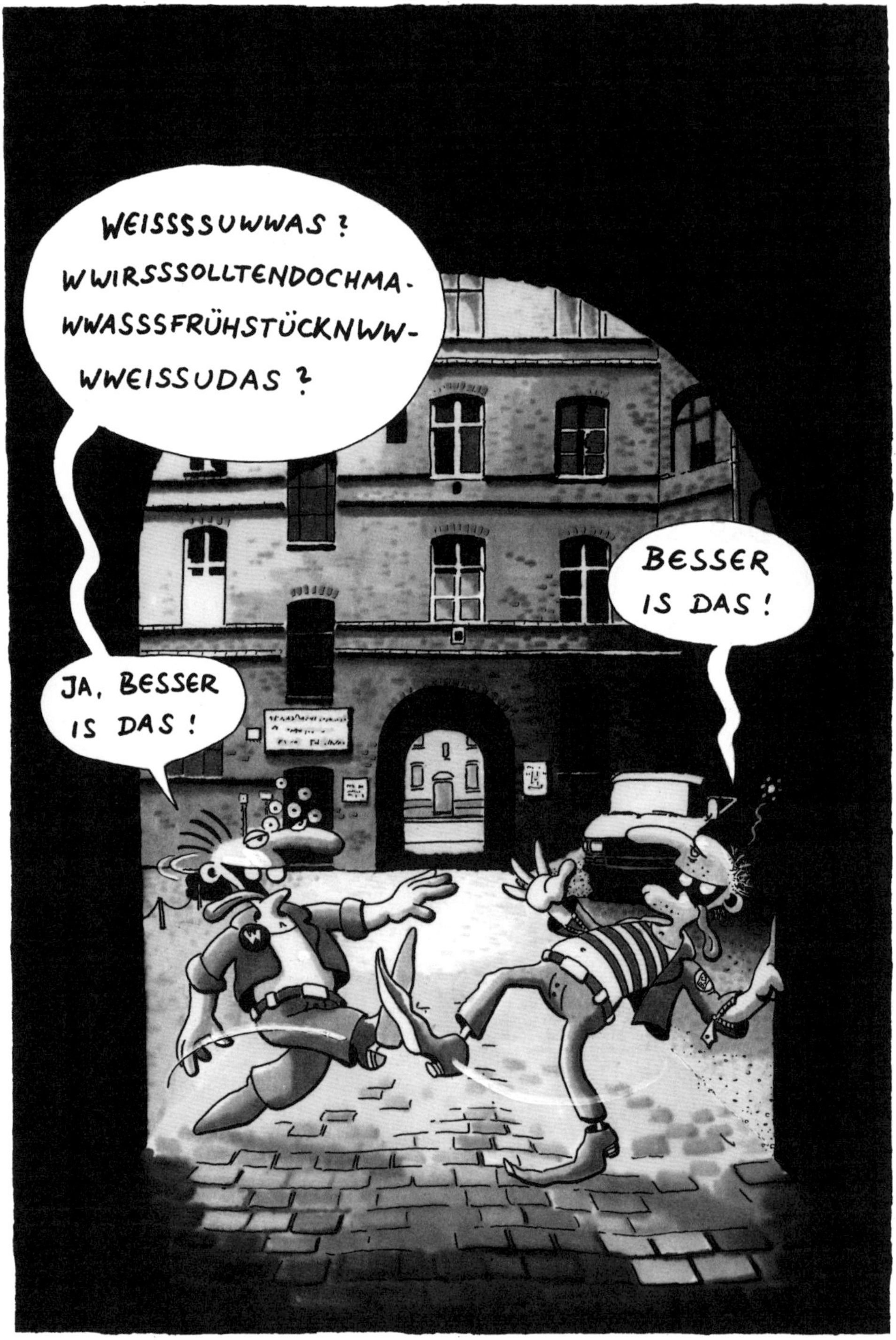
WEISSSSUWWAS ?
WWIRSSSOLLTENDOCHMA-
WWASSSFRÜHSTÜCKNWW-
WWEISSUDAS ?
BESSER IS DAS !
JA, BESSER IS DAS !

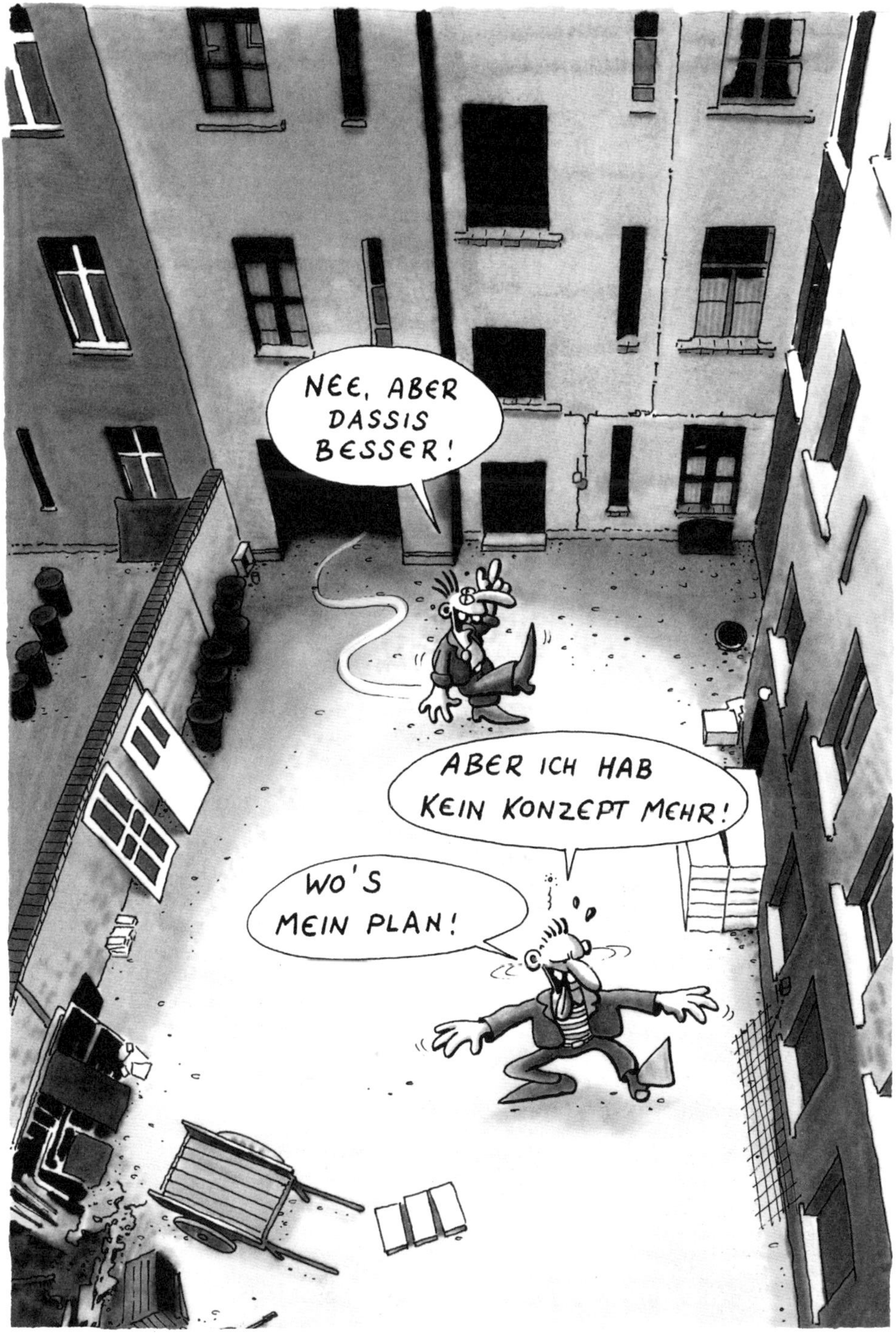
NEE, ABER DASSIS BESSER!
ABER ICH HAB KEIN KONZEPT MEHR!
WO'S MEIN PLAN!

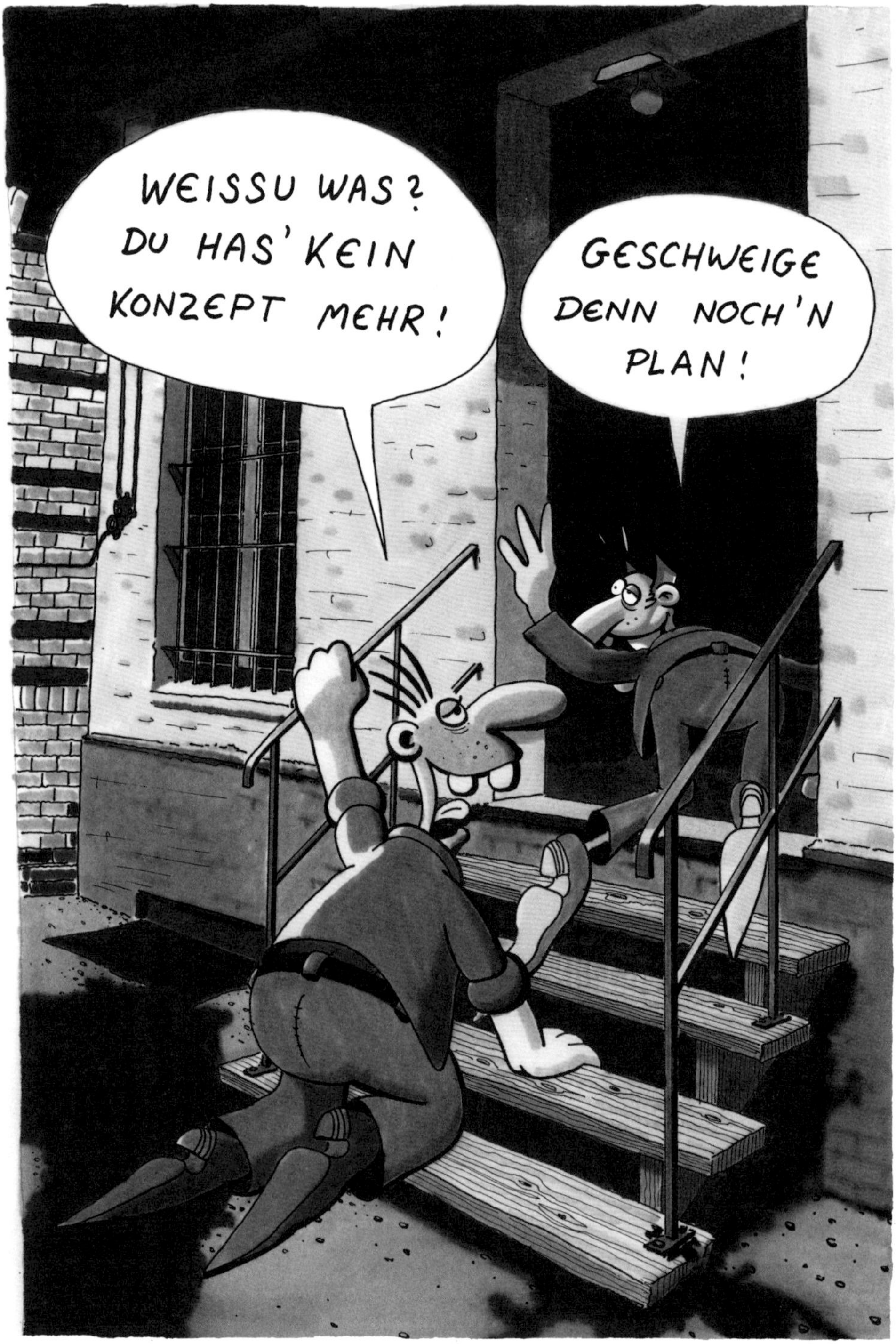
WEISSU WAS? DU HAS' KEIN KONZEPT MEHR!
GESCHWEIGE DENN NOCH'N PLAN!

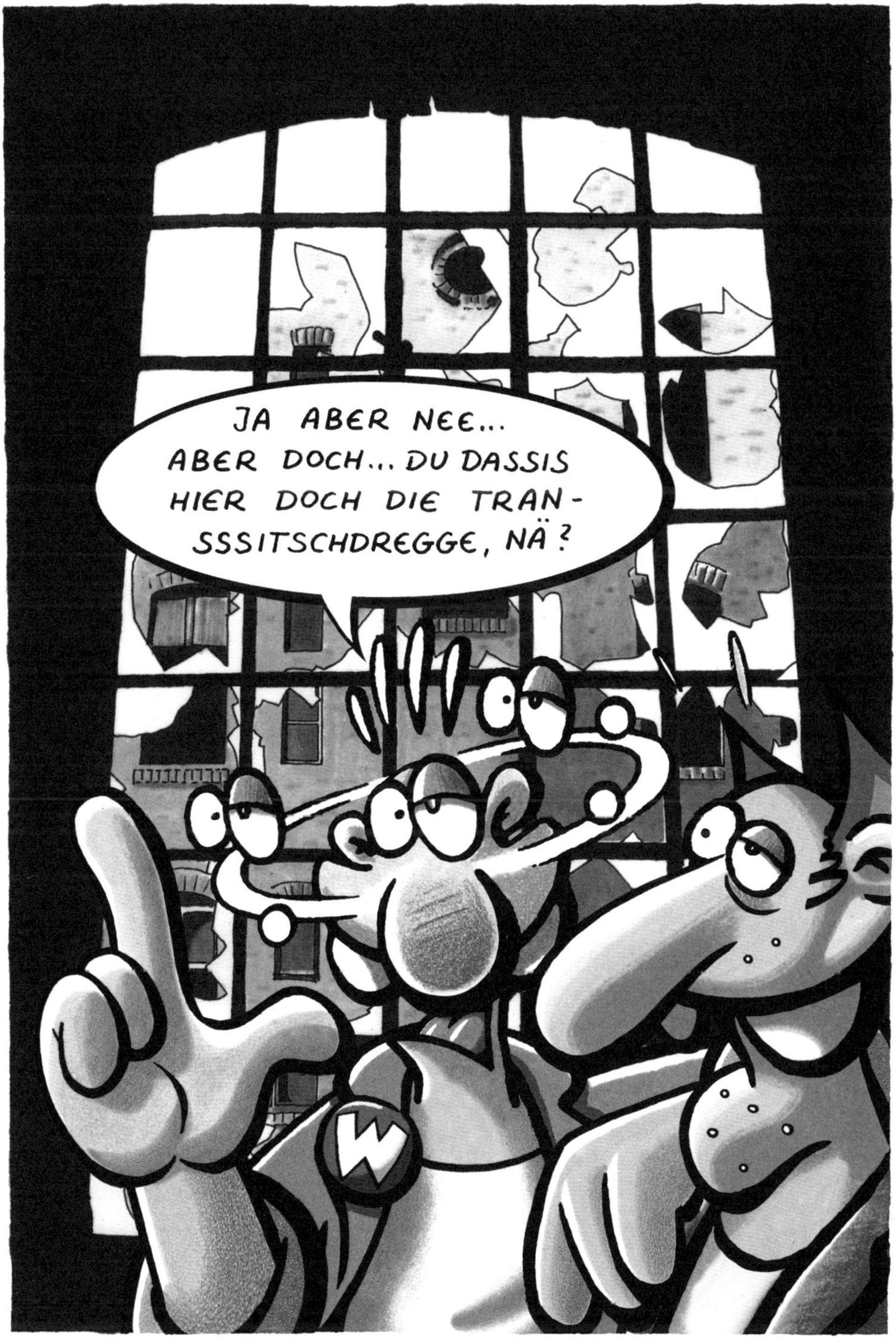
JA ABER NEE... ABER DOCH... DU DASSIS HIER DOCH DIE TRAN-SSSITSCHDREGGE, NÄ?

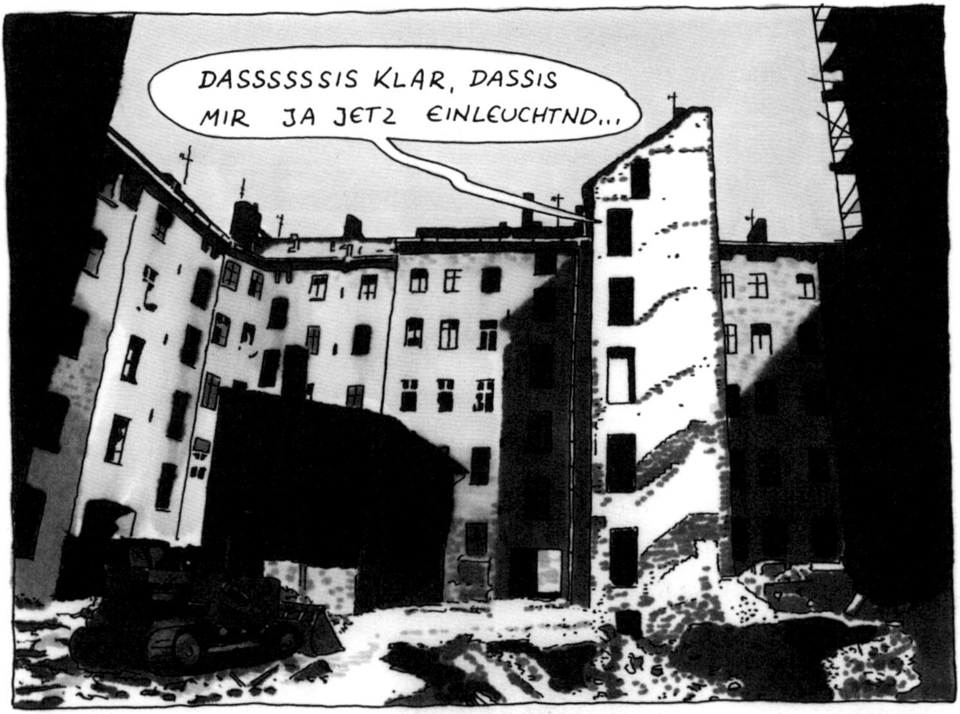
DASSSSSSIS KLAR, DASSIS MIR JA JETZ EINLEUCHTND...

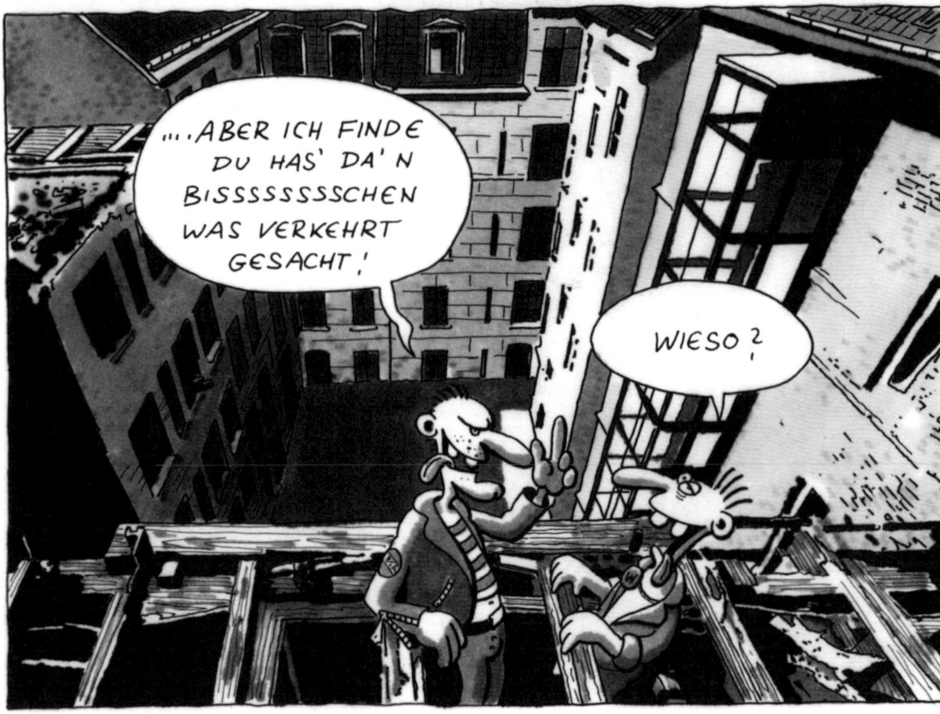
....ABER ICH FINDE DU HAS' DA'N BISSSSSSSSCHEN WAS VERKEHRT GESACHT!
WIESO?

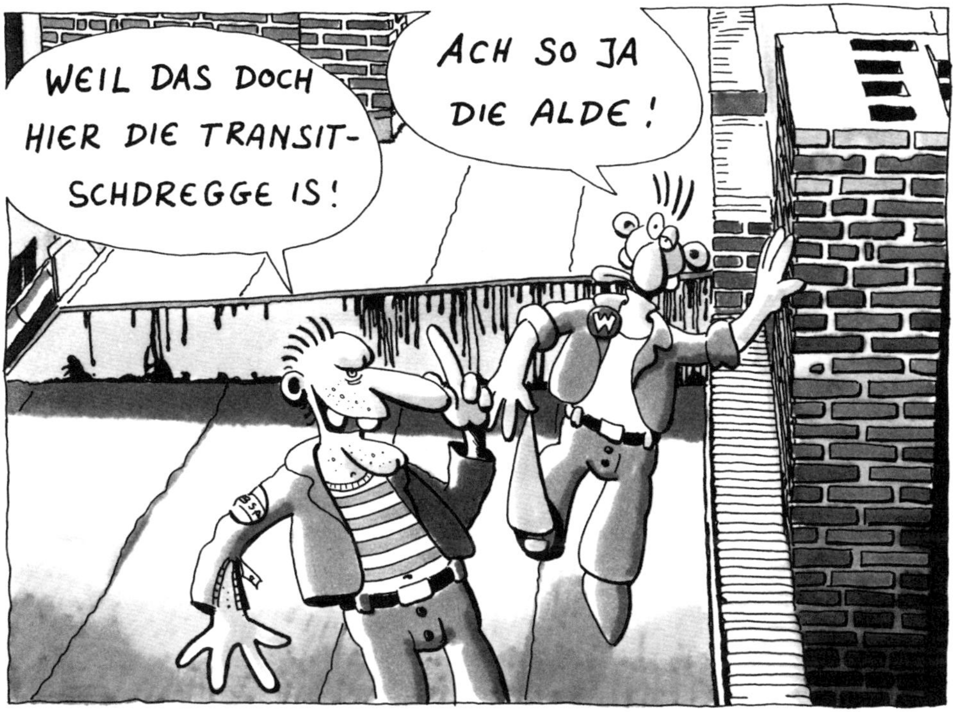
WEIL DAS DOCH HIER DIE TRANSIT-SCHDREGGE IS!
ACH SO JA DIE ALDE!

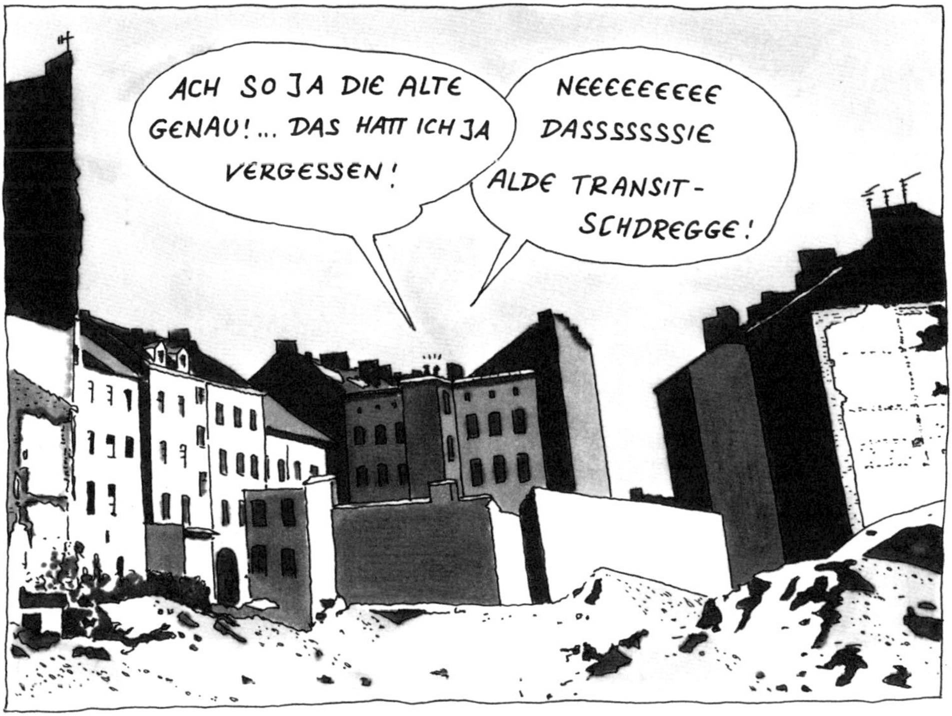
ACH SO JA DIE ALTE GENAU! ... DAS HATT ICH JA VERGESSEN!
NEEEEEEEEE DASSSSSSSIE ALDE TRANSIT-SCHDREGGE!

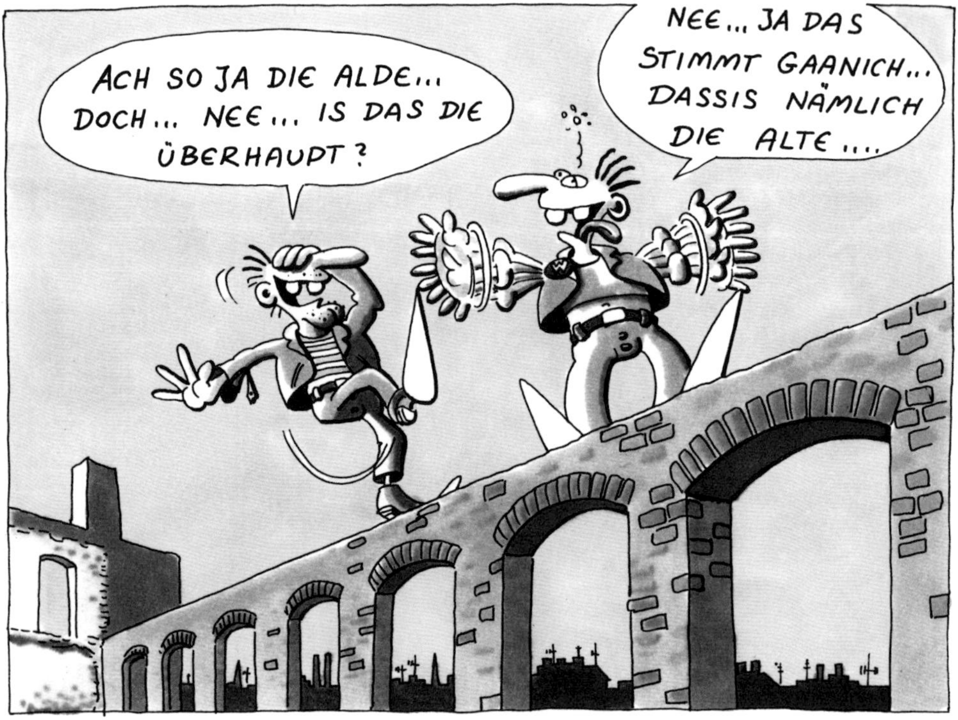
ACH SO JA DIE ALDE... DOCH... NEE... IS DAS DIE ÜBERHAUPT?
NEE... JA DAS STIMMT GAANICH... DASSIS NÄMLICH DIE ALTE....

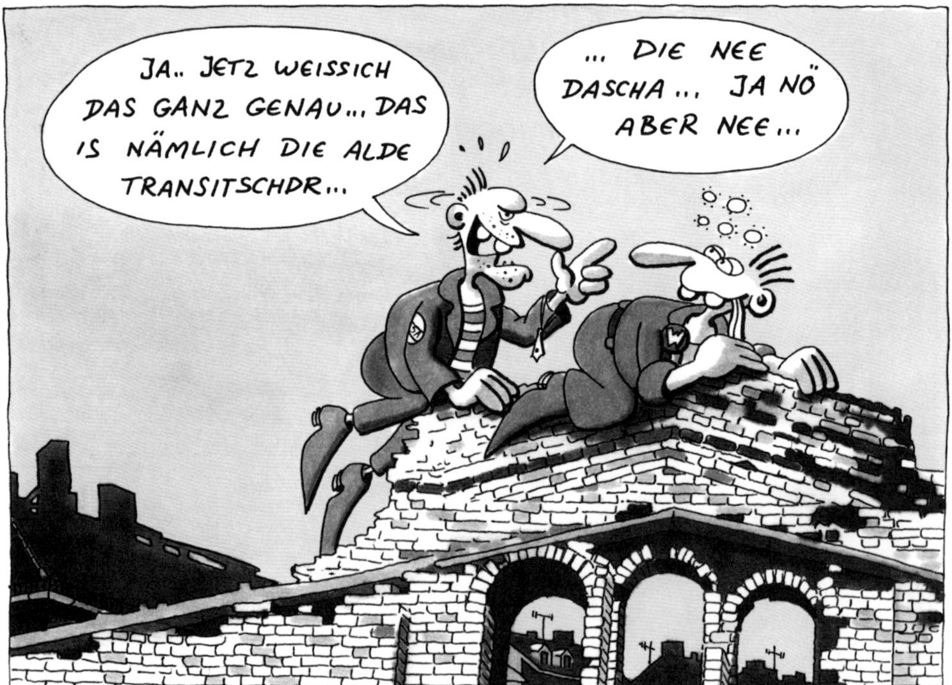
JA.. JETZ WEISSICH DAS GANZ GENAU... DAS IS NÄMLICH DIE ALDE TRANSITSCHDR...
... DIE NEE DASCHA... JA NÖ ABER NEE...

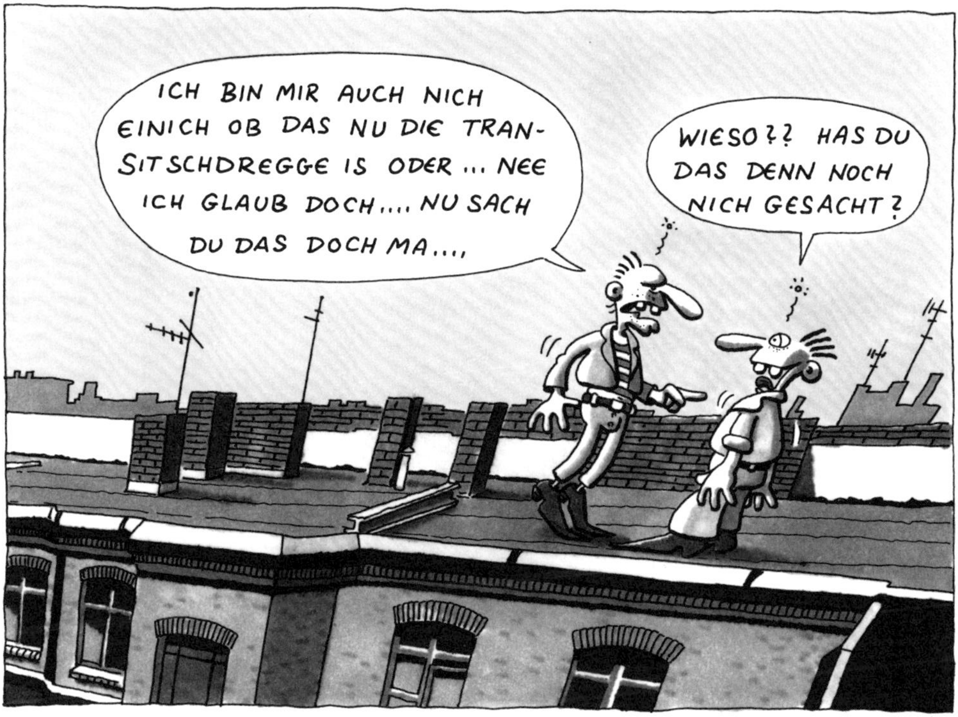
ICH BIN MIR AUCH NICH EINICH OB DAS NU DIE TRAN-SITSCHDREGGE IS ODER ... NEE ICH GLAUB DOCH.... NU SACH DU DAS DOCH MA....
WIESO?? HAS DU DAS DENN NOCH NICH GESACHT?

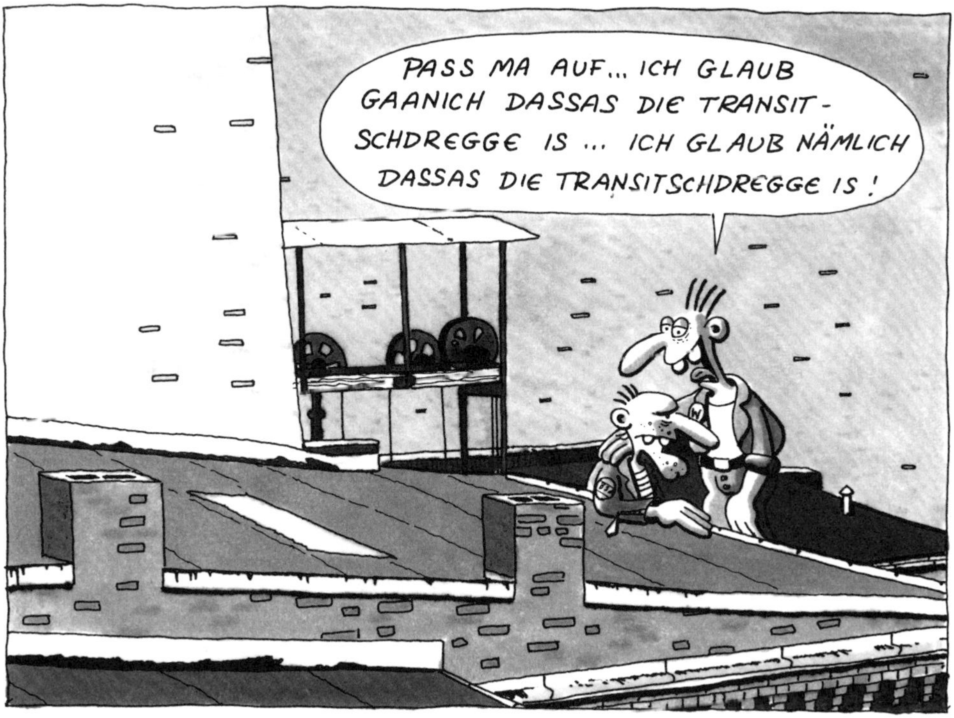
PASS MA AUF... ICH GLAUB GAANICH DASSAS DIE TRANSIT-SCHDREGGE IS ... ICH GLAUB NÄMLICH DASSAS DIE TRANSITSCHDREGGE IS!

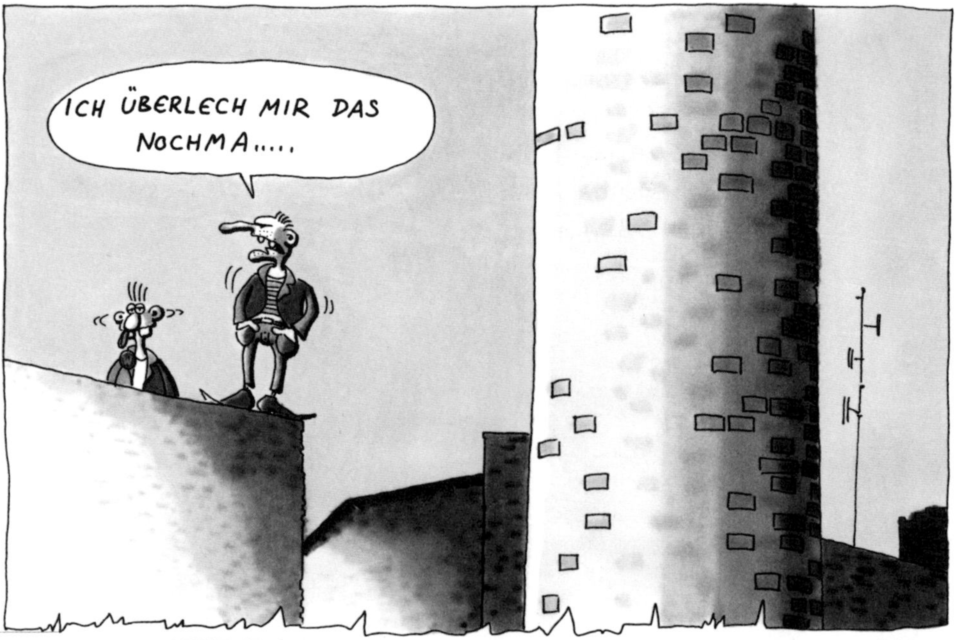

MEANWHILE AUF DER TRANSITSTRECKE

DER PRÄSI IS MIT SEINE ROCKER UNTERWEGNS VON HAMBURCH NACH BERLIN WEST

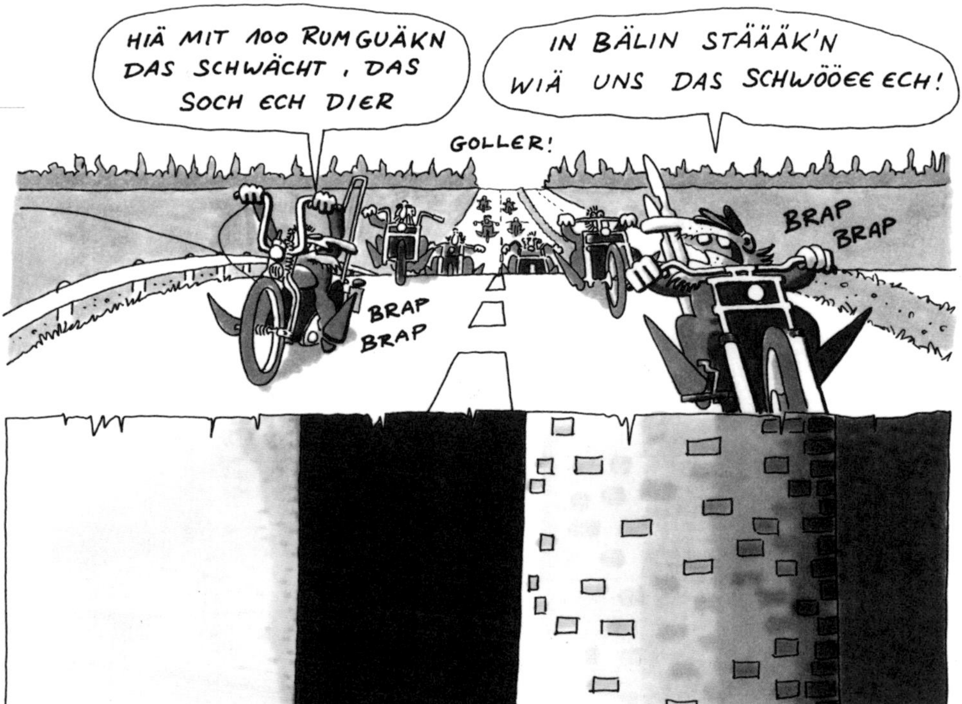

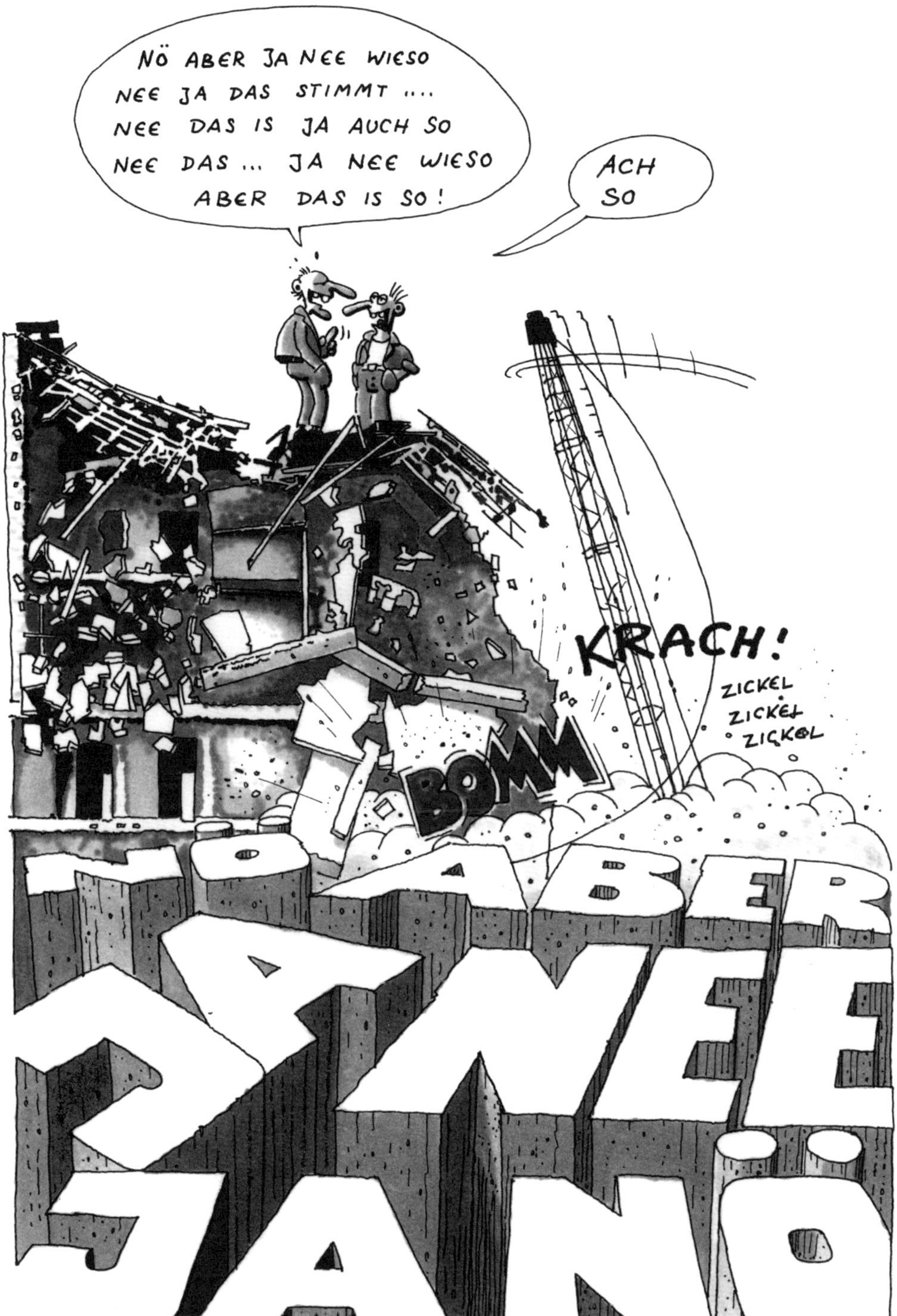
NÖ ABER JA NEE WIESO
NEE JA DAS STIMMT ....
NEE DAS IS JA AUCH SO
NEE DAS ... JA NEE WIESO
ABER DAS IS SO!
ACH SO
KRACH!
ZICKEL ZICKEL ZICKEL
BOMM
NÖ ABER
JA NEE
JA NÖ

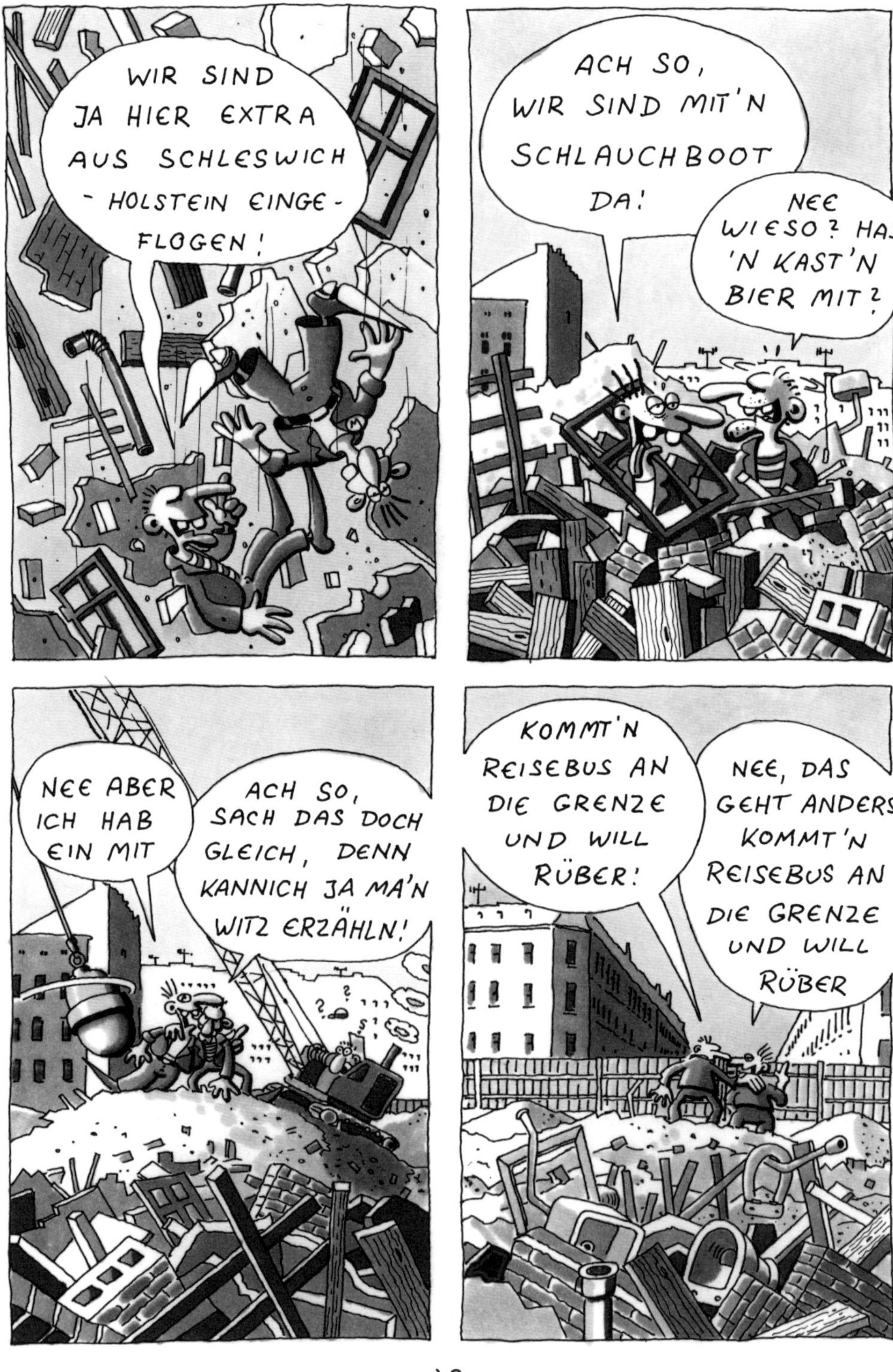
WIR SIND JA HIER EXTRA AUS SCHLESWICH - HOLSTEIN EINGE- FLOGEN!
ACH SO, WIR SIND MIT'N SCHLAUCHBOOT DA!
NEE WIESO? HAS 'N KAST'N BIER MIT?
NEE ABER ICH HAB EIN MIT
ACH SO, SACH DAS DOCH GLEICH, DENN KANNICH JA MA'N WITZ ERZÄHLN!
KOMMT'N REISEBUS AN DIE GRENZE UND WILL RÜBER!
NEE, DAS GEHT ANDERS, KOMMT'N REISEBUS AN DIE GRENZE UND WILL RÜBER

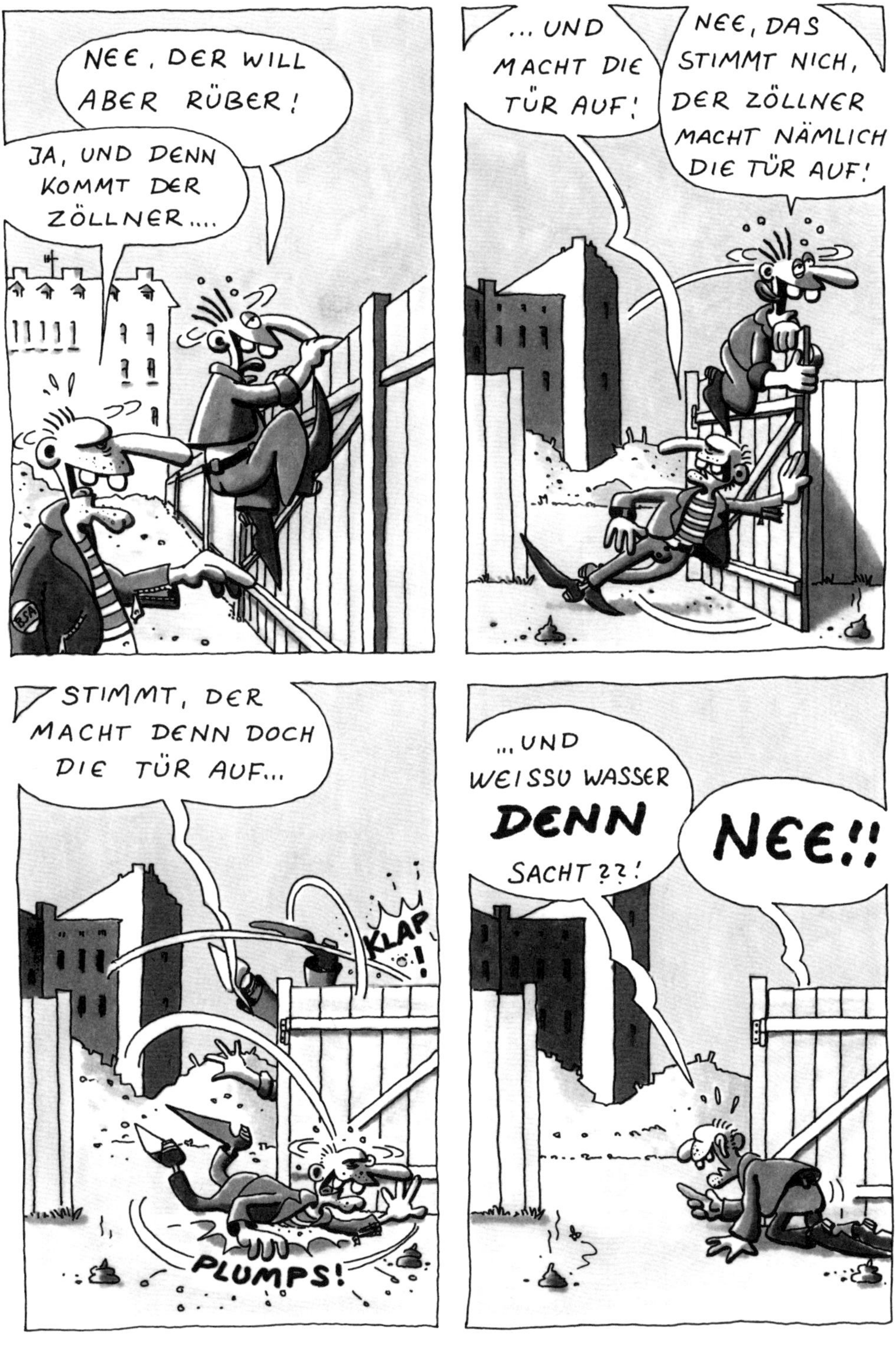
NEE, DER WILL ABER RÜBER!
JA, UND DENN KOMMT DER ZÖLLNER....
...UND MACHT DIE TÜR AUF!
NEE, DAS STIMMT NICH, DER ZÖLLNER MACHT NÄMLICH DIE TÜR AUF!
STIMMT, DER MACHT DENN DOCH DIE TÜR AUF...
KLAP!
PLUMPS!
...UND WEISSU WASSER DENN SACHT??!
NEE!!

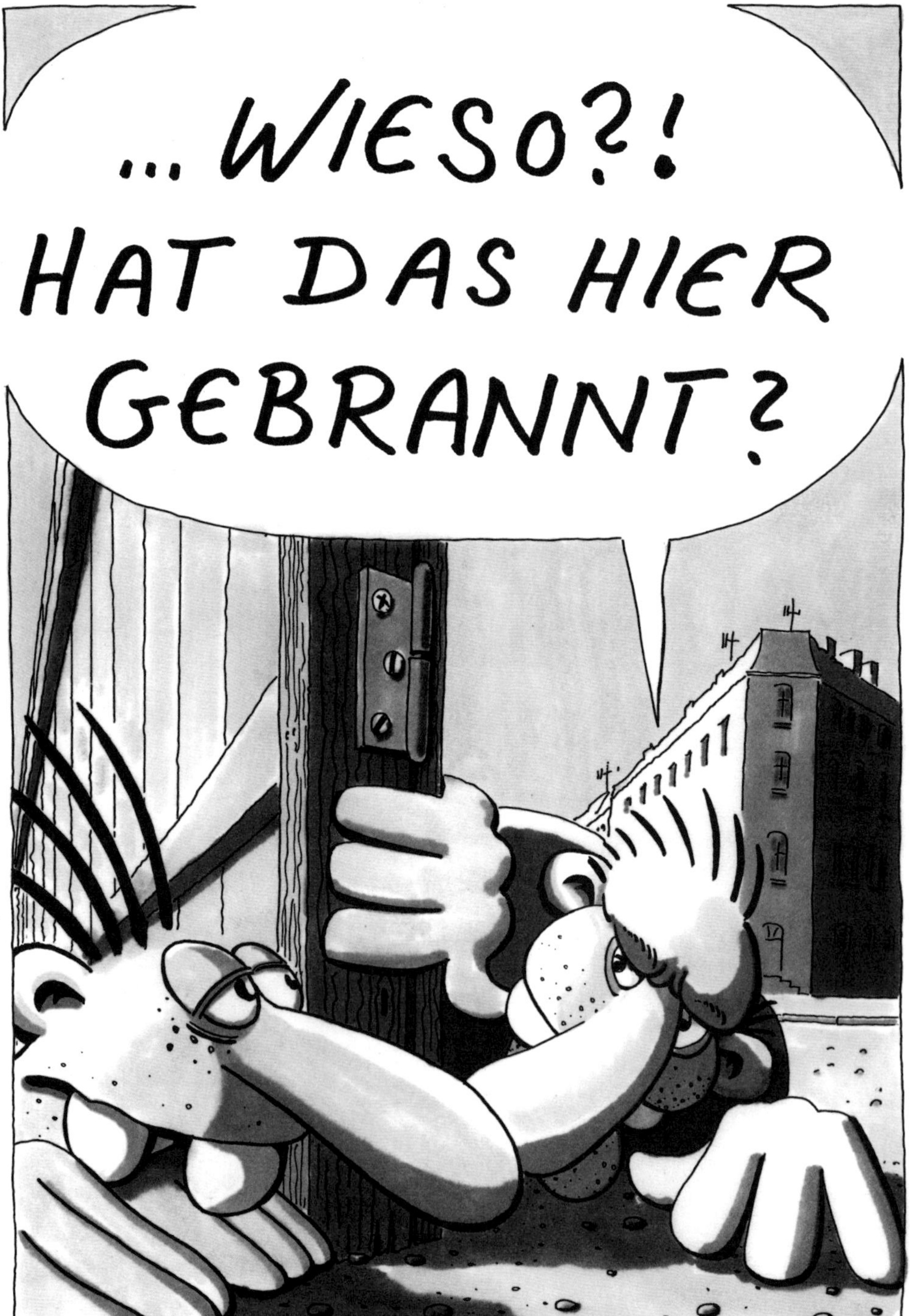
...WIESO?! HAT DAS HIER GEBRANNT?

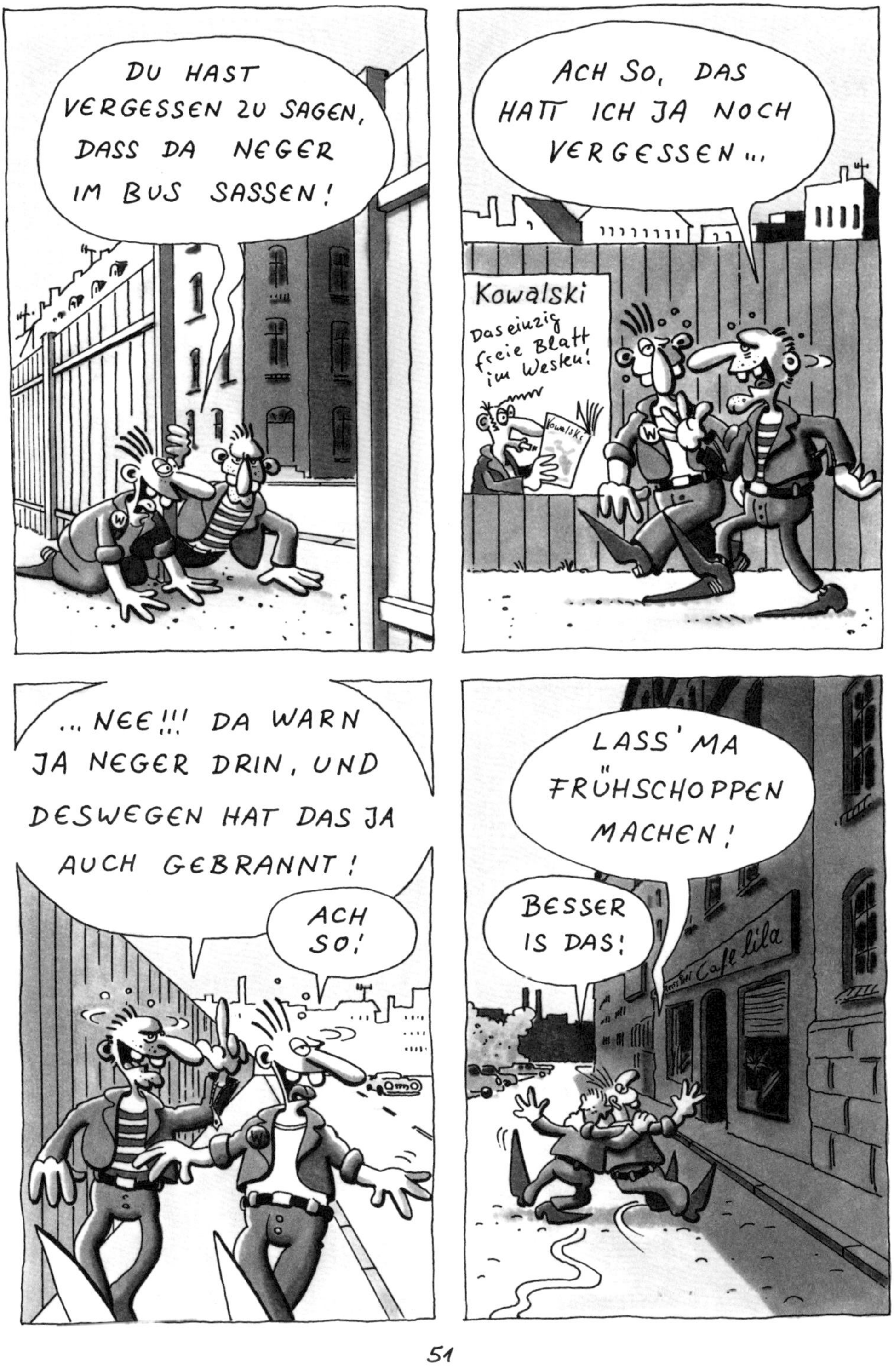
DU HAST VERGESSEN ZU SAGEN, DASS DA NEGER IM BUS SASSEN!
ACH SO, DAS HATT ICH JA NOCH VERGESSEN...
Kowalski
Das einzig freie Blatt im Westen!
Kowalski
...NEE!!! DA WARN JA NEGER DRIN, UND DESWEGEN HAT DAS JA AUCH GEBRANNT!
ACH SO!
LASS' MA FRÜHSCHOPPEN MACHEN!
BESSER IS DAS!
Café lila

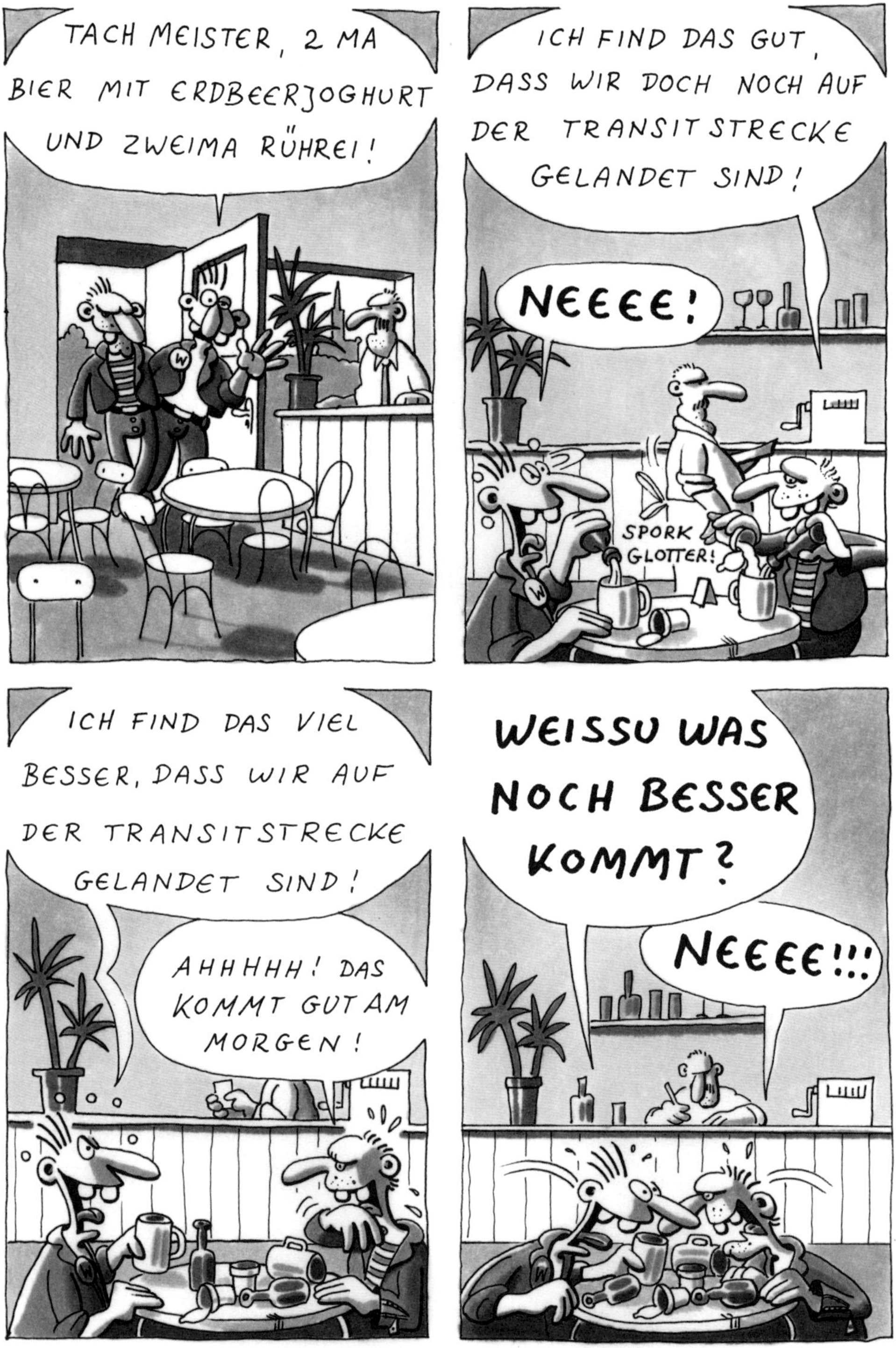
TACH MEISTER, 2 MA BIER MIT ERDBEERJOGHURT UND ZWEIMA RÜHREI!
ICH FIND DAS GUT, DASS WIR DOCH NOCH AUF DER TRANSITSTRECKE GELANDET SIND!
NEEEE!
SPORK GLOTTER!
ICH FIND DAS VIEL BESSER, DASS WIR AUF DER TRANSITSTRECKE GELANDET SIND!
AHHHHH! DAS KOMMT GUT AM MORGEN!
WEISSU WAS NOCH BESSER KOMMT?
NEEEE!!!

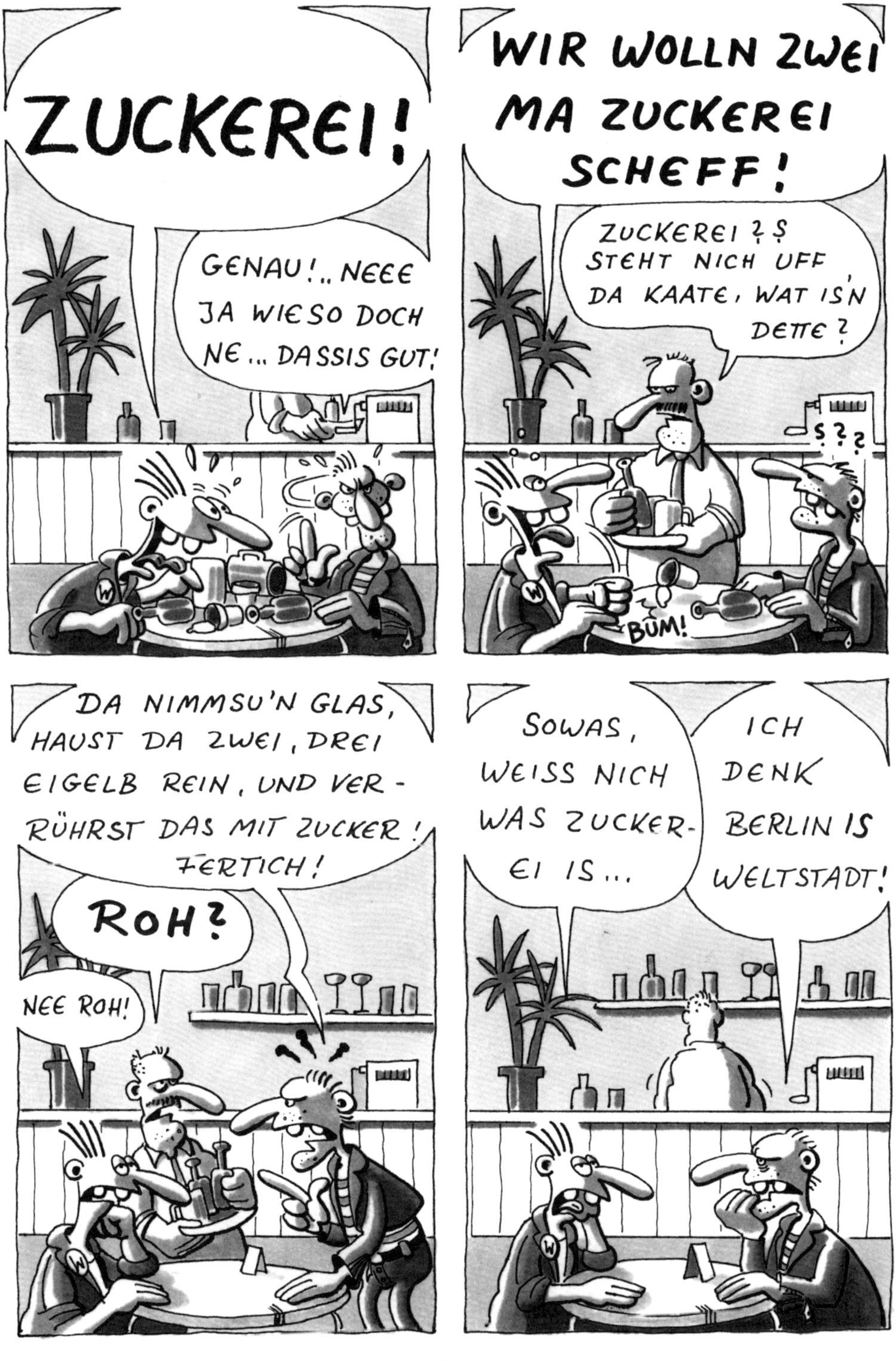
ZUCKEREI!
GENAU!.. NEEE JA WIESO DOCH NE... DASSIS GUT!
WIR WOLLN ZWEI MA ZUCKEREI SCHEFF!
ZUCKEREI?? STEHT NICH UFF DA KAATE, WAT IS'N DETTE?
BUM!
DA NIMMSU'N GLAS, HAUST DA ZWEI, DREI EIGELB REIN, UND VERRÜHRST DAS MIT ZUCKER! FERTICH!
ROH?
NEE ROH!
SOWAS, WEISS NICH WAS ZUCKEREI IS...
ICH DENK BERLIN IS WELTSTADT!

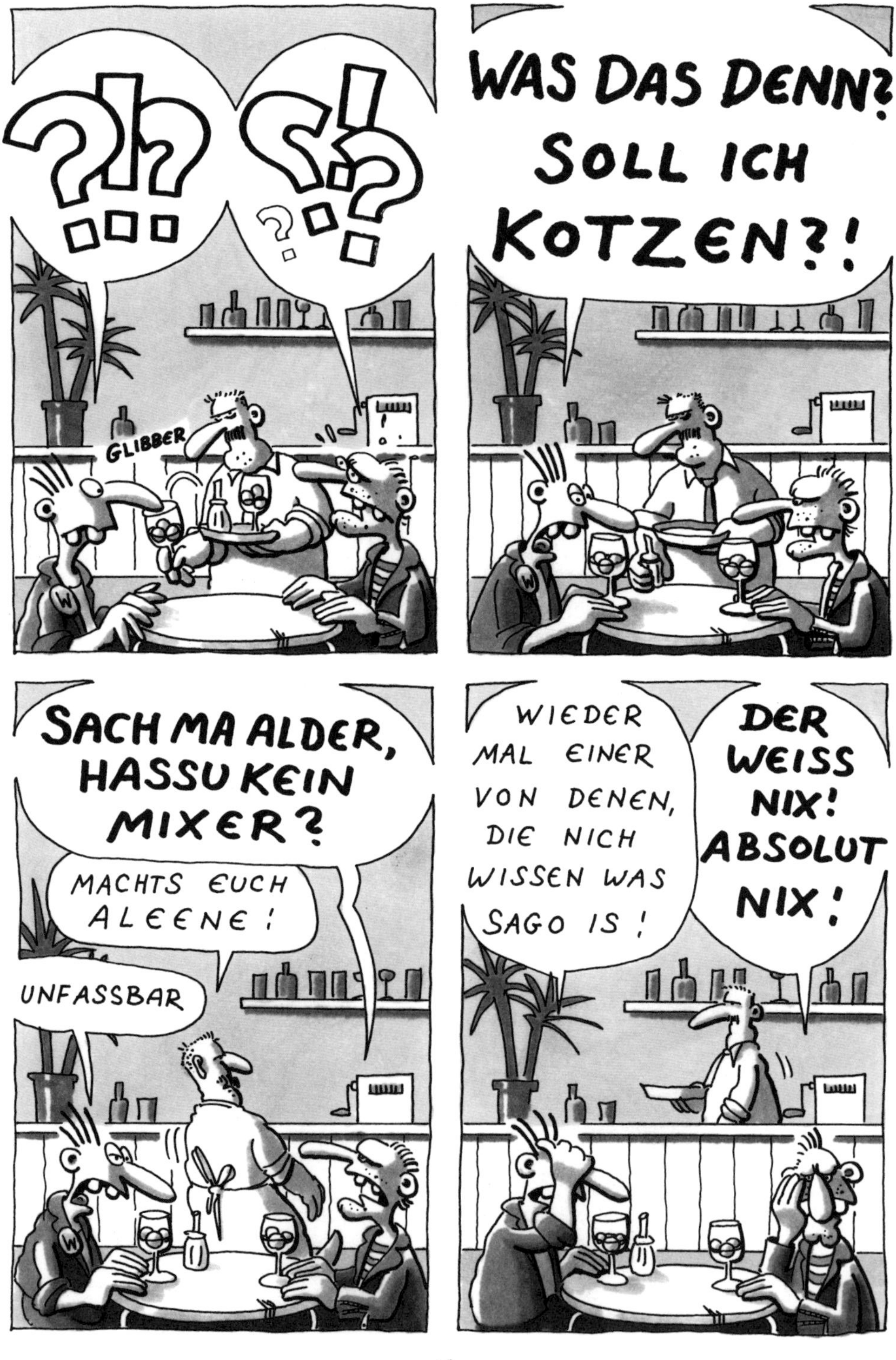
GLIBBER
WAS DAS DENN? SOLL ICH KOTZEN?!
SACH MA ALDER, HASSU KEIN MIXER?
MACHTS EUCH ALEENE!
UNFASSBAR
WIEDER MAL EINER VON DENEN, DIE NICH WISSEN WAS SAGO IS!
DER WEISS NIX! ABSOLUT NIX!

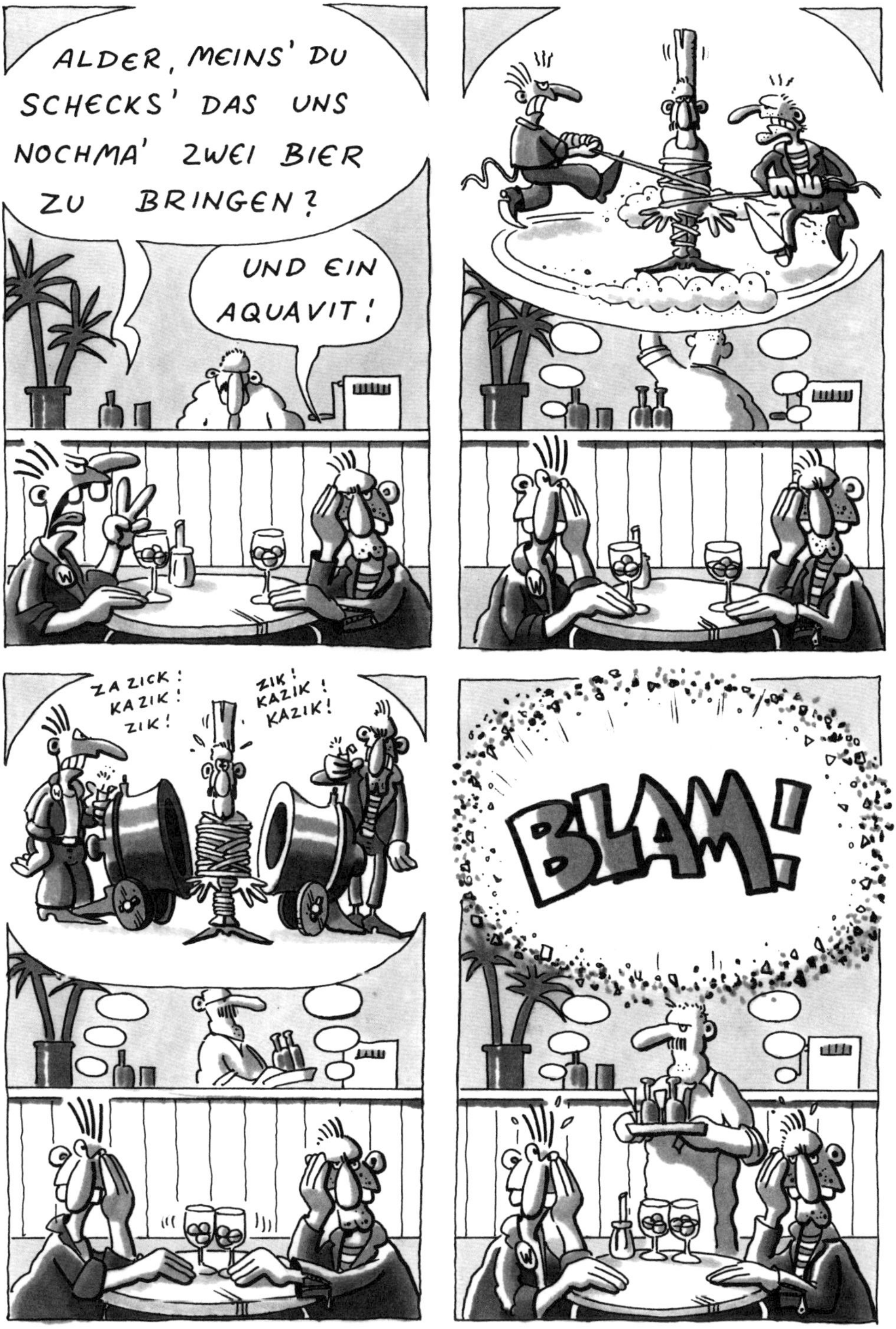
ALDER, MEINS' DU SCHECKS' DAS UNS NOCHMA' ZWEI BIER ZU BRINGEN?
UND EIN AQUAVIT!
ZA ZICK! KAZIK! ZIK!
ZIK! KAZIK! KAZIK!
BLAM!

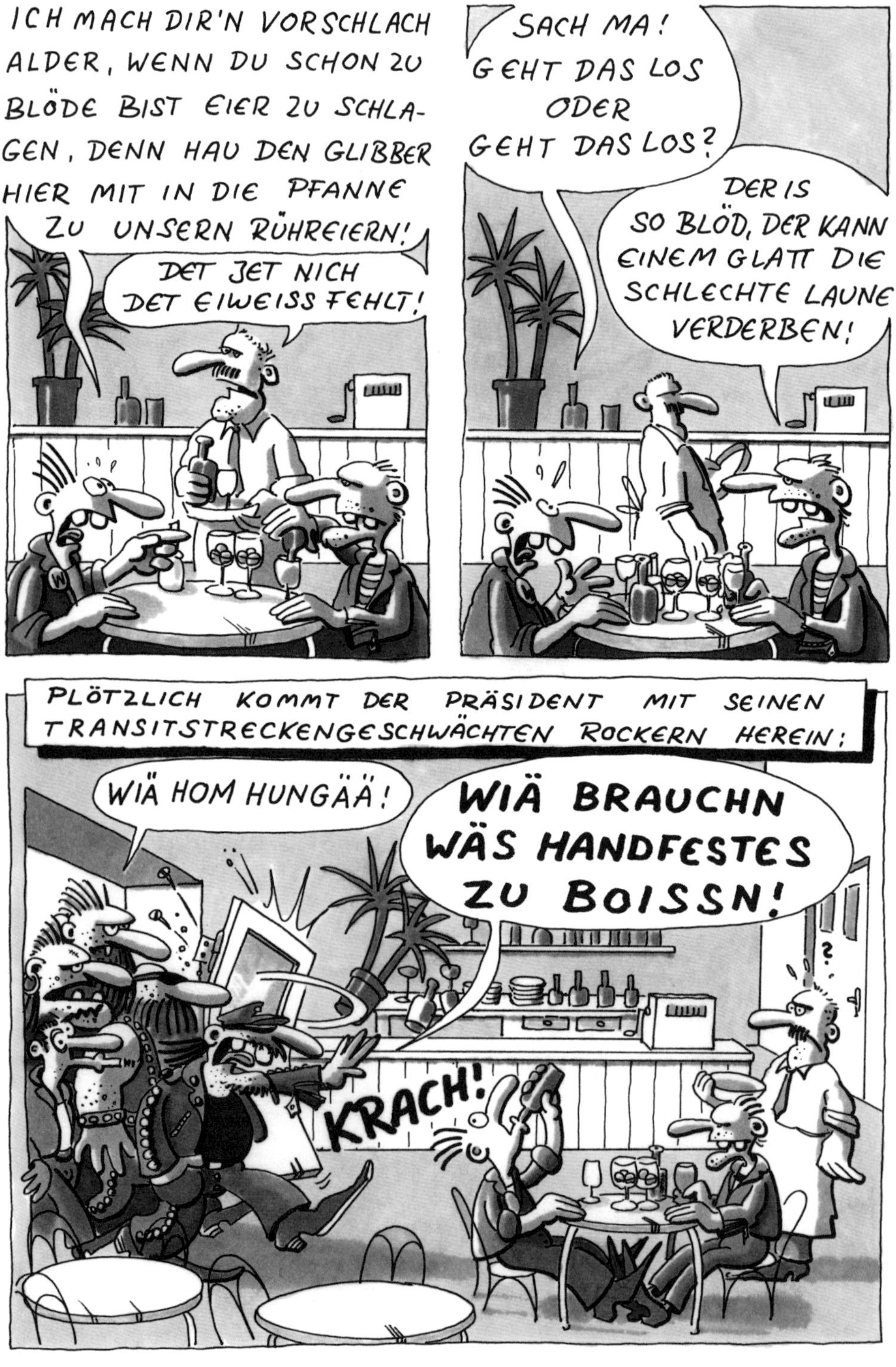
ICH MACH DIR'N VORSCHLACH ALDER, WENN DU SCHON ZU BLÖDE BIST EIER ZU SCHLAGEN, DENN HAU DEN GLIBBER HIER MIT IN DIE PFANNE ZU UNSERN RÜHREIERN!
DET JET NICH DET EIWEISS FEHLT!
SACH MA! GEHT DAS LOS ODER GEHT DAS LOS?
DER IS SO BLÖD, DER KANN EINEM GLATT DIE SCHLECHTE LAUNE VERDERBEN!
PLÖTZLICH KOMMT DER PRÄSIDENT MIT SEINEN TRANSITSTRECKENGESCHWÄCHTEN ROCKERN HEREIN:
WIÄ HOM HUNGÄÄ!
WIÄ BRAUCHN WÄS HANDFESTES ZU BOISSN!
KRACH!

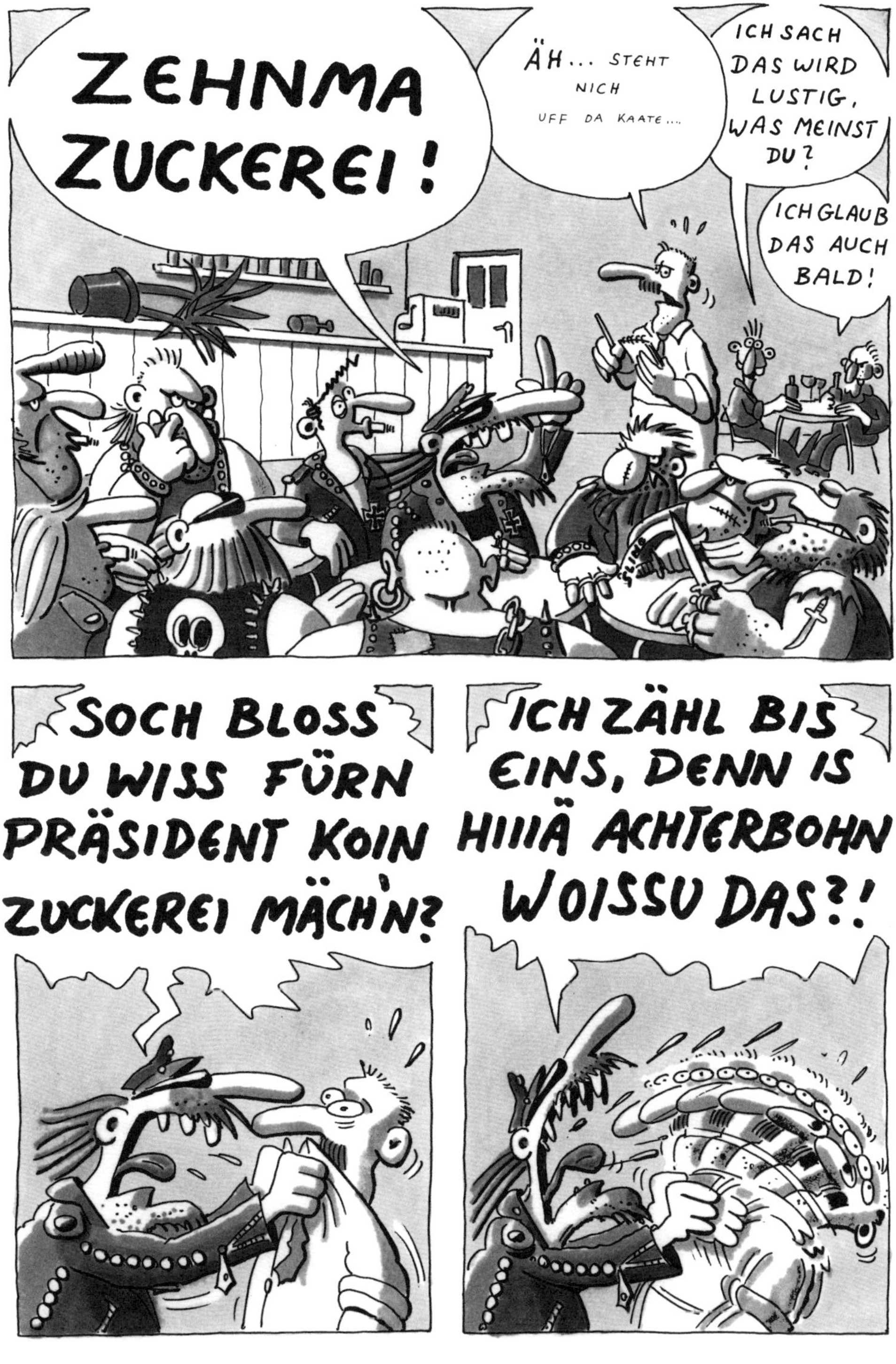
ZEHNMA ZUCKEREI!
ÄH... STEHT NICH UFF DA KAATE....
ICH SACH DAS WIRD LUSTIG, WAS MEINST DU?
ICH GLAUB DAS AUCH BALD!
SOCH BLOSS DU WISS FÜRN PRÄSIDENT KOIN ZUCKEREI MÄCH'N?
ICH ZÄHL BIS EINS, DENN IS HIIIÄ ACHTERBOHN WOISSU DAS?!

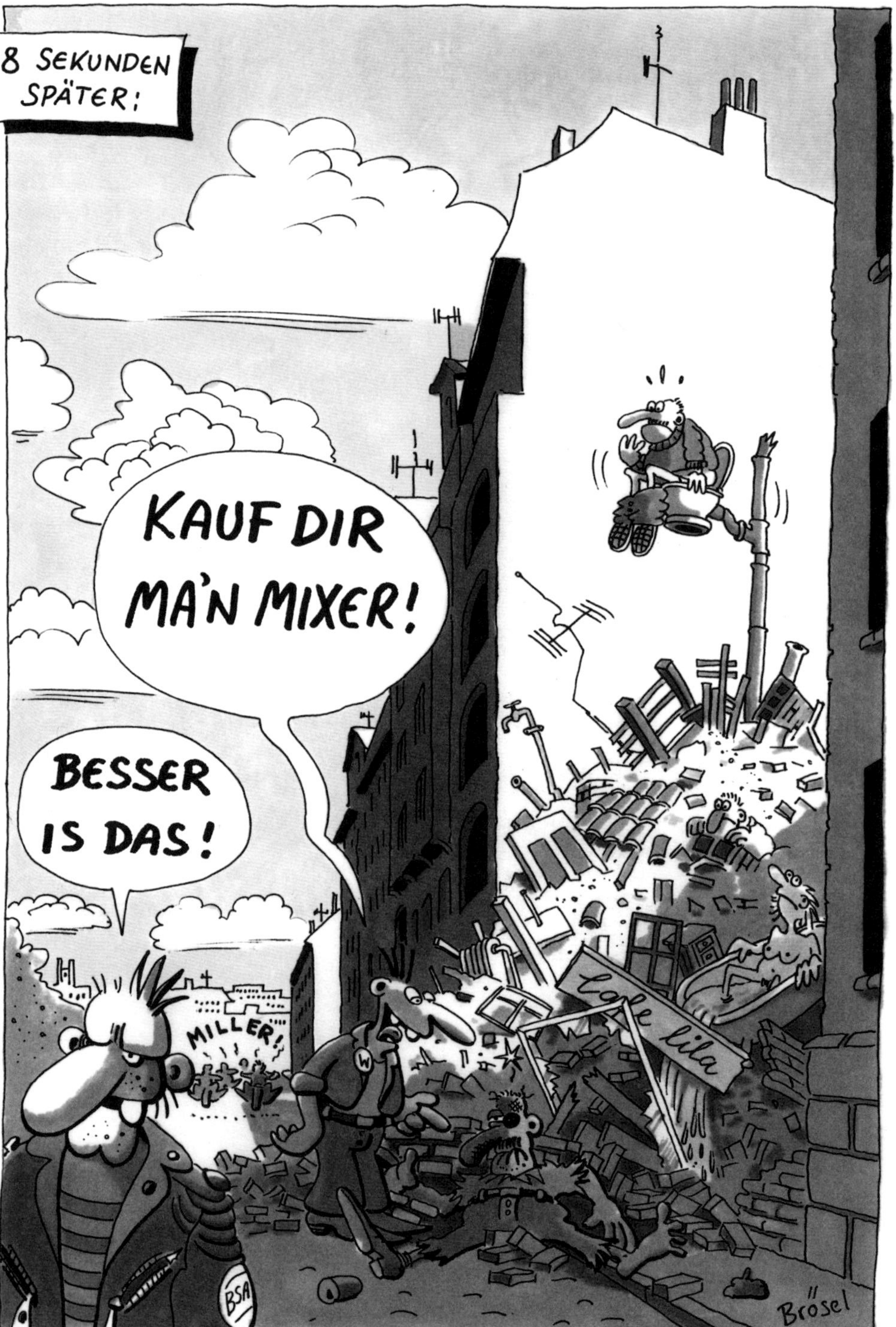

8 SEKUNDEN SPÄTER:
KAUF DIR MA'N MIXER!
BESSER IS DAS!
MILLER!
Café lila
BSA
Brösel

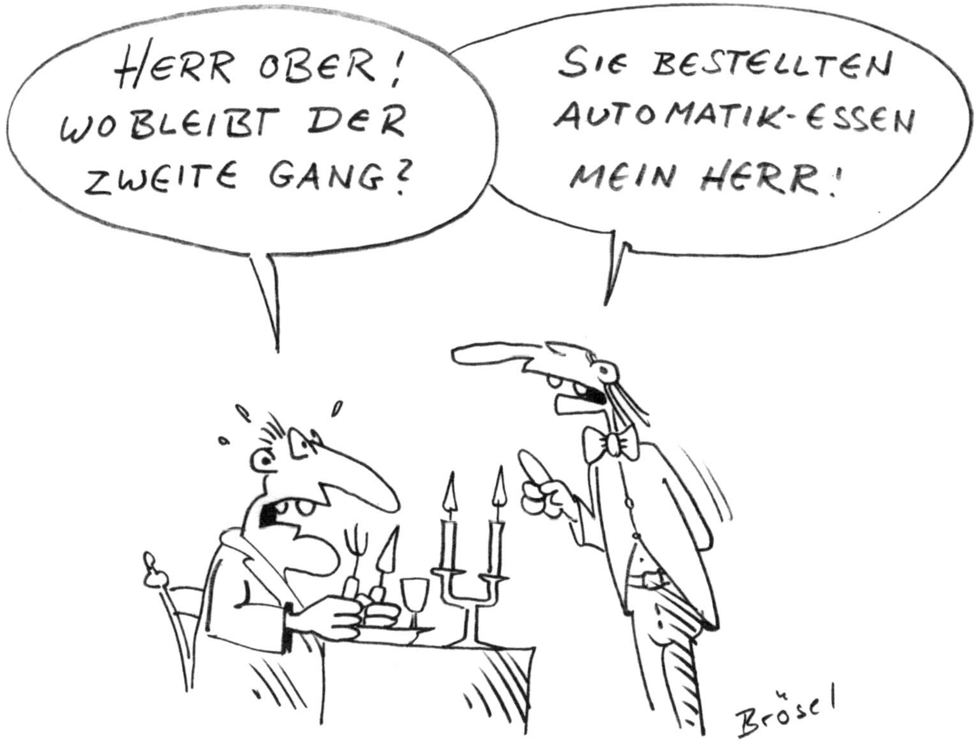
HERR OBER! WO BLEIBT DER ZWEITE GANG?
SIE BESTELLTEN AUTOMATIK-ESSEN MEIN HERR!
Brösel

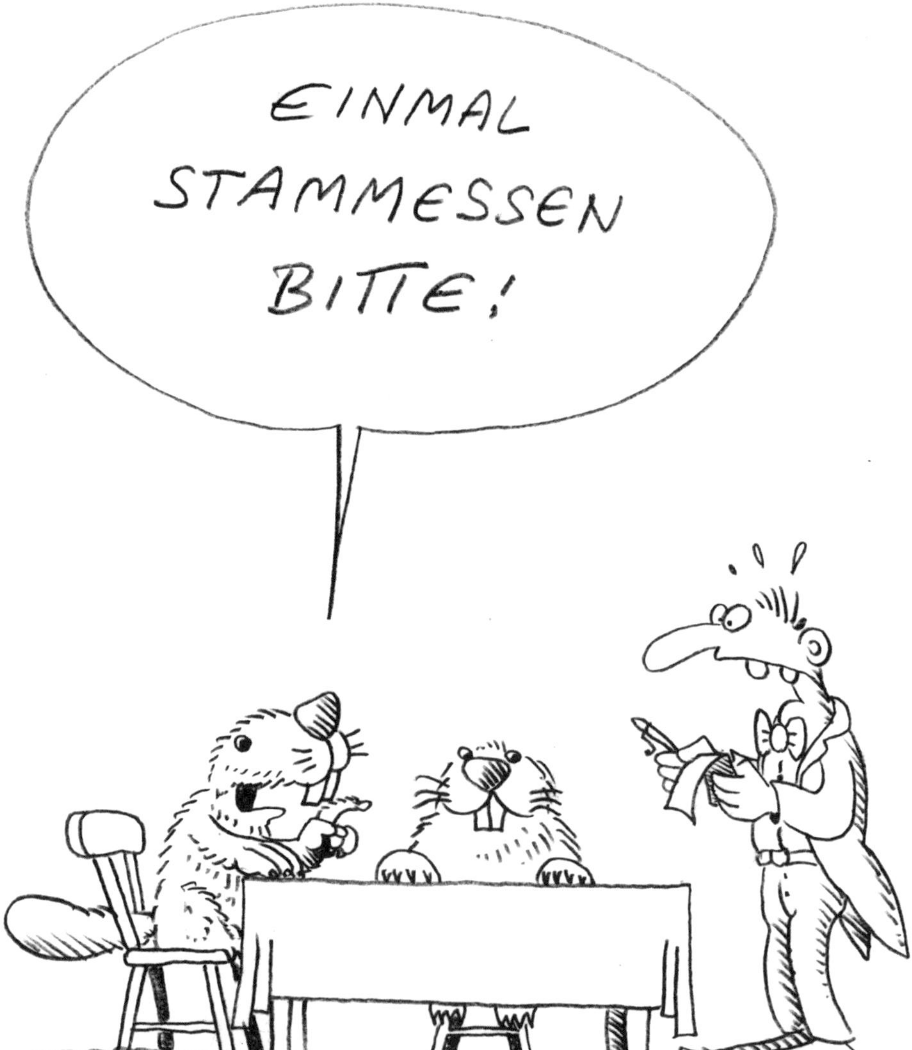
EINMAL STAMMESSEN BITTE!

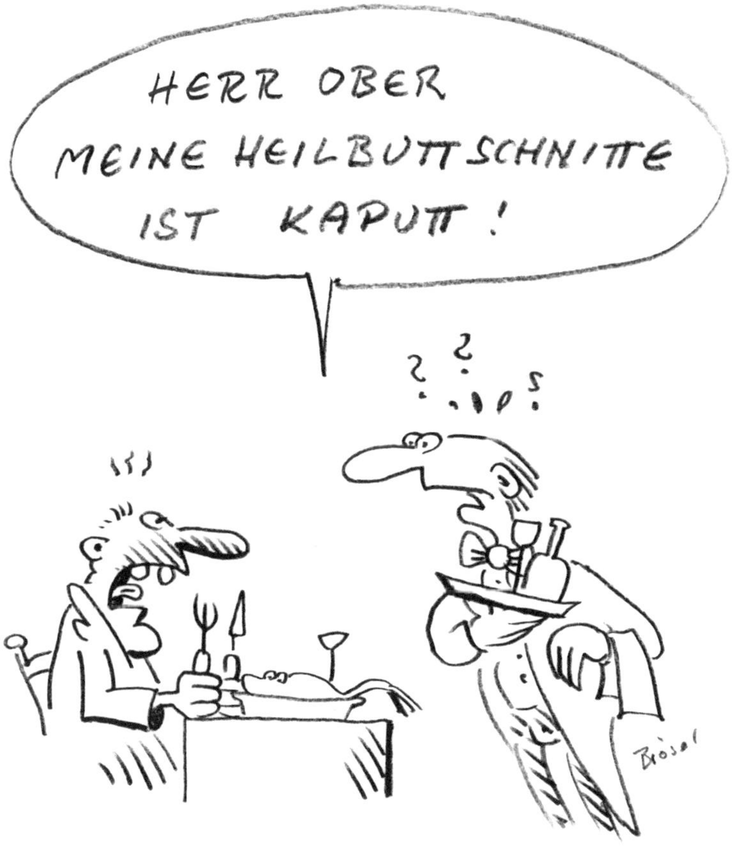
HERR OBER
MEINE HEILBUTTSCHNITTE
IST KAPUTT!

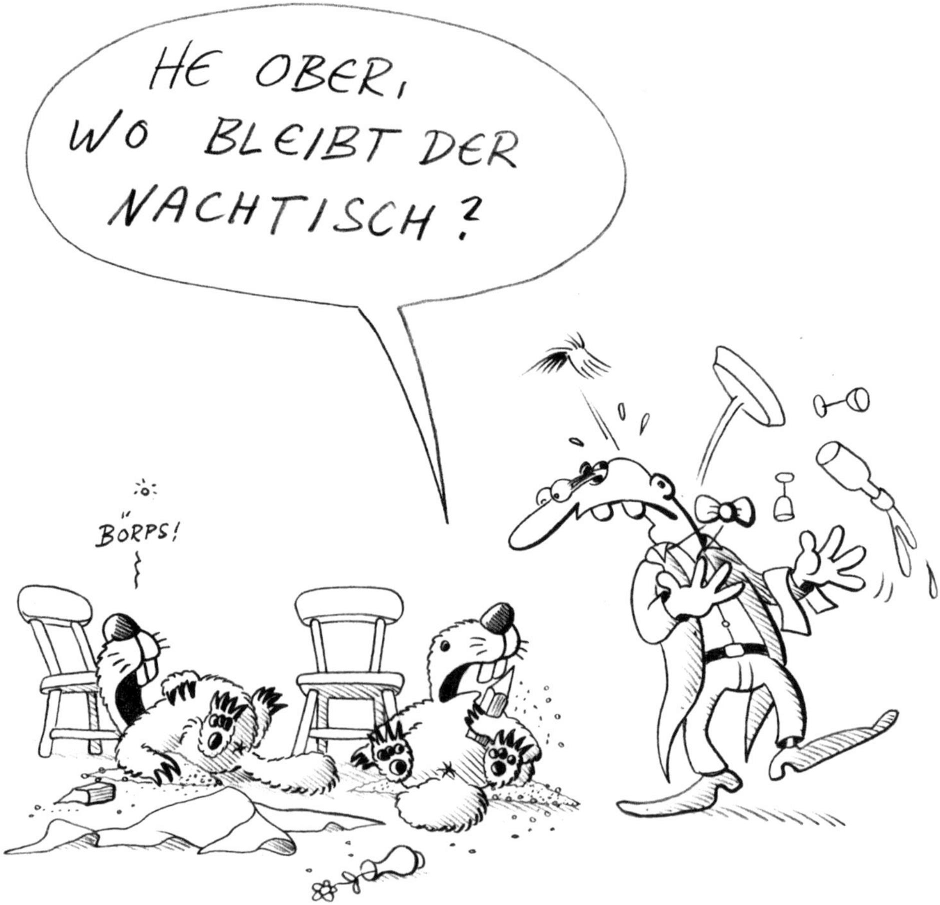
HE OBER,
WO BLEIBT DER
NACHTISCH?
BÖRPS!

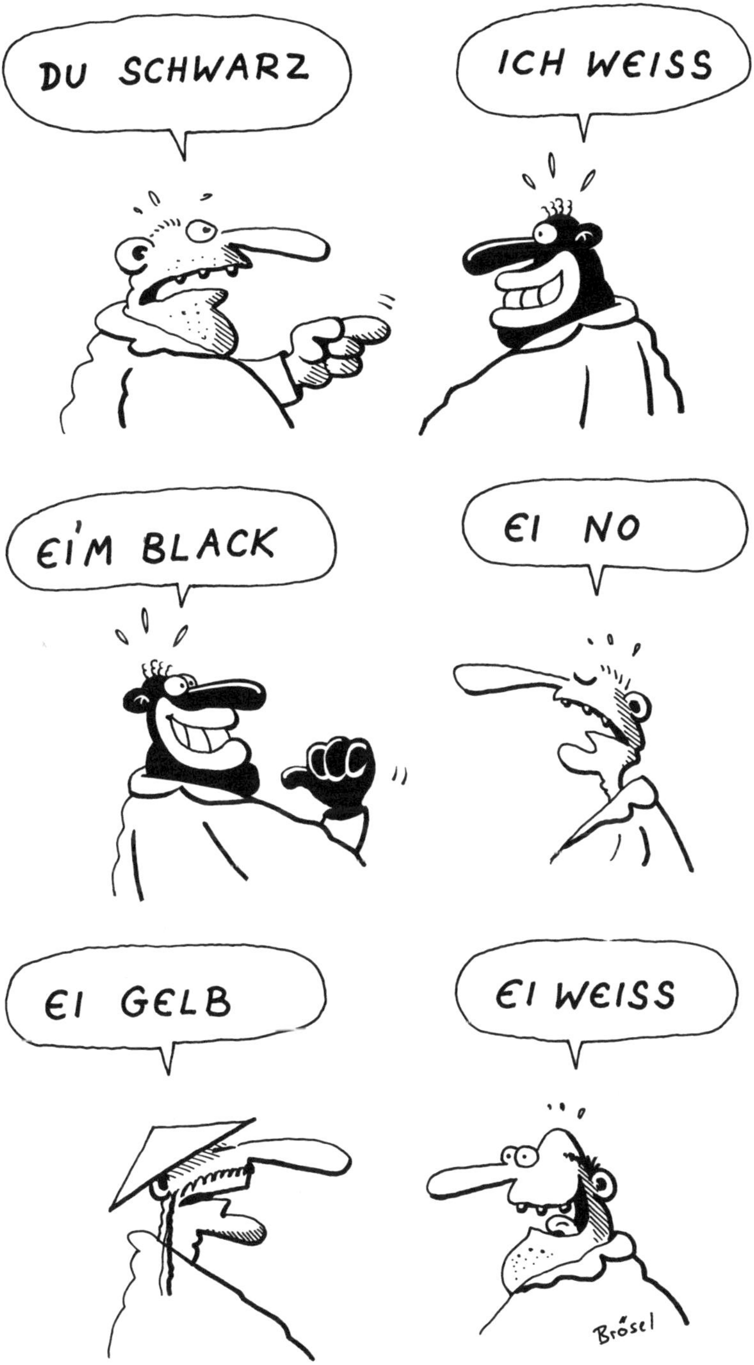
DU SCHWARZ
ICH WEISS
EI'M BLACK
EI NO
EI GELB
EI WEISS
Brösel

WERNERS TIP:

Zum Fest der Liebe ne dichte Rübe!

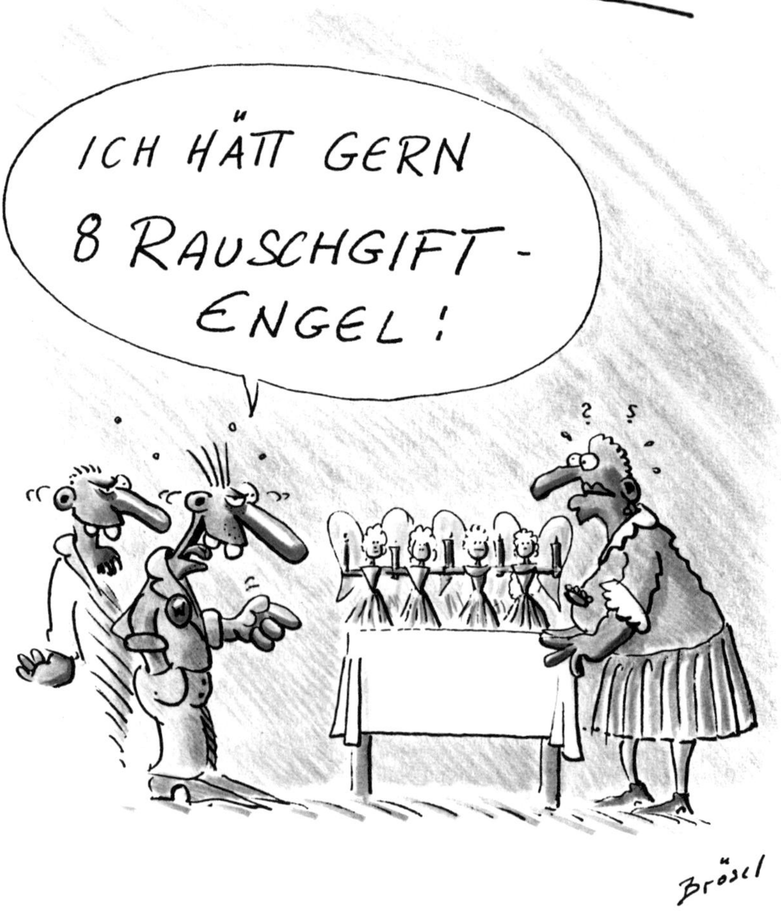

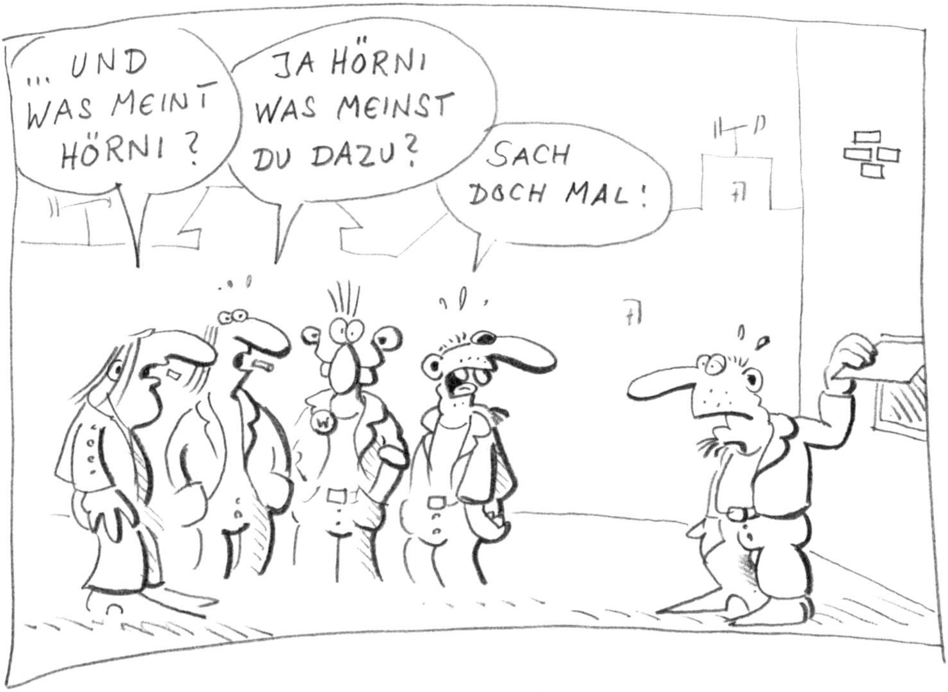
... UND WAS MEINT HÖRNI ?
JA HÖRNI WAS MEINST DU DAZU ?
SACH DOCH MAL !

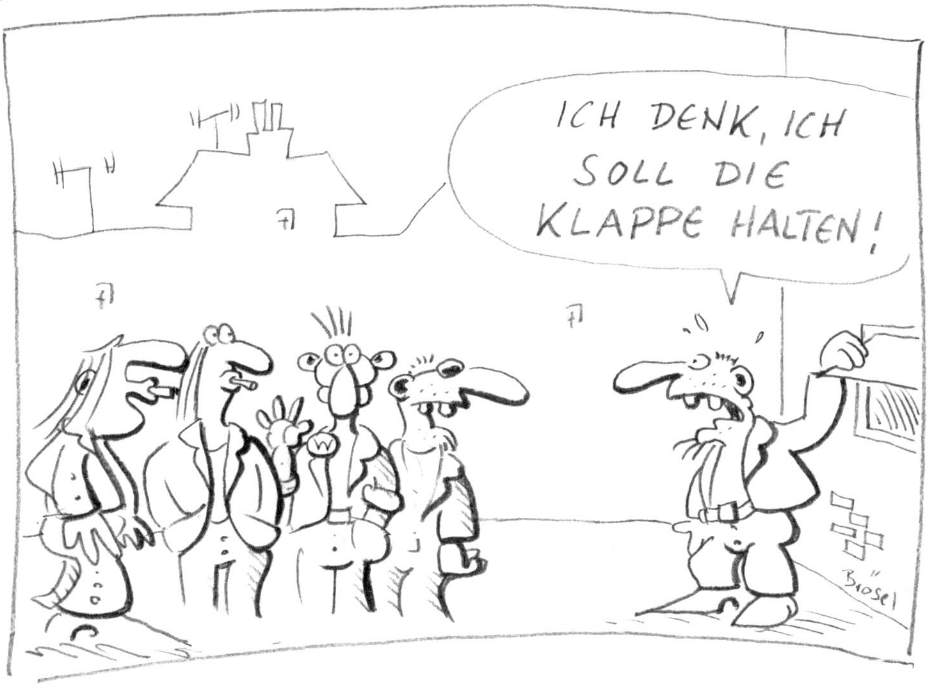
ICH DENK, ICH SOLL DIE KLAPPE HALTEN !
Brösel

KEINE ARBEIT?

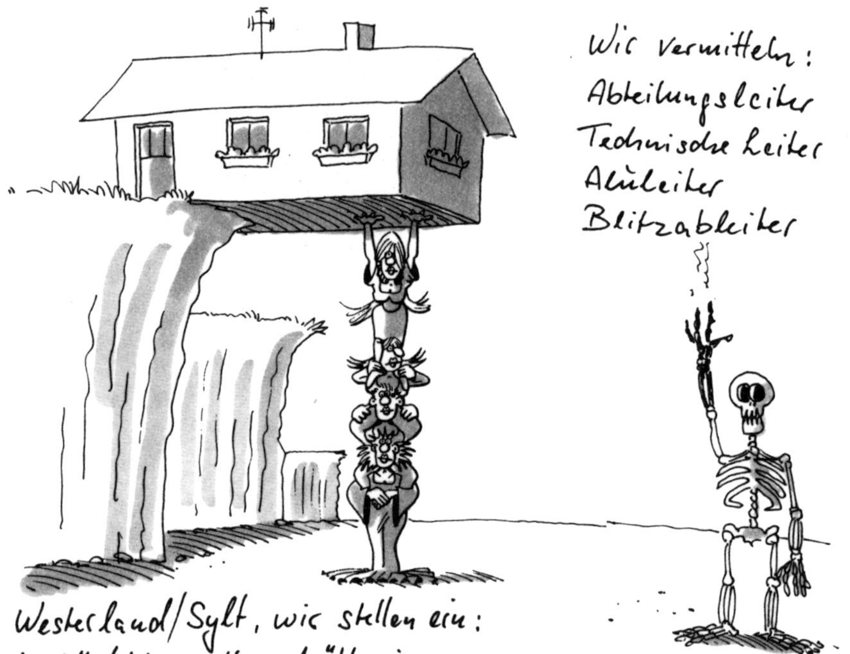

Westerland/Sylt, wir stellen ein:
4 tüchtige Haushälterinnen

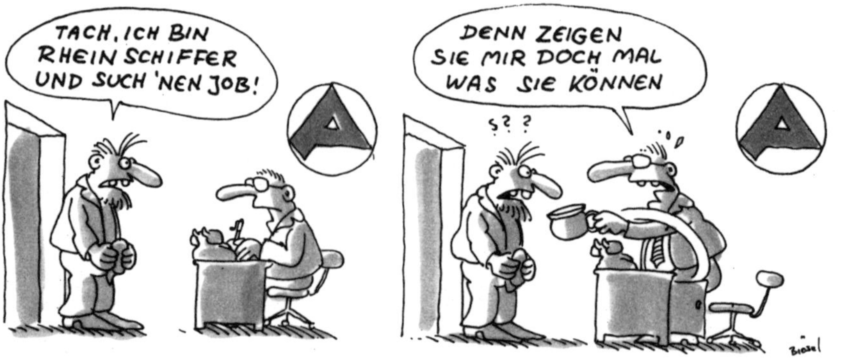

Wir sind immer für Sie da!

Ihr Arbeitsamt

HEITERES BERUFERATEN

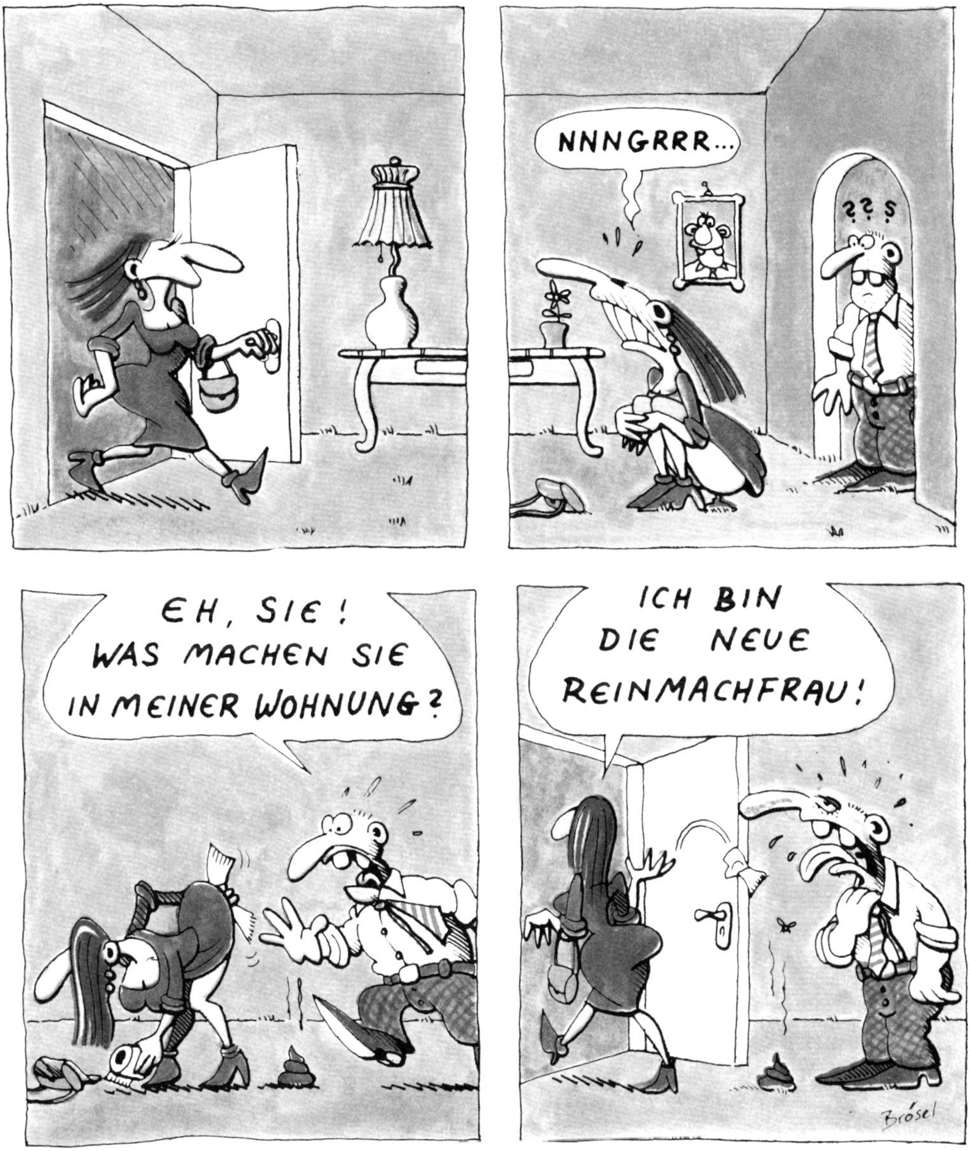

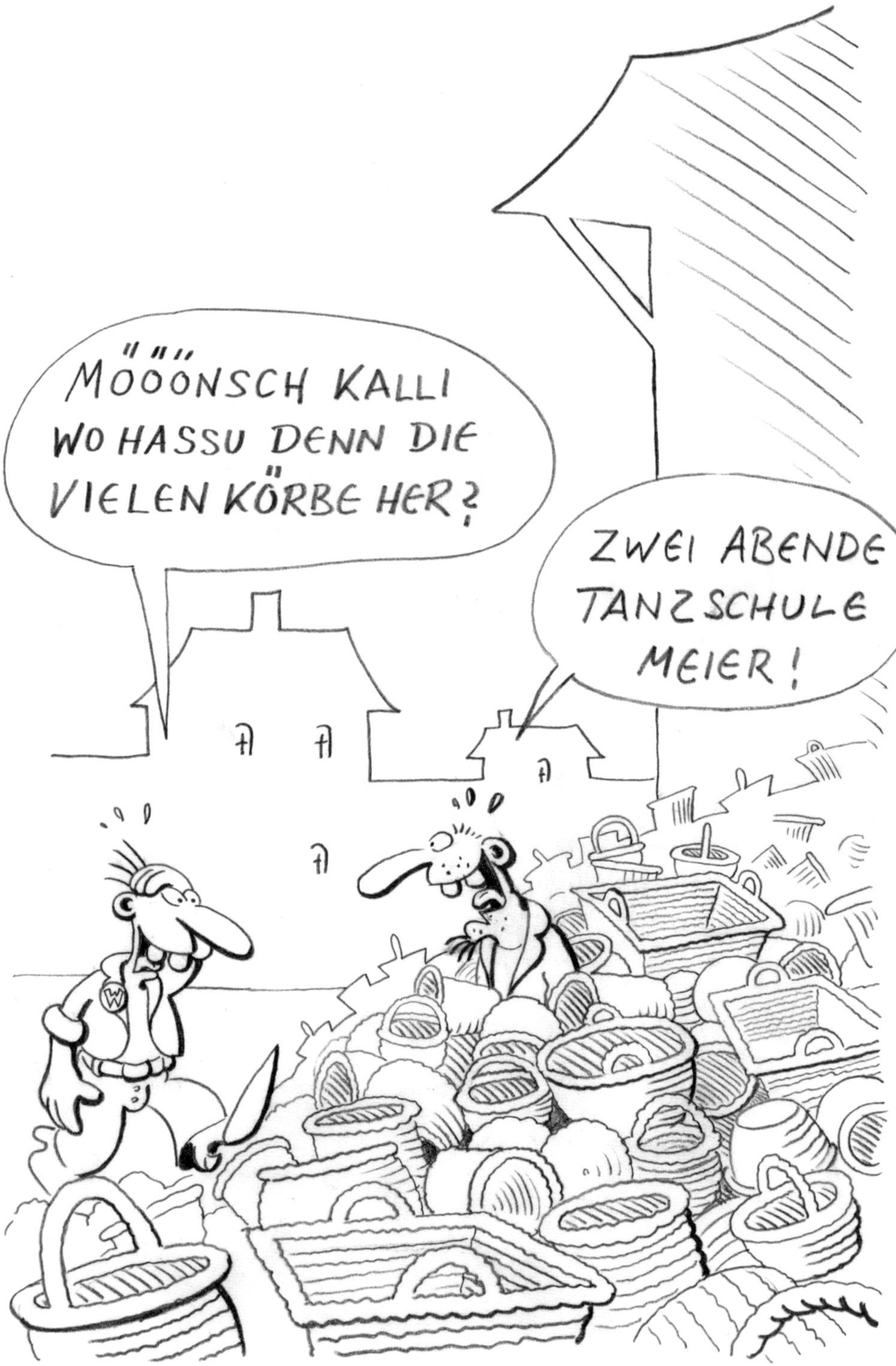
MÖÖÖNSCH KALLI WO HASSU DENN DIE VIELEN KÖRBE HER?
ZWEI ABENDE TANZSCHULE MEIER!

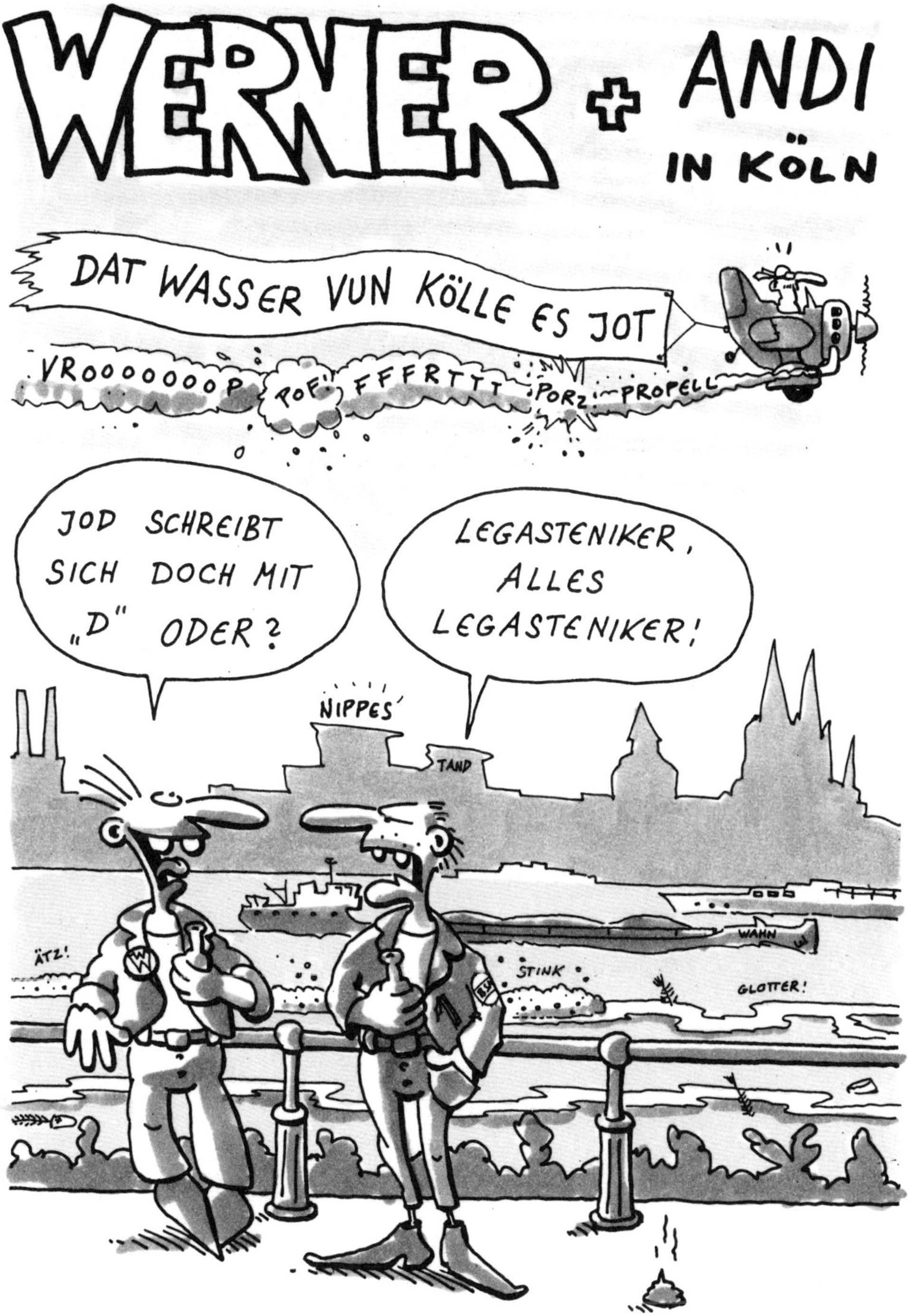

WERNER + ANDI IN KÖLN
DAT WASSER VUN KÖLLE ES JOT
VROOOOOOOP
POF!
FFFRTTT
PORZ
PROPELL
JOD SCHREIBT SICH DOCH MIT „D" ODER?
LEGASTENIKER, ALLES LEGASTENIKER!
NIPPES
TAND
ÄTZ!
STINK
WAHN
GLOTTER!

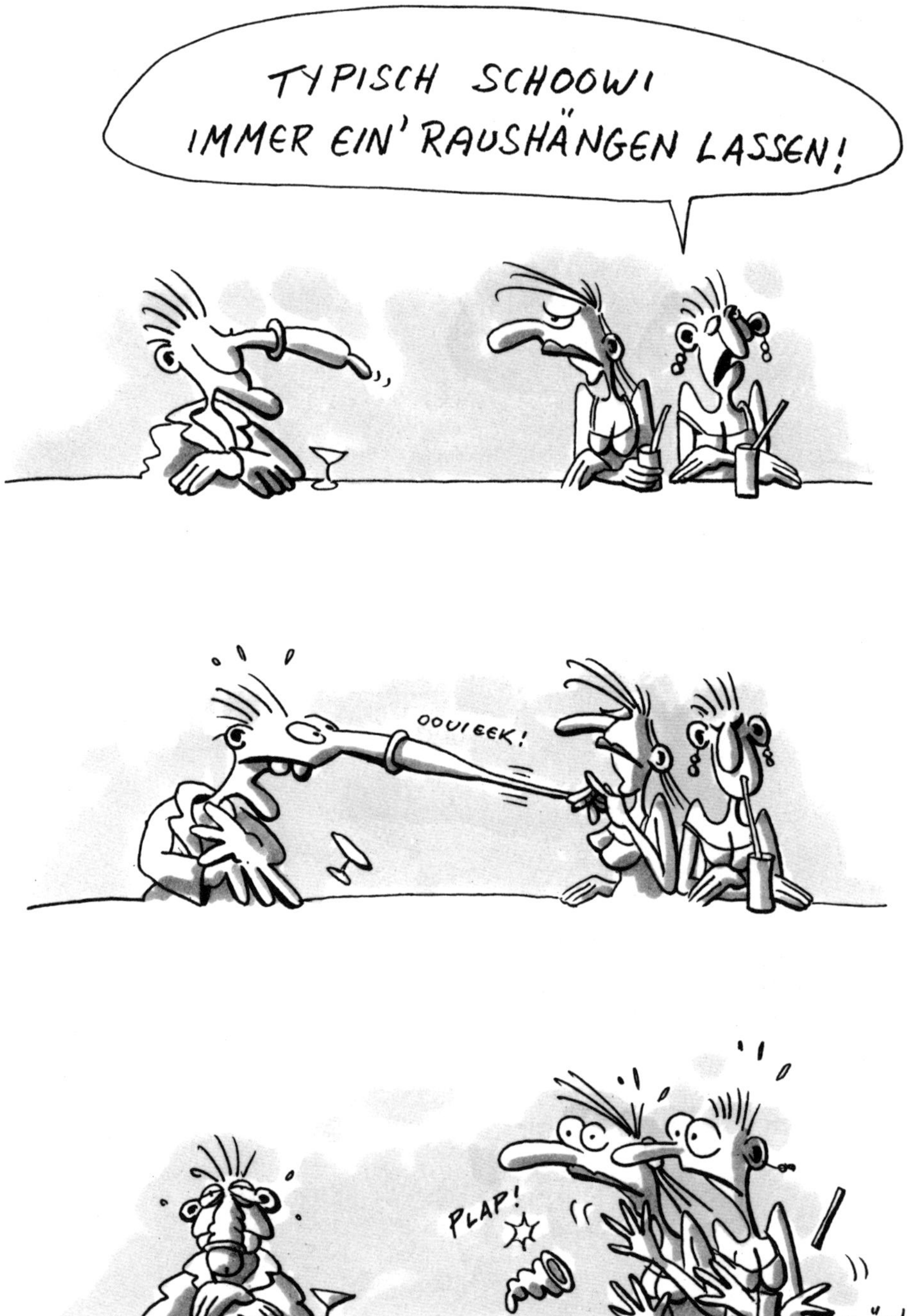
TYPISCH SCHOOW!
IMMER EIN' RAUSHÄNGEN LASSEN!
OOUIEEK!
PLAP!
Brösel

Lehrjahre sind keine Herrenjahre

Teil II

mit:

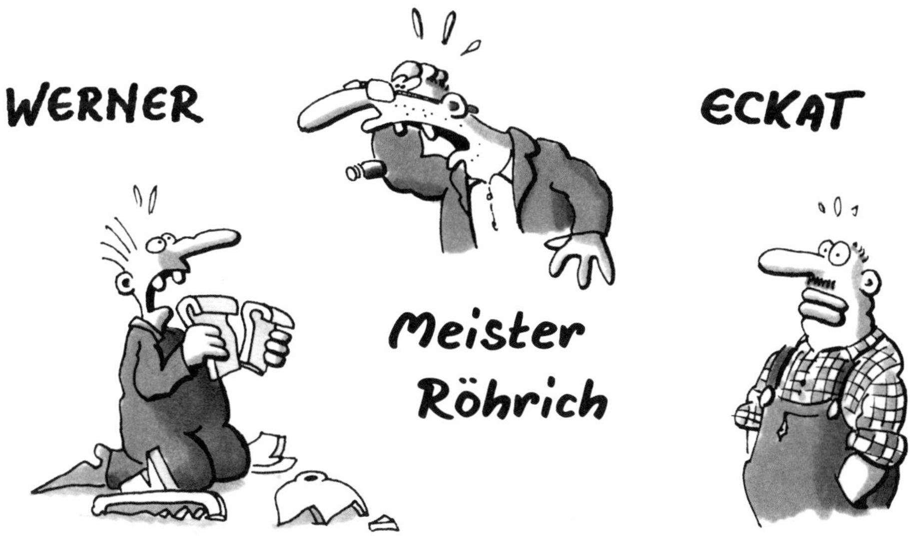

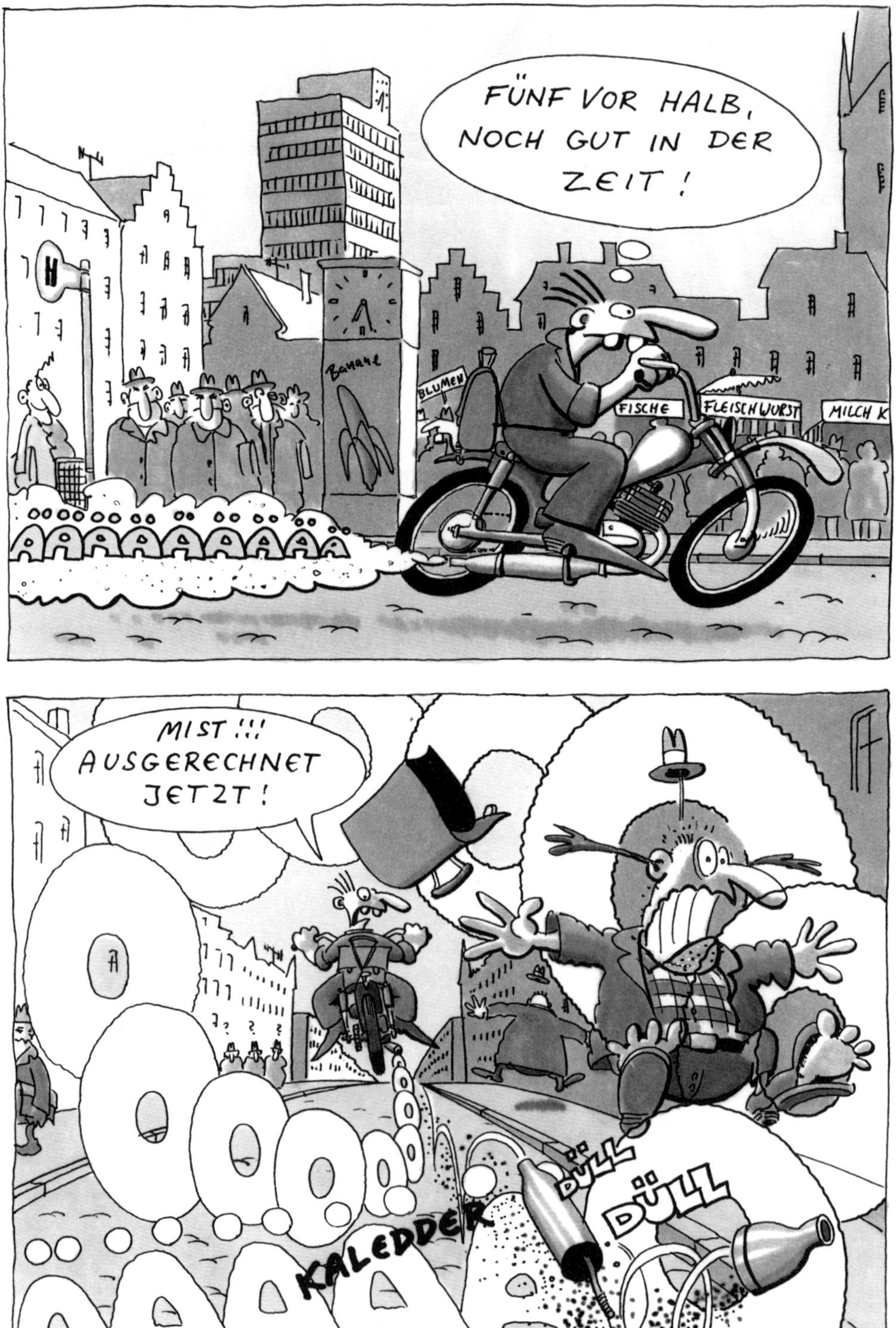
FÜNF VOR HALB, NOCH GUT IN DER ZEIT!
Banane
BLUMEN
FISCHE
FLEISCHWURST
MILCH K
MIST!!! AUSGERECHNET JETZT!
KALEDDER
DÜLL
DÜLL

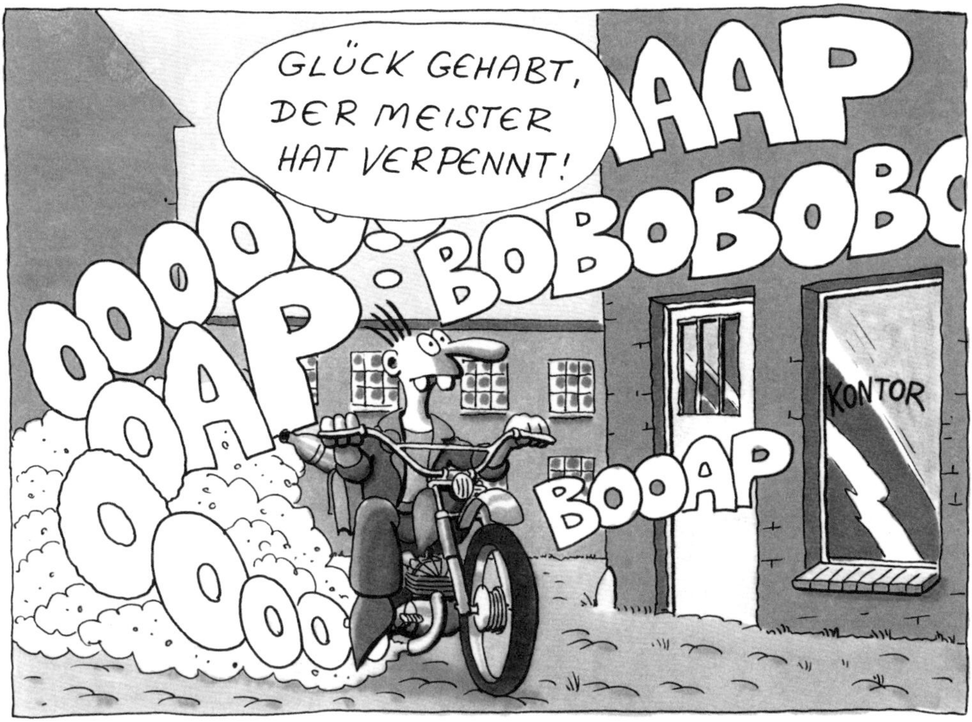
GLÜCK GEHABT, DER MEISTER HAT VERPENNT!
AAP
BOBOBOBO
OOOOOAP
KONTOR
BOOAP
OOOO

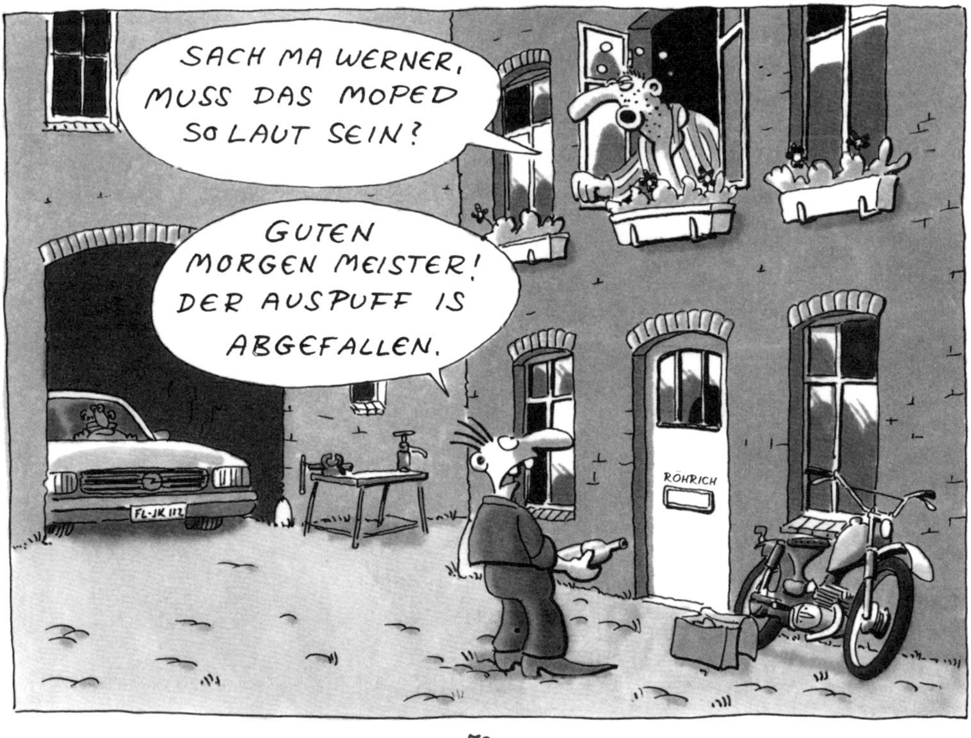
SACH MA WERNER, MUSS DAS MOPED SO LAUT SEIN?
GUTEN MORGEN MEISTER! DER AUSPUFF IS ABGEFALLEN.
RÖHRICH
FL-JK 112

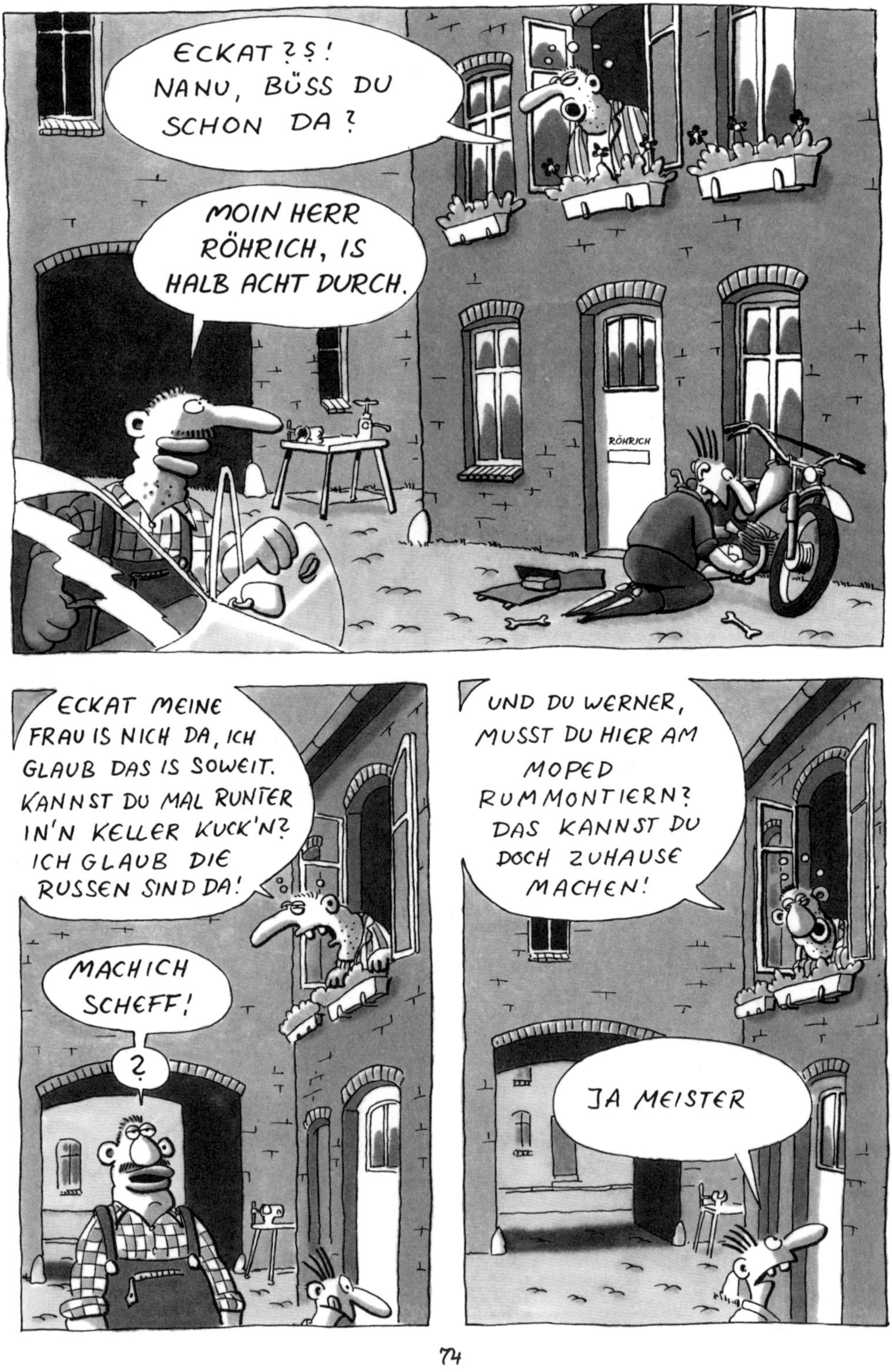
ECKAT?S!
NANU, BÜSS DU SCHON DA?
MOIN HERR RÖHRICH, IS HALB ACHT DURCH.
RÖHRICH
ECKAT MEINE FRAU IS NICH DA, ICH GLAUB DAS IS SOWEIT. KANNST DU MAL RUNTER IN'N KELLER KUCK'N? ICH GLAUB DIE RUSSEN SIND DA!
MACHICH SCHEFF!
?
UND DU WERNER, MUSST DU HIER AM MOPED RUMMONTIERN? DAS KANNST DU DOCH ZUHAUSE MACHEN!
JA MEISTER

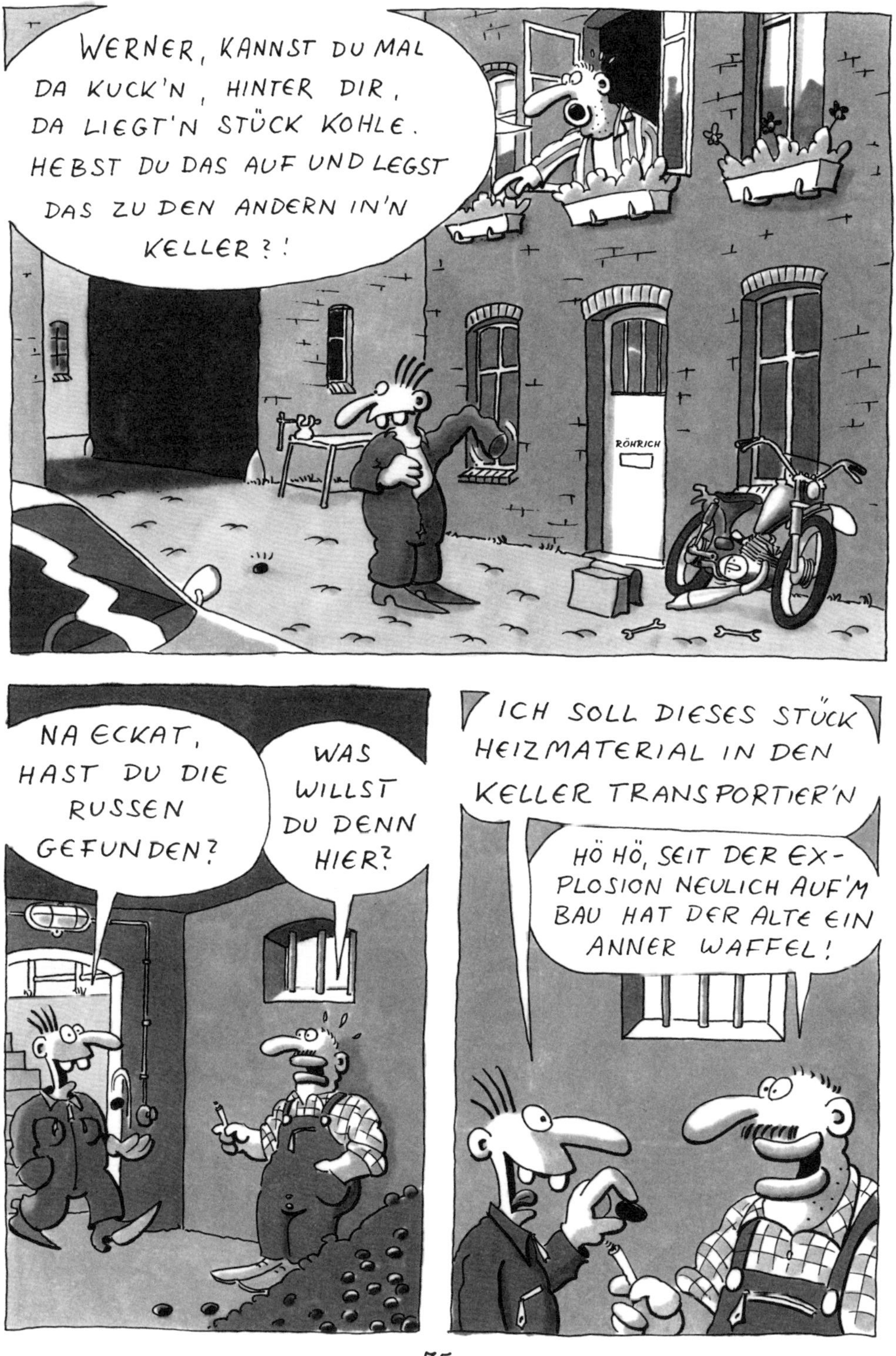
WERNER, KANNST DU MAL DA KUCK'N, HINTER DIR, DA LIEGT'N STÜCK KOHLE. HEBST DU DAS AUF UND LEGST DAS ZU DEN ANDERN IN'N KELLER?!
RÖHRICH
NA ECKAT, HAST DU DIE RUSSEN GEFUNDEN?
WAS WILLST DU DENN HIER?
ICH SOLL DIESES STÜCK HEIZMATERIAL IN DEN KELLER TRANSPORTIER'N
HÖ HÖ, SEIT DER EXPLOSION NEULICH AUF'M BAU HAT DER ALTE EIN ANNER WAFFEL!

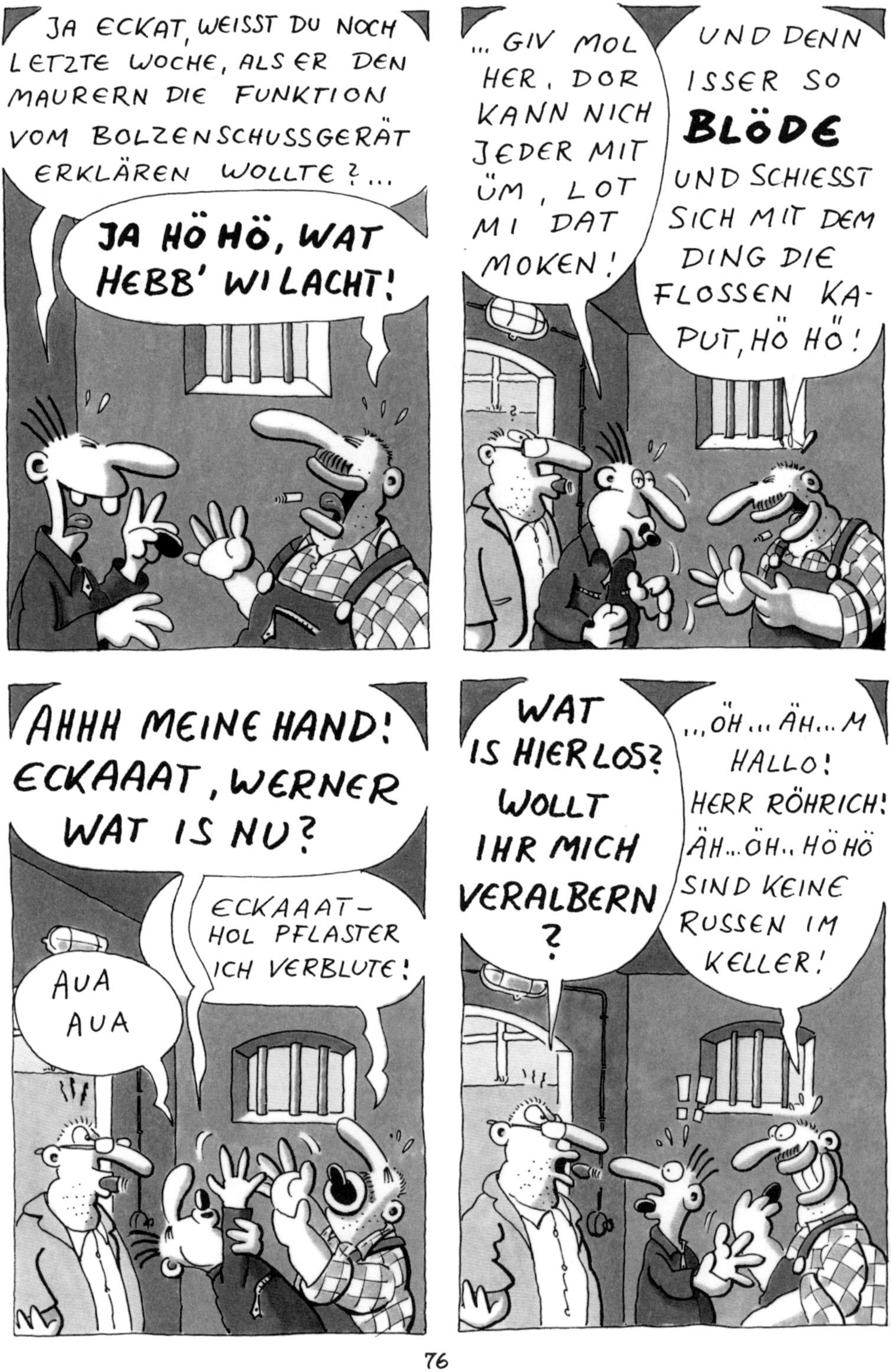
JA ECKAT, WEISST DU NOCH LETZTE WOCHE, ALS ER DEN MAURERN DIE FUNKTION VOM BOLZENSCHUSSGERÄT ERKLÄREN WOLLTE?...
JA HÖ HÖ, WAT HEBB' WI LACHT!
... GIV MOL HER. DOR KANN NICH JEDER MIT ÜM, LOT MI DAT MOKEN!
UND DENN ISSER SO BLÖDE UND SCHIESST SICH MIT DEM DING DIE FLOSSEN KAPUT, HÖ HÖ!
AHHH MEINE HAND! ECKAAAT, WERNER WAT IS NU?
AUA AUA
ECKAAAT – HOL PFLASTER ICH VERBLUTE!
WAT IS HIER LOS? WOLLT IHR MICH VERALBERN?
...ÖH...ÄH...M HALLO! HERR RÖHRICH! ÄH...ÖH.. HÖ HÖ SIND KEINE RUSSEN IM KELLER!

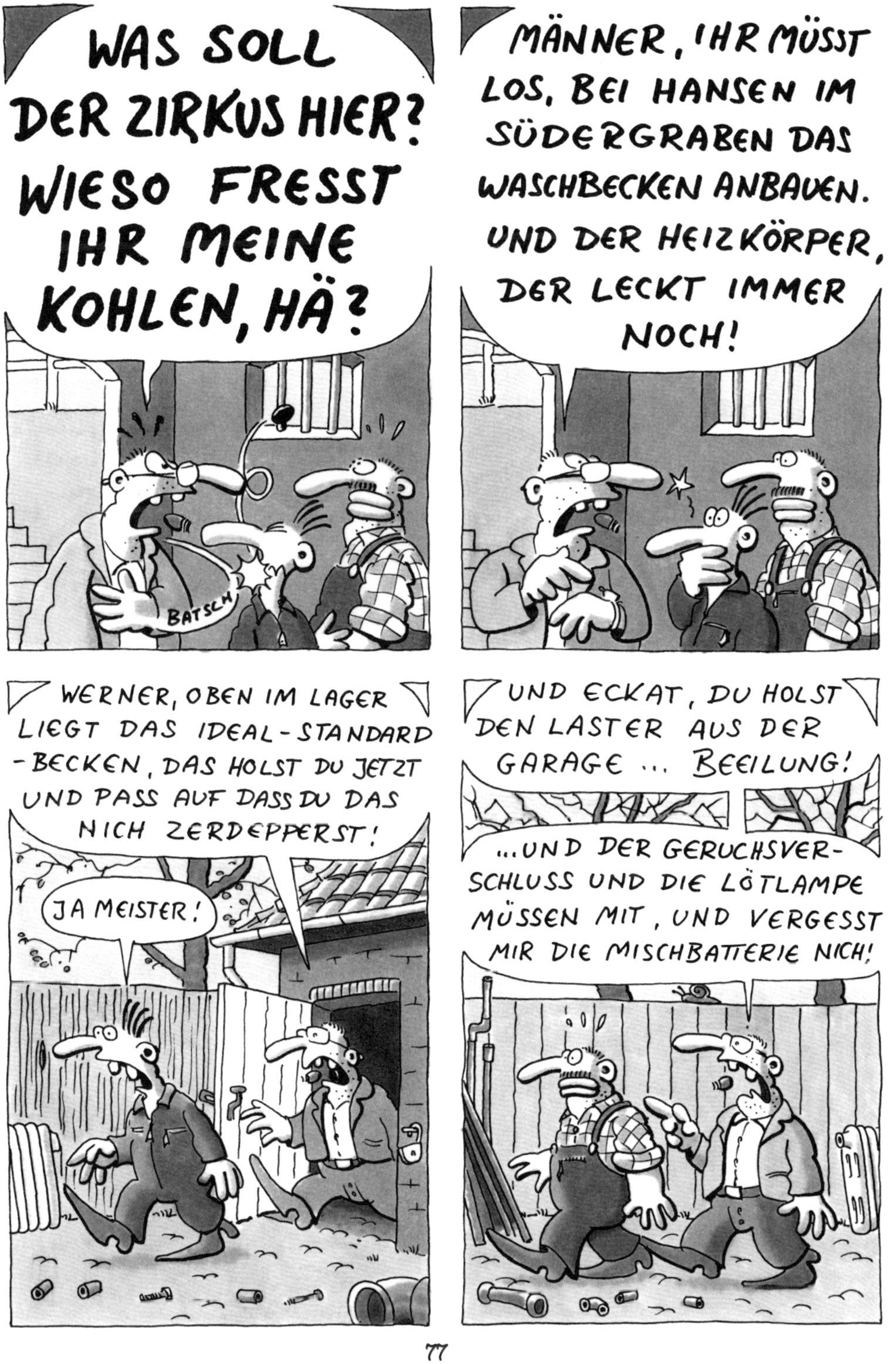
WAS SOLL DER ZIRKUS HIER? WIESO FRESST IHR MEINE KOHLEN, HÄ?
BATSCH
MÄNNER, IHR MÜSST LOS. BEI HANSEN IM SÜDERGRABEN DAS WASCHBECKEN ANBAUEN. UND DER HEIZKÖRPER, DER LECKT IMMER NOCH!
WERNER, OBEN IM LAGER LIEGT DAS IDEAL-STANDARD-BECKEN, DAS HOLST DU JETZT UND PASS AUF DASS DU DAS NICH ZERDEPPERST!
JA MEISTER!
UND ECKAT, DU HOLST DEN LASTER AUS DER GARAGE ... BEEILUNG!
...UND DER GERUCHSVERSCHLUSS UND DIE LÖTLAMPE MÜSSEN MIT, UND VERGESST MIR DIE MISCHBATTERIE NICH!

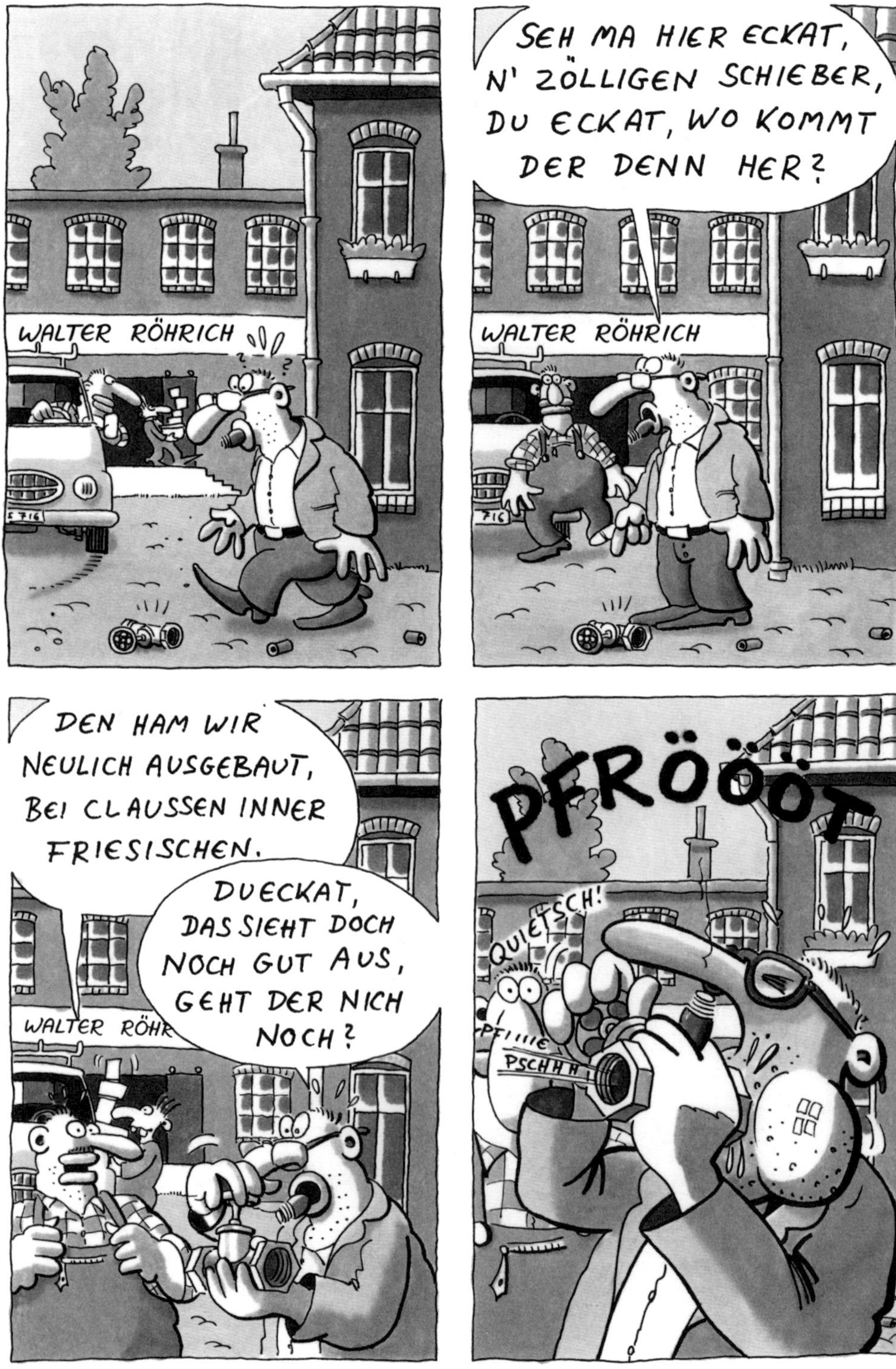
WALTER RÖHRICH
SEH MA HIER ECKAT, N' ZÖLLIGEN SCHIEBER, DU ECKAT, WO KOMMT DER DENN HER?
WALTER RÖHRICH
DEN HAM WIR NEULICH AUSGEBAUT, BEI CLAUSSEN INNER FRIESISCHEN.
DUECKAT, DAS SIEHT DOCH NOCH GUT AUS, GEHT DER NICH NOCH?
WALTER RÖHR
PFRÖÖÖT
QUIETSCH!
PFIIIIE
PSCHHH

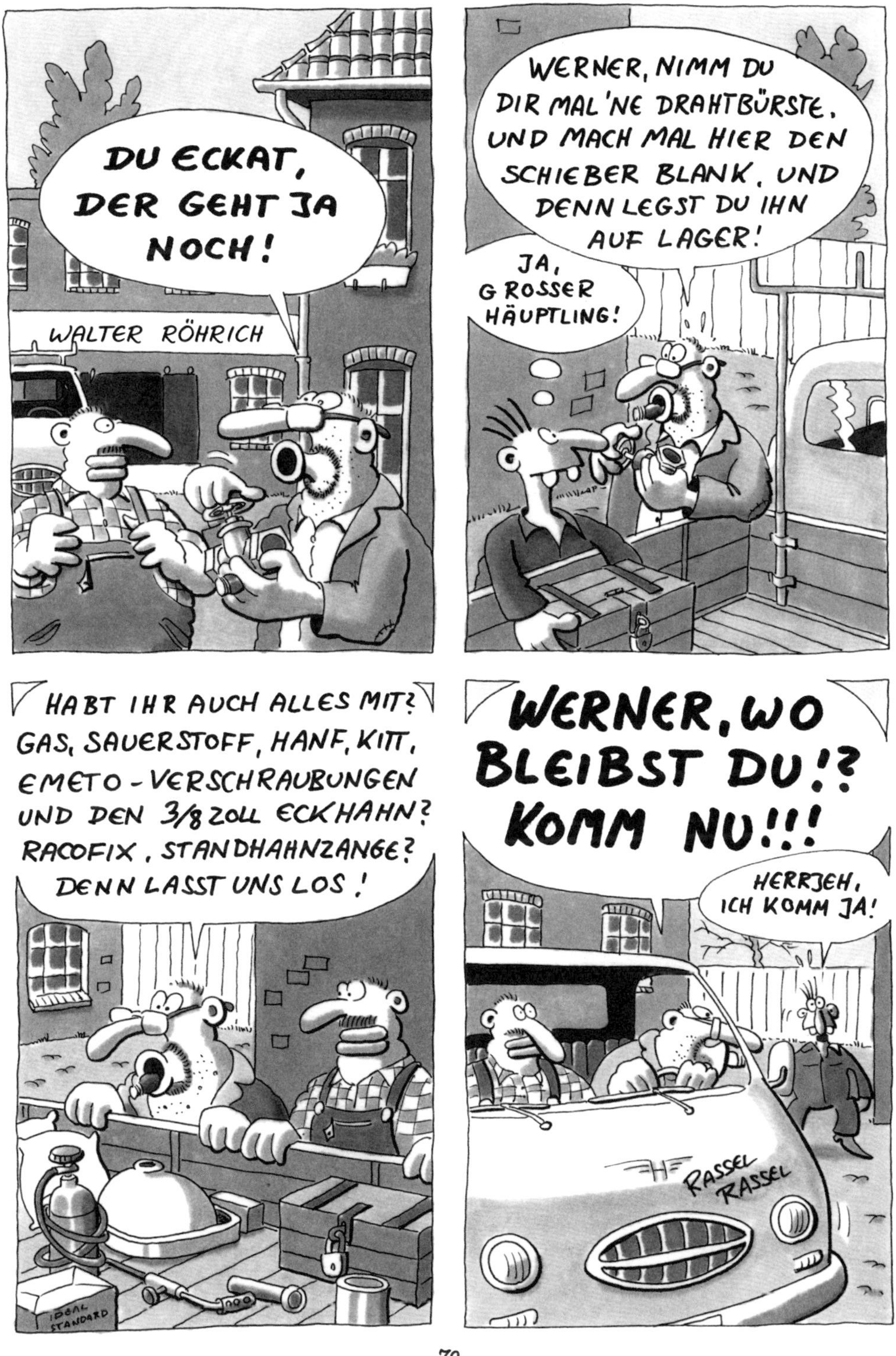
DU ECKAT, DER GEHT JA NOCH!
WALTER RÖHRICH
WERNER, NIMM DU DIR MAL 'NE DRAHTBÜRSTE, UND MACH MAL HIER DEN SCHIEBER BLANK, UND DENN LEGST DU IHN AUF LAGER!
JA, GROSSER HÄUPTLING!
HABT IHR AUCH ALLES MIT? GAS, SAUERSTOFF, HANF, KITT, EMETO-VERSCHRAUBUNGEN UND DEN 3/8 ZOLL ECKHAHN? RACOFIX, STANDHAHNZANGE? DENN LASST UNS LOS!
IDEAL STANDARD
WERNER, WO BLEIBST DU!? KOMM NU!!!
HERRJEH, ICH KOMM JA!
RASSEL RASSEL

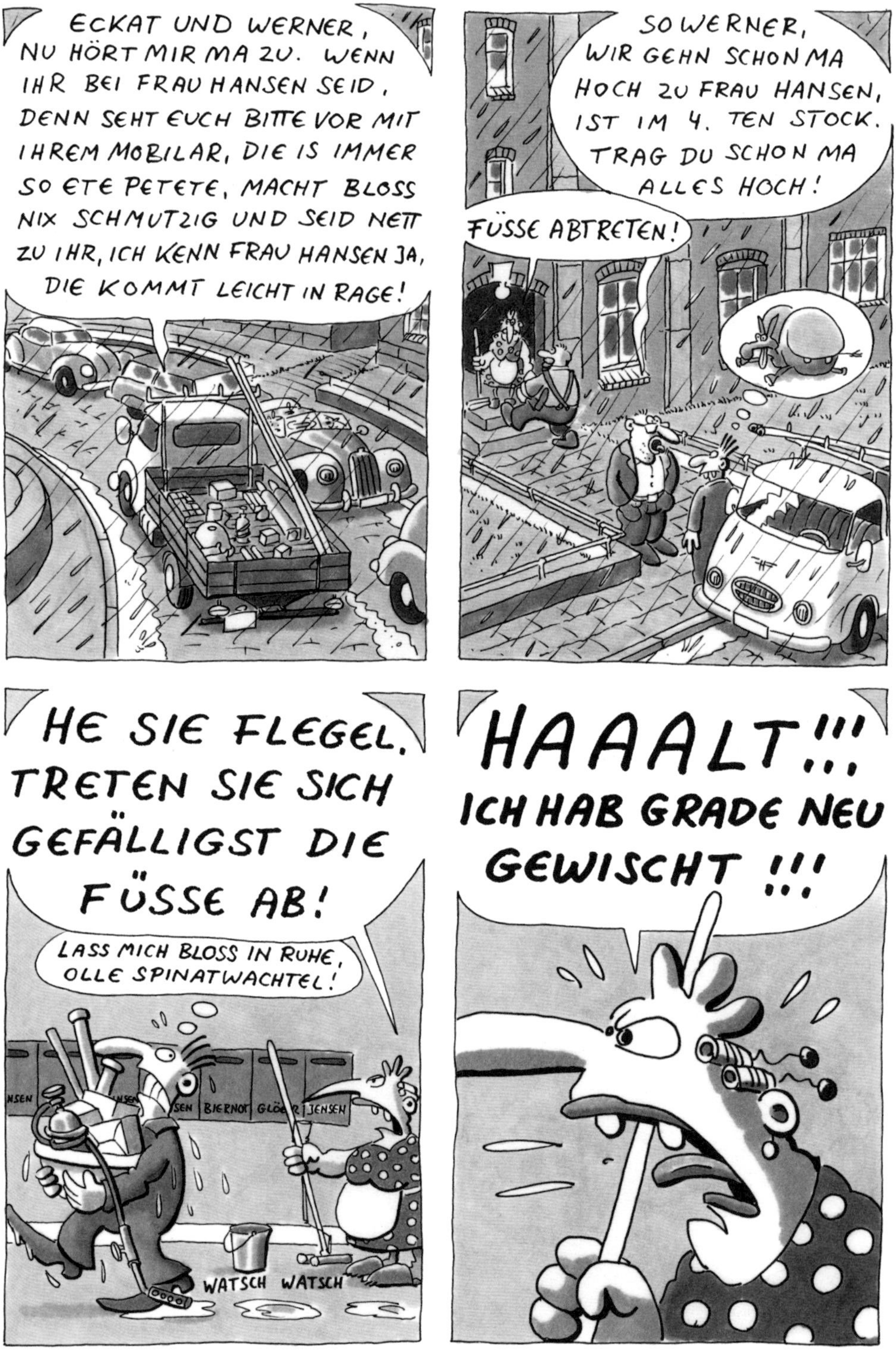

ECKAT UND WERNER, NU HÖRT MIR MA ZU. WENN IHR BEI FRAU HANSEN SEID, DENN SEHT EUCH BITTE VOR MIT IHREM MOBILAR, DIE IS IMMER SO ETE PETETE, MACHT BLOSS NIX SCHMUTZIG UND SEID NETT ZU IHR, ICH KENN FRAU HANSEN JA, DIE KOMMT LEICHT IN RAGE!
SO WERNER, WIR GEHN SCHON MA HOCH ZU FRAU HANSEN, IST IM 4. TEN STOCK. TRAG DU SCHON MA ALLES HOCH!
FÜSSE ABTRETEN!
HE SIE FLEGEL. TRETEN SIE SICH GEFÄLLIGST DIE FÜSSE AB!
LASS MICH BLOSS IN RUHE, OLLE SPINATWACHTEL!
BIERNOT
GLÖER
JENSEN
WATSCH WATSCH
HAAALT!!! ICH HAB GRADE NEU GEWISCHT!!!

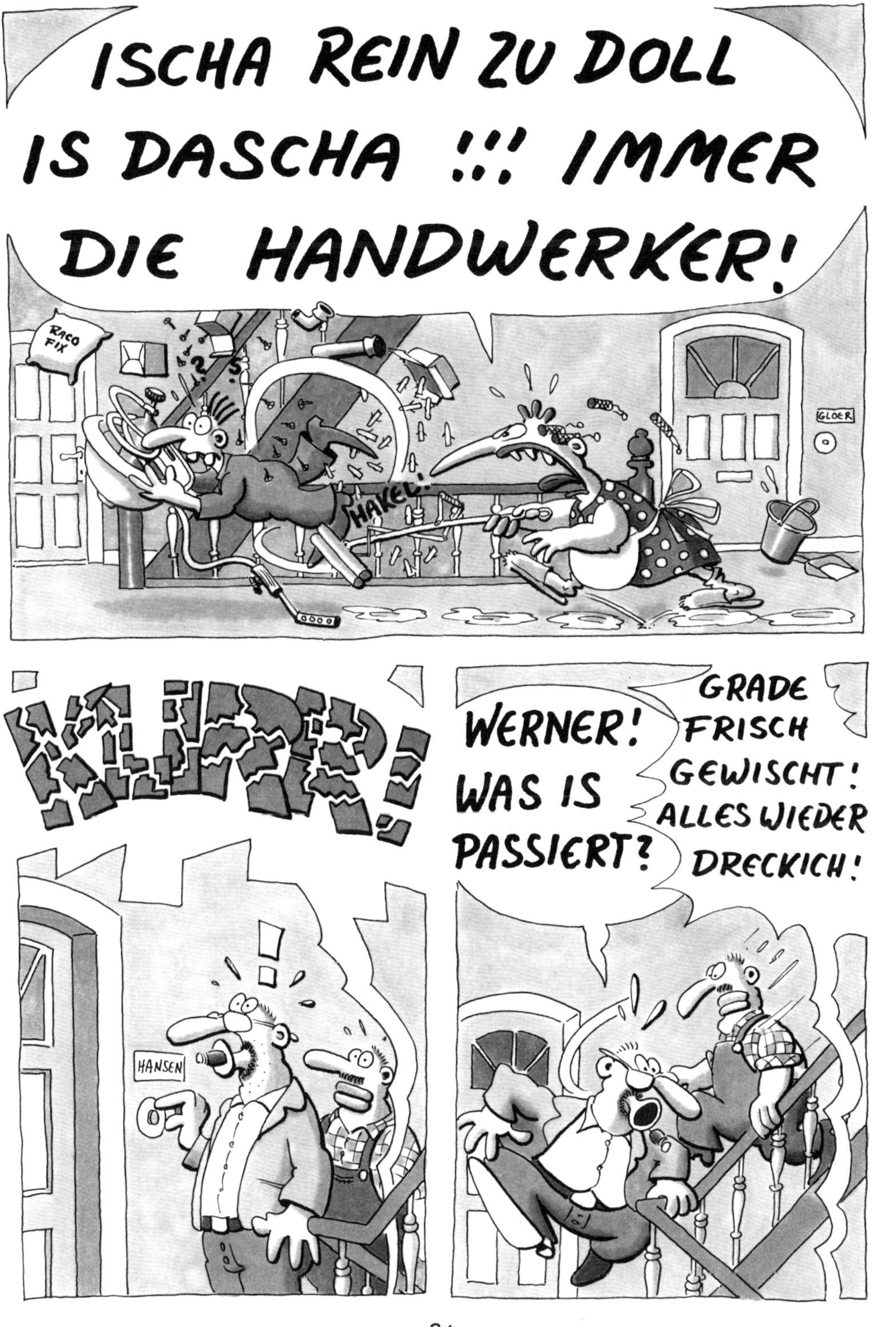
ISCHA REIN ZU DOLL IS DASCHA !!! IMMER DIE HANDWERKER!
RACO FIX
HAKEL!
GLOER
KLIRR!
HANSEN
WERNER! WAS IS PASSIERT?
GRADE FRISCH GEWISCHT! ALLES WIEDER DRECKICH!

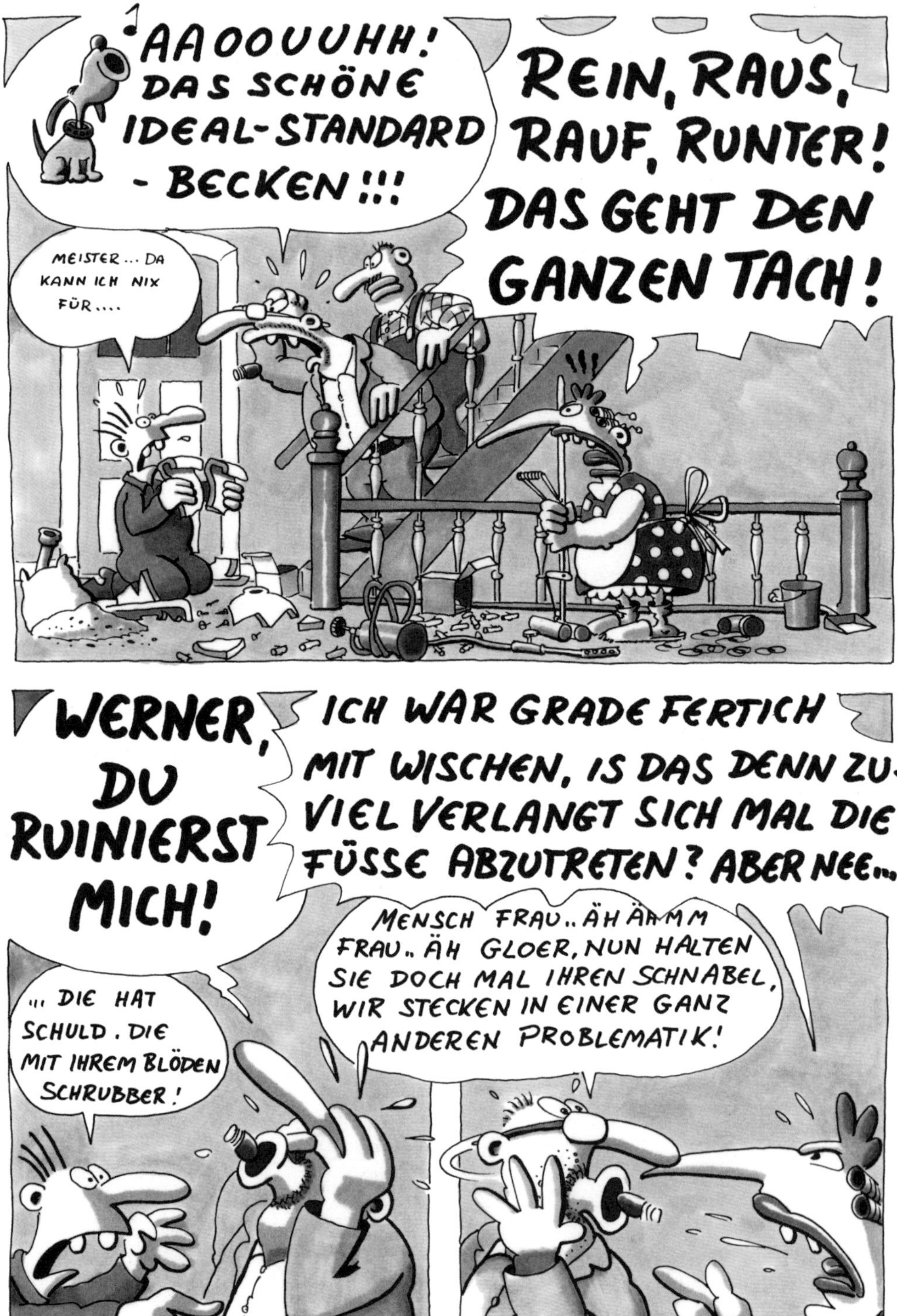
AAOOUUHH! DAS SCHÖNE IDEAL-STANDARD - BECKEN!!!
REIN, RAUS, RAUF, RUNTER! DAS GEHT DEN GANZEN TACH!
MEISTER ... DA KANN ICH NIX FÜR ....
WERNER, DU RUINIERST MICH!
ICH WAR GRADE FERTICH MIT WISCHEN, IS DAS DENN ZUVIEL VERLANGT SICH MAL DIE FÜSSE ABZUTRETEN? ABER NEE...
... DIE HAT SCHULD. DIE MIT IHREM BLÖDEN SCHRUBBER!
MENSCH FRAU.. ÄH ÄHMM FRAU.. ÄH GLOER, NUN HALTEN SIE DOCH MAL IHREN SCHNABEL, WIR STECKEN IN EINER GANZ ANDEREN PROBLEMATIK!

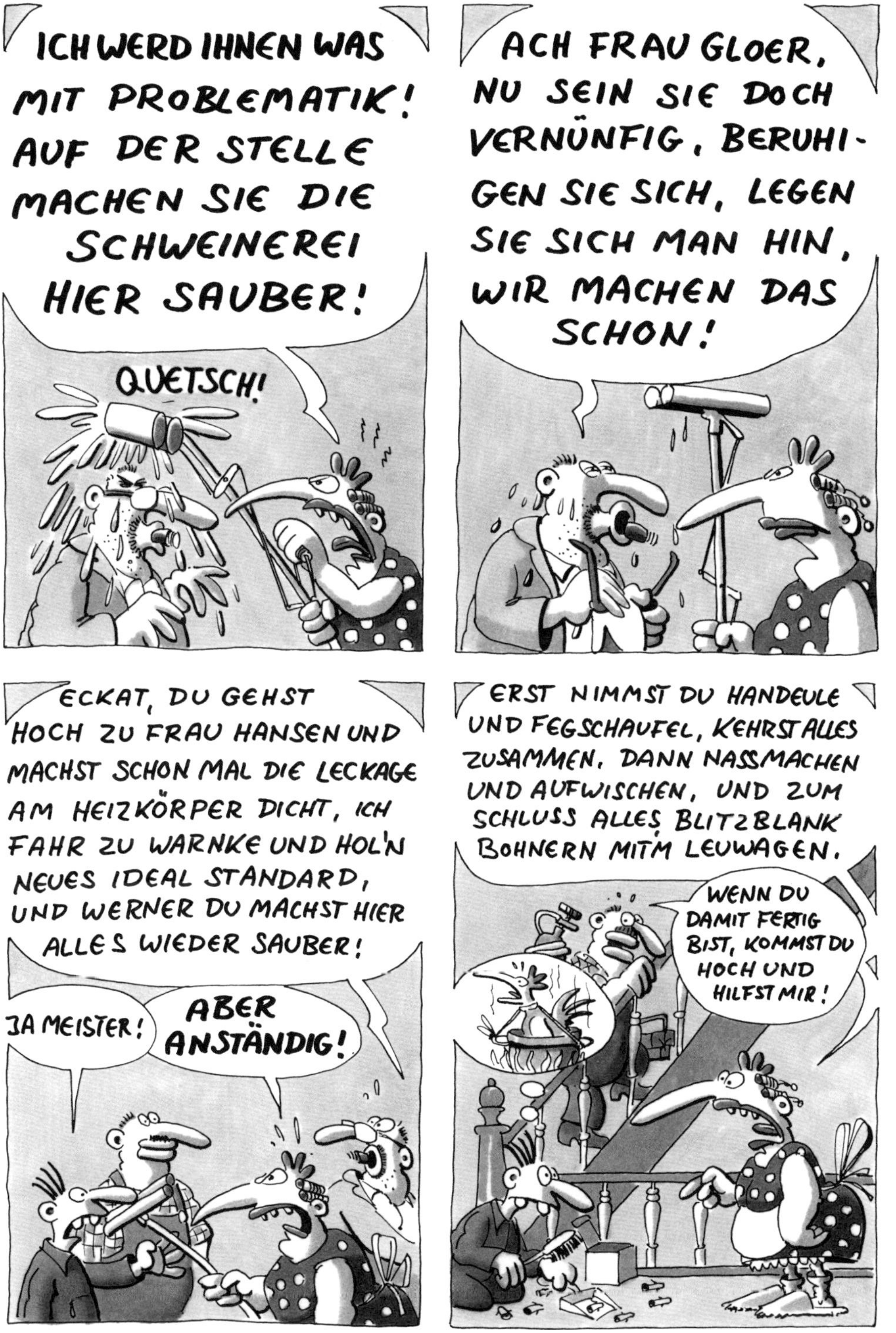
ICH WERD IHNEN WAS MIT PROBLEMATIK! AUF DER STELLE MACHEN SIE DIE SCHWEINEREI HIER SAUBER!
QUETSCH!
ACH FRAU GLOER, NU SEIN SIE DOCH VERNÜNFIG, BERUHIGEN SIE SICH, LEGEN SIE SICH MAN HIN, WIR MACHEN DAS SCHON!
ECKAT, DU GEHST HOCH ZU FRAU HANSEN UND MACHST SCHON MAL DIE LECKAGE AM HEIZKÖRPER DICHT, ICH FAHR ZU WARNKE UND HOL'N NEUES IDEAL STANDARD, UND WERNER DU MACHST HIER ALLES WIEDER SAUBER!
JA MEISTER!
ABER ANSTÄNDIG!
ERST NIMMST DU HANDEULE UND FEGSCHAUFEL, KEHRST ALLES ZUSAMMEN, DANN NASSMACHEN UND AUFWISCHEN, UND ZUM SCHLUSS ALLES BLITZBLANK BOHNERN MITM LEUWAGEN.
WENN DU DAMIT FERTIG BIST, KOMMST DU HOCH UND HILFST MIR!

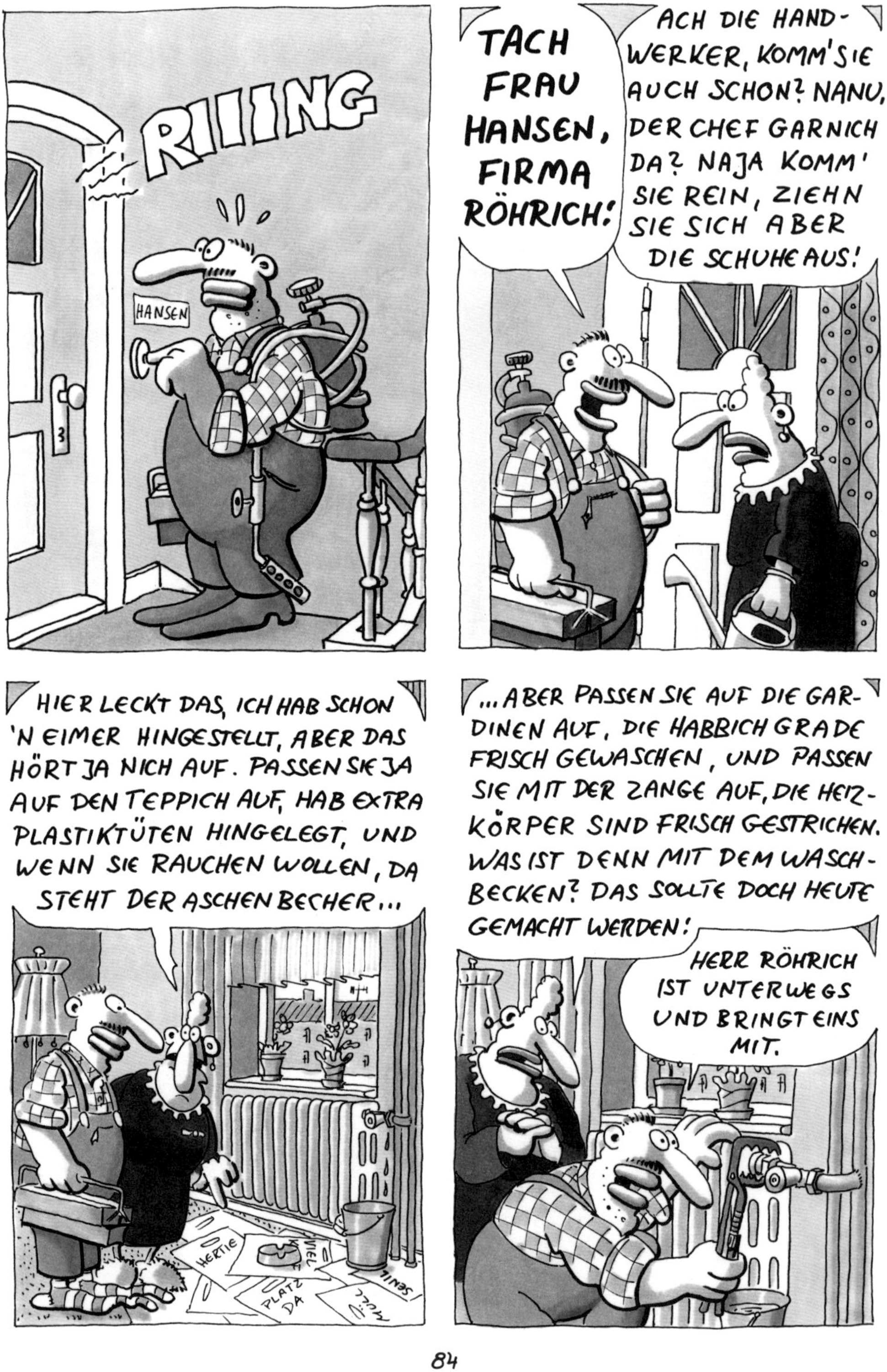
RIIING
HANSEN
TACH FRAU HANSEN, FIRMA RÖHRICH!
ACH DIE HANDWERKER, KOMM'SIE AUCH SCHON? NANU, DER CHEF GARNICH DA? NAJA KOMM' SIE REIN, ZIEHN SIE SICH ABER DIE SCHUHE AUS!
HIER LECKT DAS, ICH HAB SCHON 'N EIMER HINGESTELLT, ABER DAS HÖRT JA NICH AUF. PASSEN SIE JA AUF DEN TEPPICH AUF, HAB EXTRA PLASTIKTÜTEN HINGELEGT, UND WENN SIE RAUCHEN WOLLEN, DA STEHT DER ASCHENBECHER...
HERTIE
VIEL
PLATZ DA
...ABER PASSEN SIE AUF DIE GARDINEN AUF, DIE HABBICH GRADE FRISCH GEWASCHEN, UND PASSEN SIE MIT DER ZANGE AUF, DIE HEIZKÖRPER SIND FRISCH GESTRICHEN. WAS IST DENN MIT DEM WASCHBECKEN? DAS SOLLTE DOCH HEUTE GEMACHT WERDEN!
HERR RÖHRICH IST UNTERWEGS UND BRINGT EINS MIT.

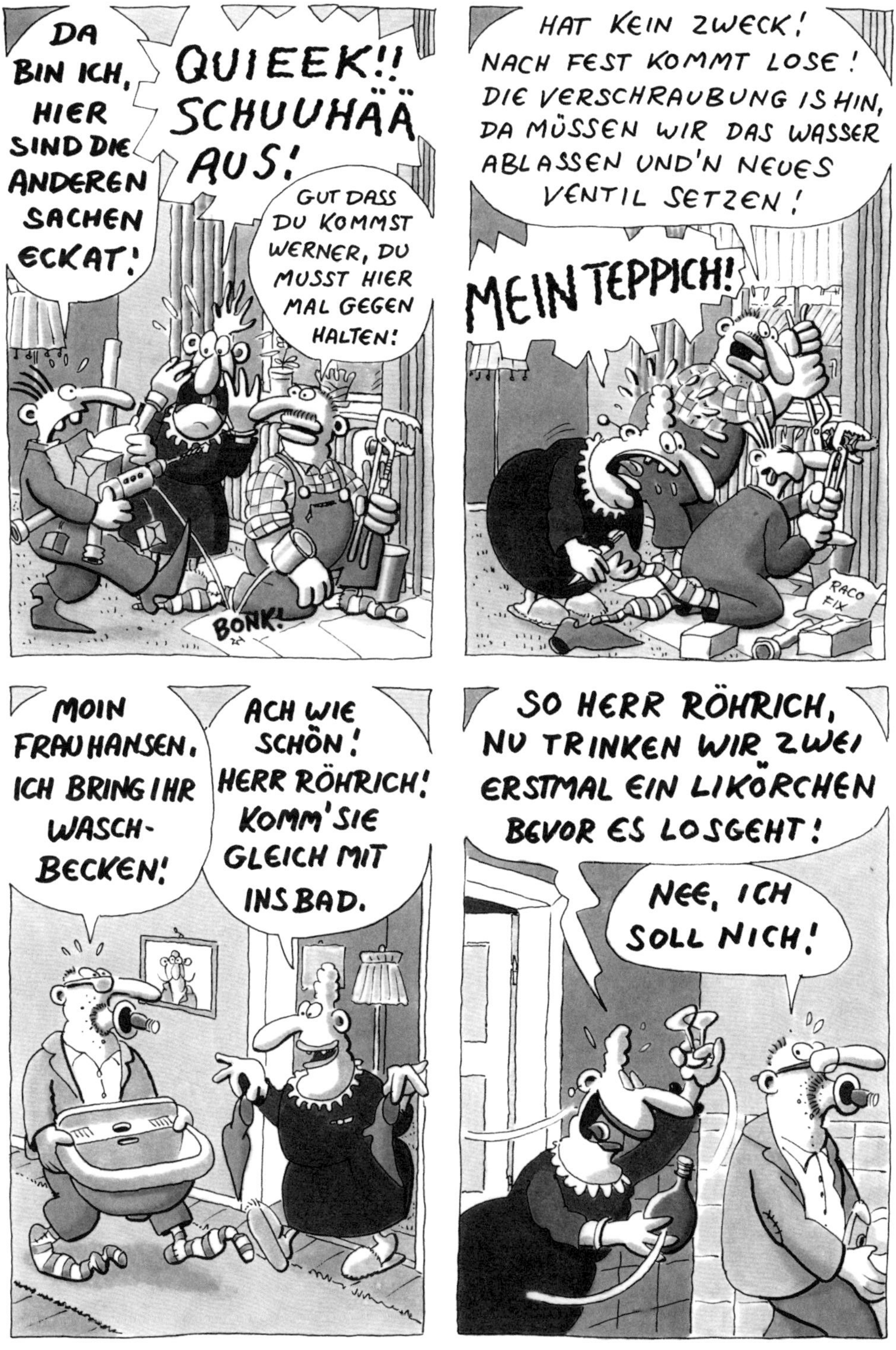
DA BIN ICH, HIER SIND DIE ANDEREN SACHEN ECKAT!
QUIEEK!! SCHUUHÄÄ AUS!
GUT DASS DU KOMMST WERNER, DU MUSST HIER MAL GEGEN HALTEN!
BONK!
HAT KEIN ZWECK! NACH FEST KOMMT LOSE! DIE VERSCHRAUBUNG IS HIN, DA MÜSSEN WIR DAS WASSER ABLASSEN UND'N NEUES VENTIL SETZEN!
MEIN TEPPICH!
RACO FIX
MOIN FRAU HANSEN. ICH BRING IHR WASCH-BECKEN!
ACH WIE SCHÖN! HERR RÖHRICH! KOMM'SIE GLEICH MIT INS BAD.
SO HERR RÖHRICH, NU TRINKEN WIR ZWEI ERSTMAL EIN LIKÖRCHEN BEVOR ES LOSGEHT!
NEE, ICH SOLL NICH!

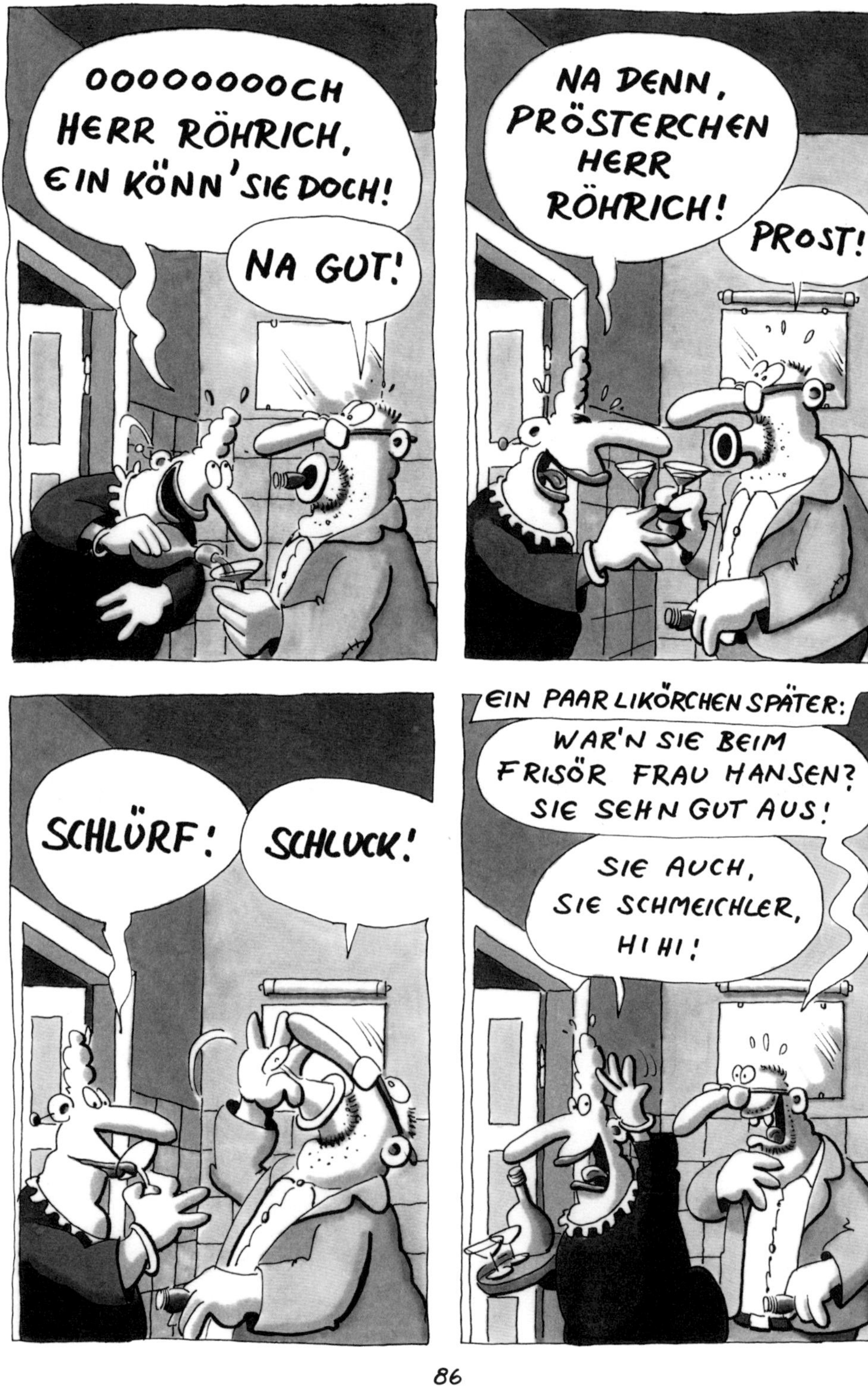
OOOOOOOOOCH HERR RÖHRICH, EIN KÖNN' SIE DOCH!
NA GUT!
NA DENN, PRÖSTERCHEN HERR RÖHRICH!
PROST!
SCHLÜRF!
SCHLUCK!
EIN PAAR LIKÖRCHEN SPÄTER:
WAR'N SIE BEIM FRISÖR FRAU HANSEN? SIE SEHN GUT AUS!
SIE AUCH, SIE SCHMEICHLER, HI HI!

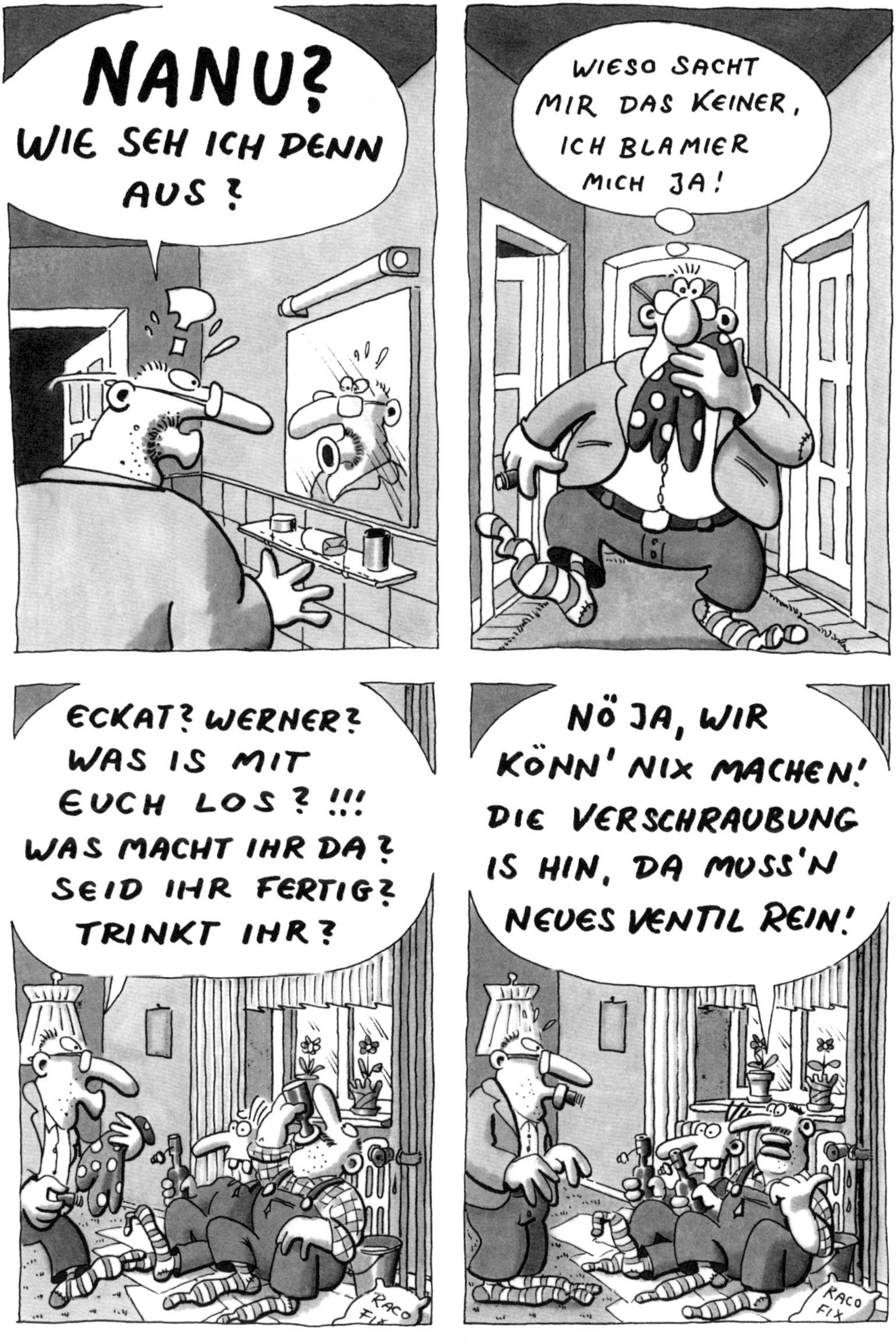
NANU? WIE SEH ICH DENN AUS?
WIESO SACHT MIR DAS KEINER, ICH BLAMIER MICH JA!
ECKAT? WERNER? WAS IS MIT EUCH LOS?!!! WAS MACHT IHR DA? SEID IHR FERTIG? TRINKT IHR?
RACO FIX
NÖ JA, WIR KÖNN' NIX MACHEN! DIE VERSCHRAUBUNG IS HIN. DA MUSS'N NEUES VENTIL REIN!
RACO FIX

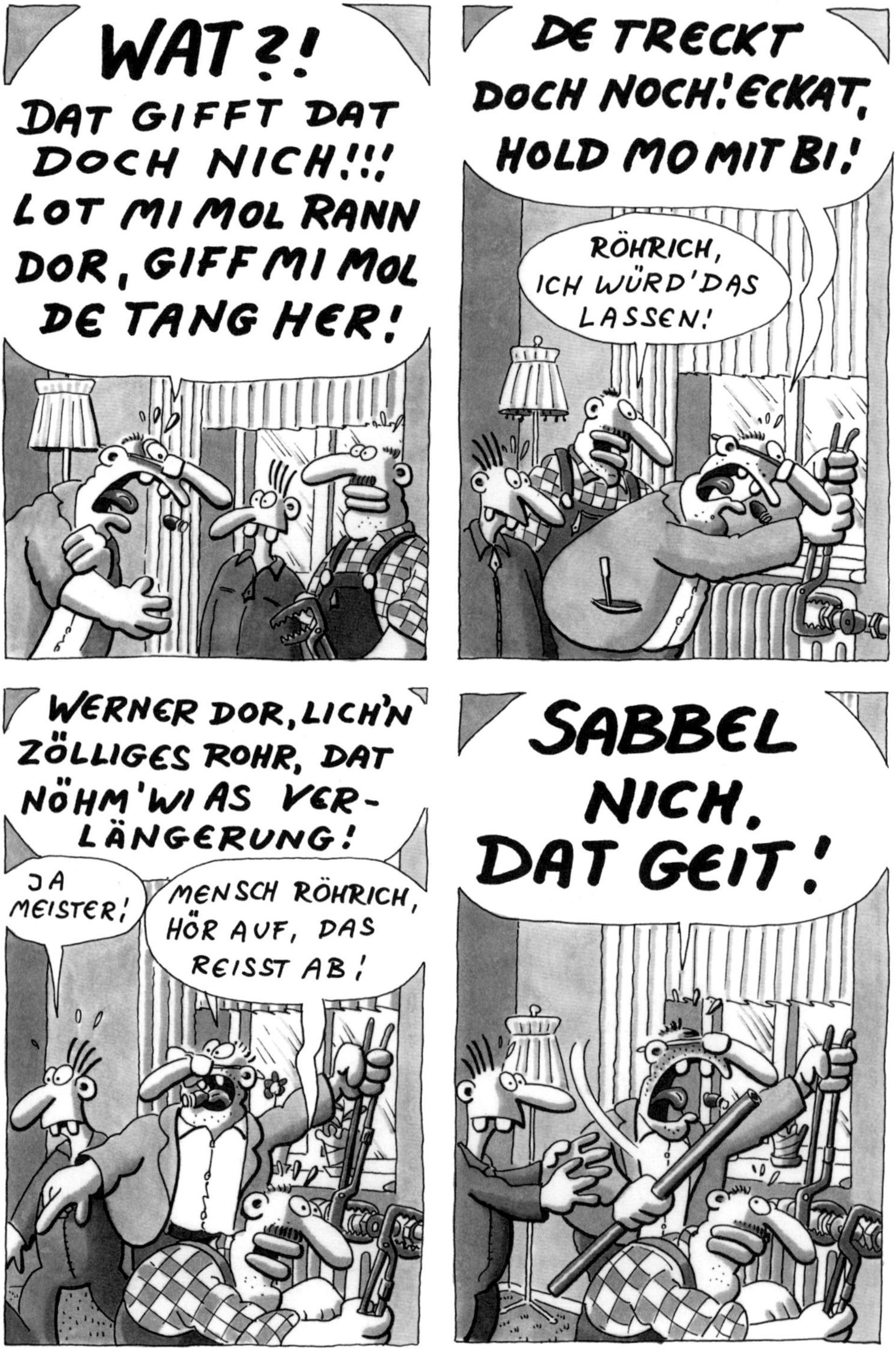
WAT?! DAT GIFFT DAT DOCH NICH!!! LOT MI MOL RANN DOR, GIFF MI MOL DE TANG HER!
DE TRECKT DOCH NOCH! ECKAT, HOLD MO MIT BI!
RÖHRICH, ICH WÜRD' DAS LASSEN!
WERNER DOR, LICH'N ZÖLLIGES ROHR, DAT NÖHM' WI AS VERLÄNGERUNG!
JA MEISTER!
MENSCH RÖHRICH, HÖR AUF, DAS REISST AB!
SABBEL NICH. DAT GEIT!

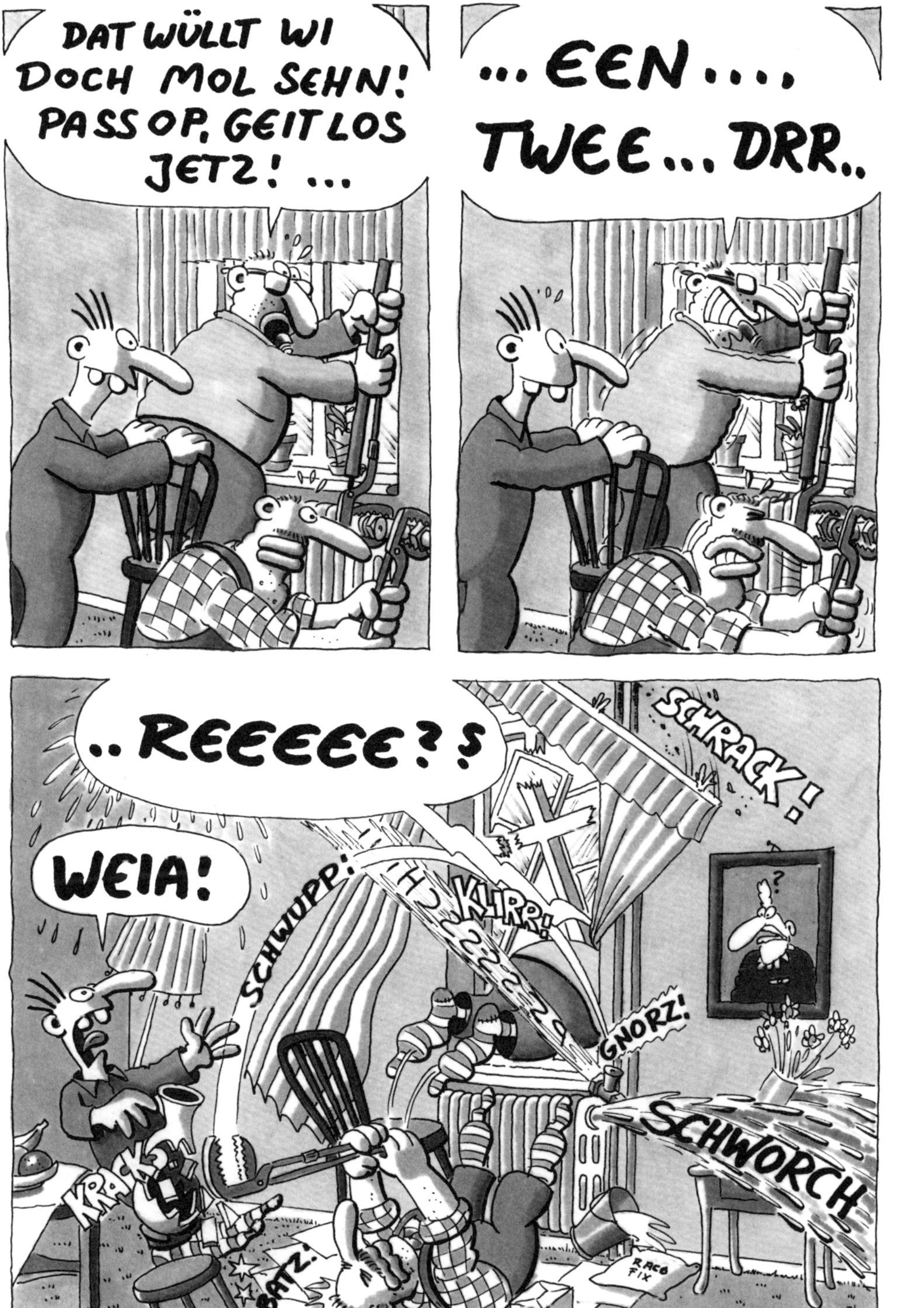
DAT WÜLLT WI DOCH MOL SEHN! PASS OP, GEIT LOS JETZ! ...
... EEN .... TWEE ... DRR..
.. REEEEE?$
WEIA!
SCHRACK!
SCHWUPP!
KLIRR!
GNORZ!
SCHWORCH
KRACK
BATZ!
RACO FIX

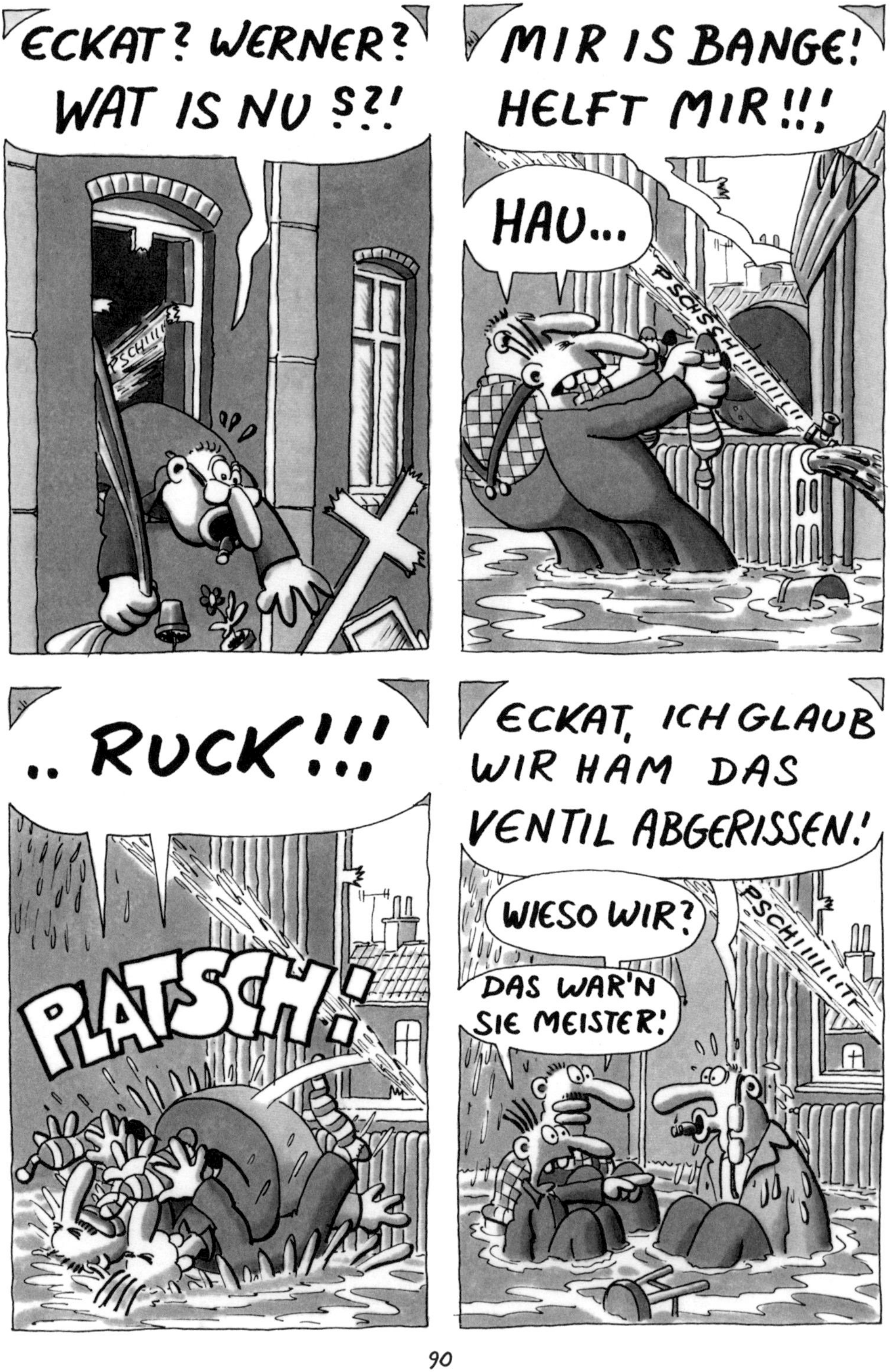

ECKAT? WERNER? WAT IS NU S?!
PSCHIIII
MIR IS BANGE! HELFT MIR!!!
HAU...
PSCHSSCHIIIIII
.. RUCK!!!
PLATSCH!
ECKAT, ICH GLAUB WIR HAM DAS VENTIL ABGERISSEN!
WIESO WIR?
DAS WAR'N SIE MEISTER!
PSCHIIIIIII

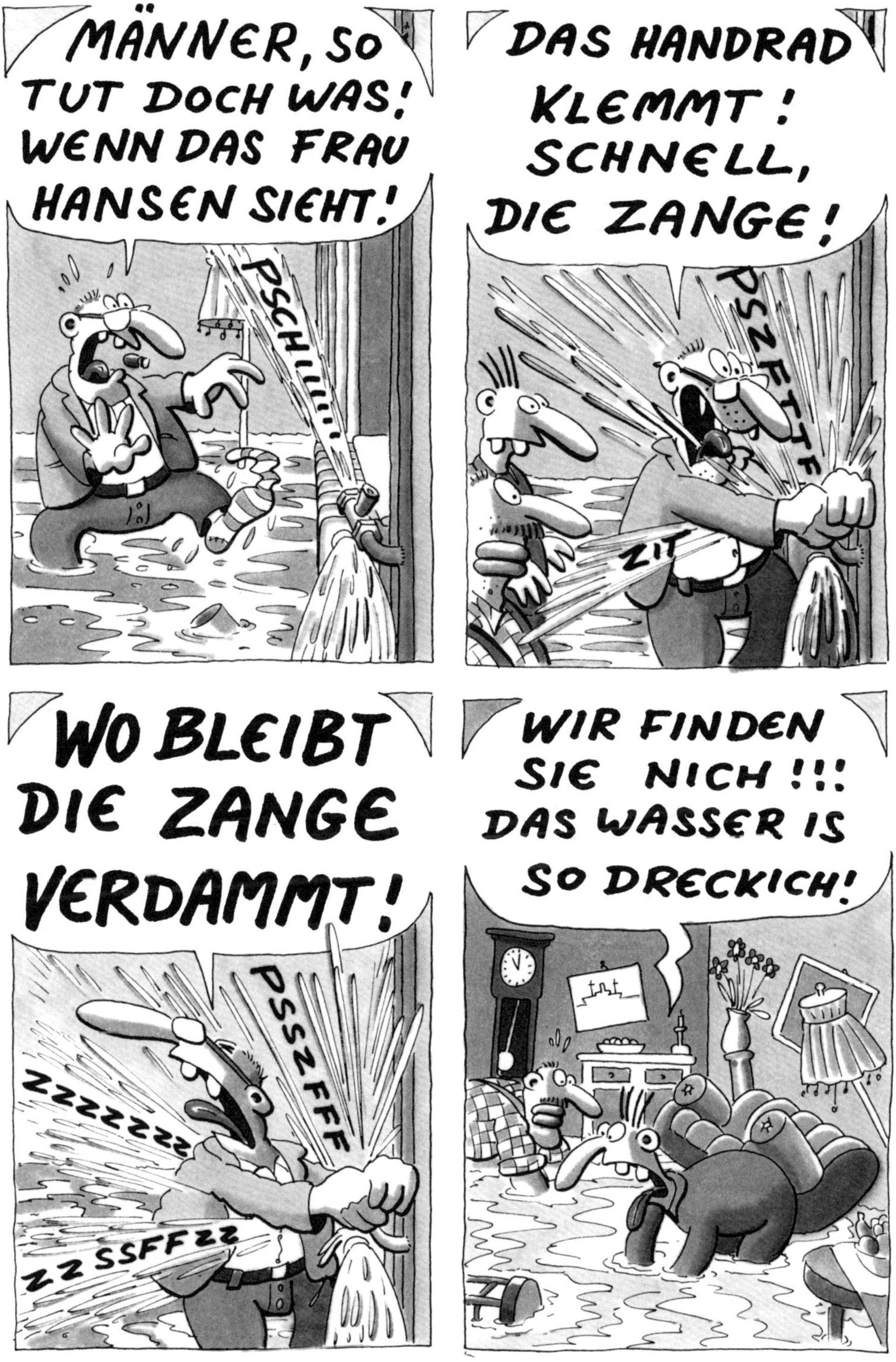
MÄNNER, SO TUT DOCH WAS! WENN DAS FRAU HANSEN SIEHT!
PSCH!!!!!!!
DAS HANDRAD KLEMMT! SCHNELL, DIE ZANGE!
PSZFTTF
ZIT
WO BLEIBT DIE ZANGE VERDAMMT!
PSSZFFF
ZZZZZZZZ
ZZSSFFZZ
WIR FINDEN SIE NICH!!! DAS WASSER IS SO DRECKICH!

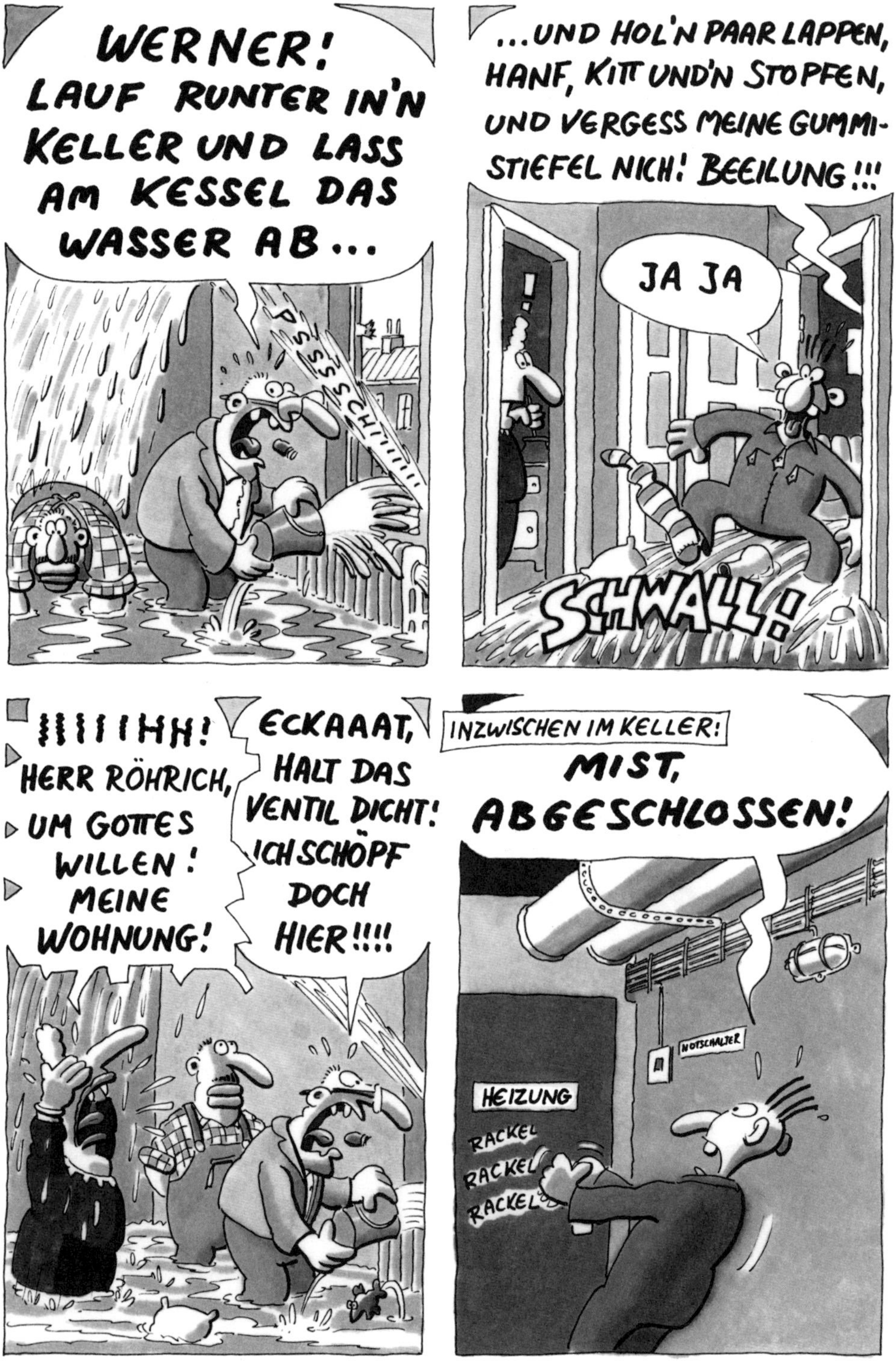
WERNER! LAUF RUNTER IN'N KELLER UND LASS AM KESSEL DAS WASSER AB...
PSSSSCH!
...UND HOL'N PAAR LAPPEN, HANF, KITT UND'N STOPFEN, UND VERGESS MEINE GUMMI-STIEFEL NICH! BEEILUNG!!!
JA JA
!
SCHWALL!
IIIIIHH! HERR RÖHRICH, UM GOTTES WILLEN! MEINE WOHNUNG!
ECKAAAT, HALT DAS VENTIL DICHT! ICH SCHÖPF DOCH HIER!!!!
INZWISCHEN IM KELLER:
MIST, ABGESCHLOSSEN!
NOTSCHALTER
HEIZUNG
RACKEL
RACKEL
RACKEL

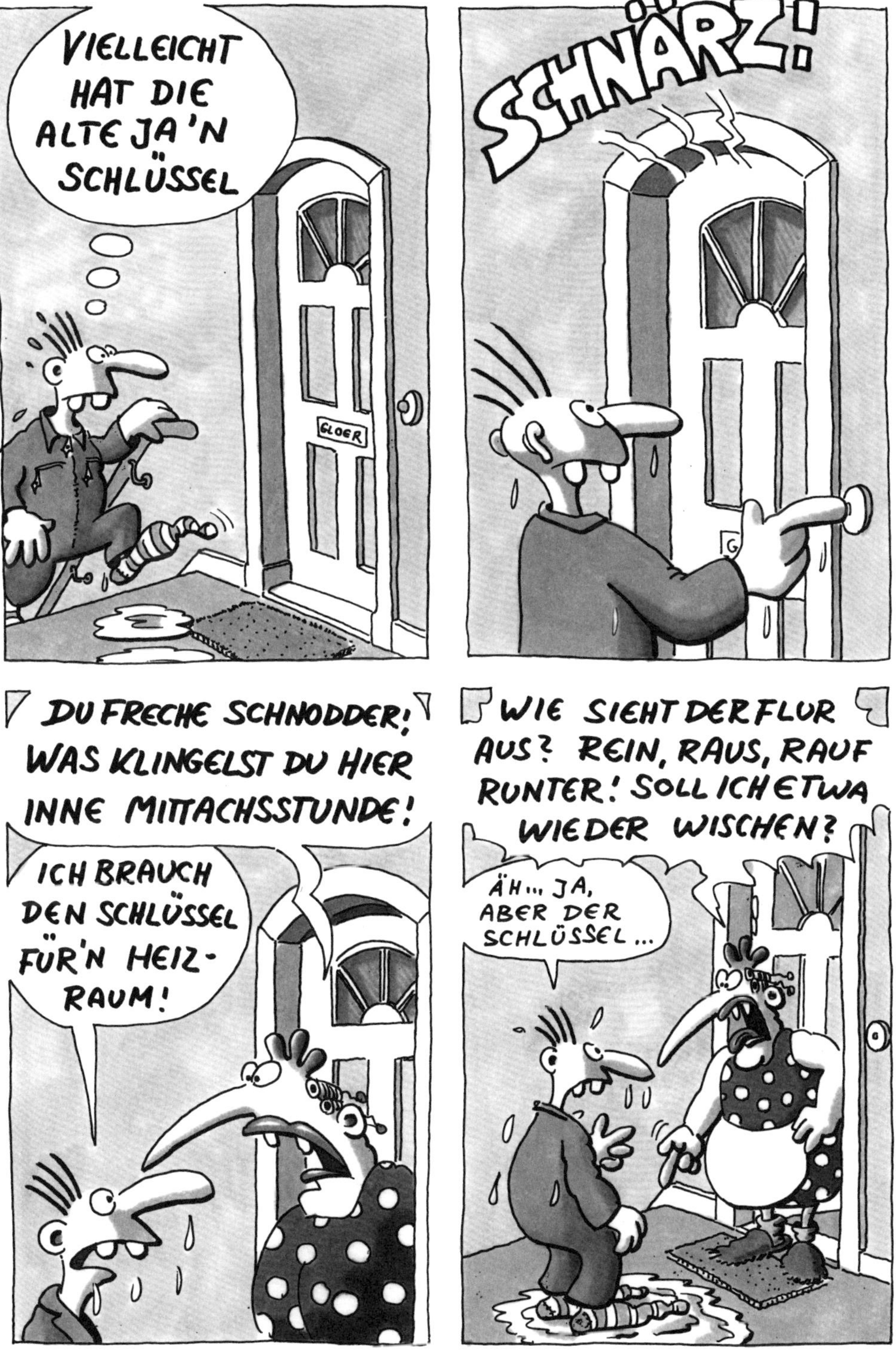
VIELLEICHT HAT DIE ALTE JA'N SCHLÜSSEL
GLOER
SCHNÄRZ!
DU FRECHE SCHNODDER! WAS KLINGELST DU HIER INNE MITTACHSSTUNDE!
ICH BRAUCH DEN SCHLÜSSEL FÜR'N HEIZ-RAUM!
WIE SIEHT DER FLUR AUS? REIN, RAUS, RAUF RUNTER! SOLL ICH ETWA WIEDER WISCHEN?
ÄH... JA, ABER DER SCHLÜSSEL...

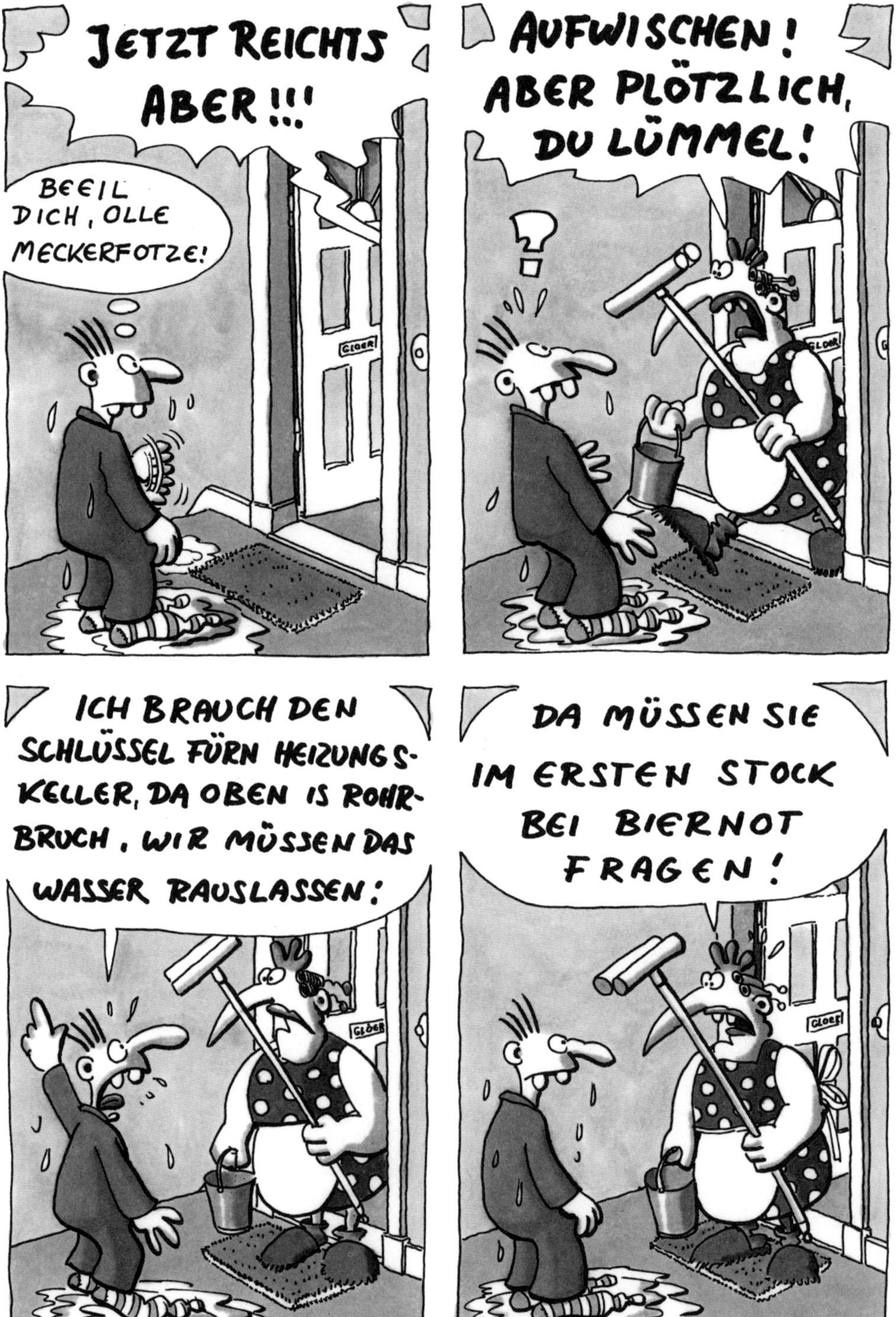
JETZT REICHTS ABER!!!
BEEIL DICH, OLLE MECKERFOTZE!
AUFWISCHEN! ABER PLÖTZLICH, DU LÜMMEL!
GLOER
ICH BRAUCH DEN SCHLÜSSEL FÜRN HEIZUNGS-KELLER, DA OBEN IS ROHR-BRUCH. WIR MÜSSEN DAS WASSER RAUSLASSEN!
DA MÜSSEN SIE IM ERSTEN STOCK BEI BIERNOT FRAGEN!

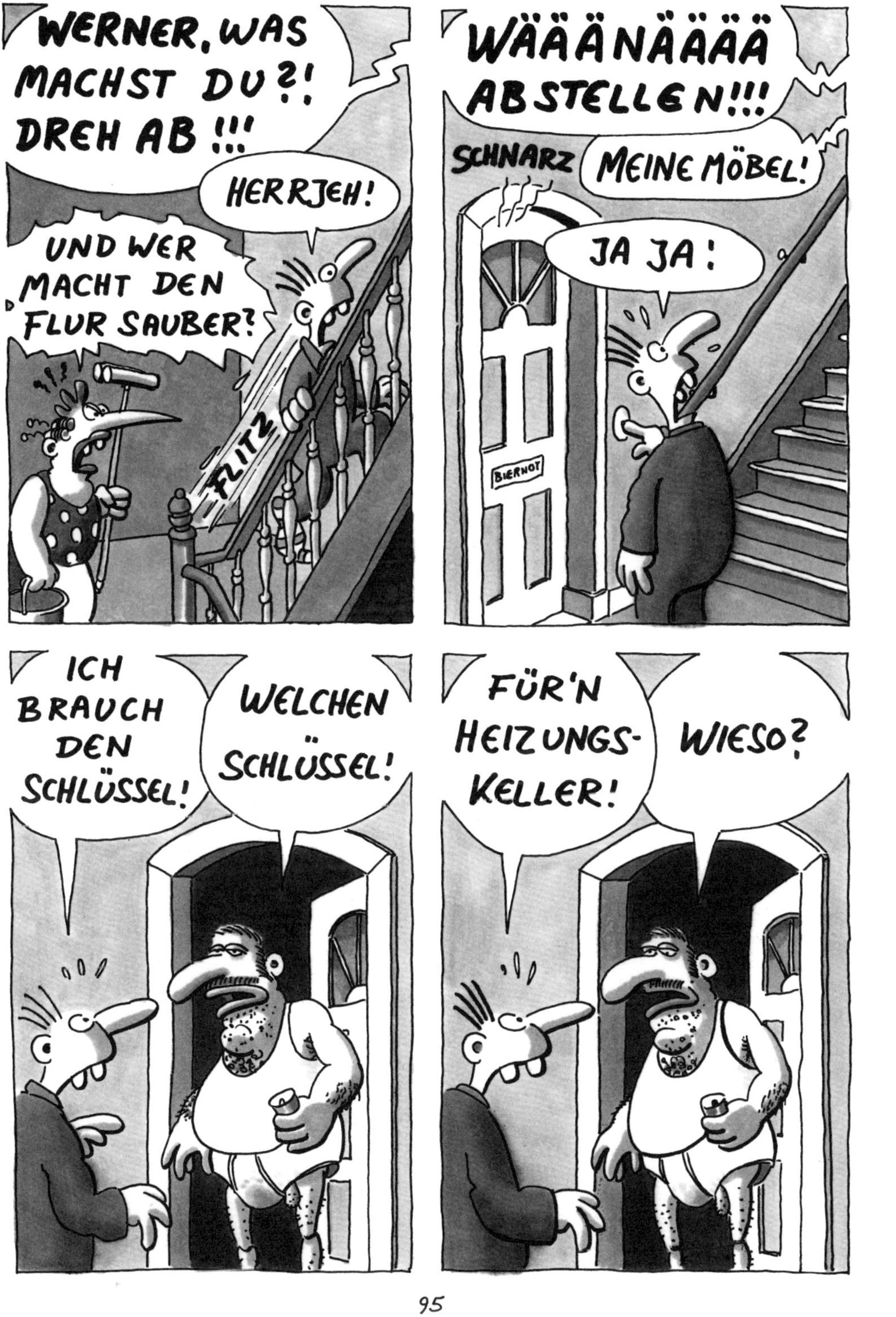
WERNER, WAS MACHST DU?! DREH AB!!!
HERRJEH!
UND WER MACHT DEN FLUR SAUBER?
FLITZ
WÄÄÄNÄÄÄÄ ABSTELLEN!!!
SCHNARZ
MEINE MÖBEL!
JA JA!
BIERNOT
ICH BRAUCH DEN SCHLÜSSEL!
WELCHEN SCHLÜSSEL!
FÜR'N HEIZUNGS-KELLER!
WIESO?

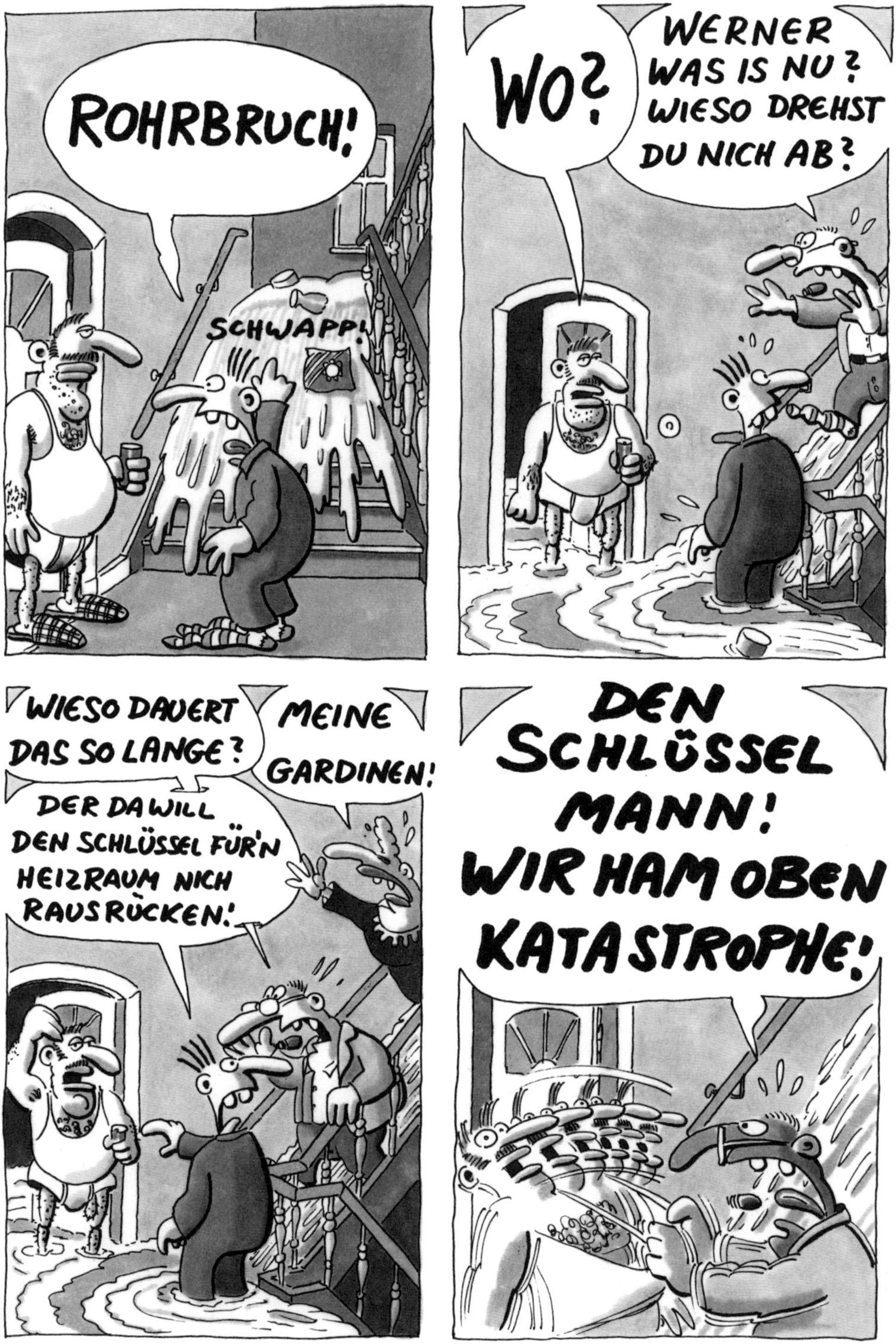
ROHRBRUCH!
SCHWAPP!
WO?
WERNER WAS IS NU? WIESO DREHST DU NICH AB?
WIESO DAUERT DAS SO LANGE?
MEINE GARDINEN!
DER DA WILL DEN SCHLÜSSEL FÜR'N HEIZRAUM NICH RAUSRÜCKEN!
DEN SCHLÜSSEL MANN! WIR HAM OBEN KATASTROPHE!

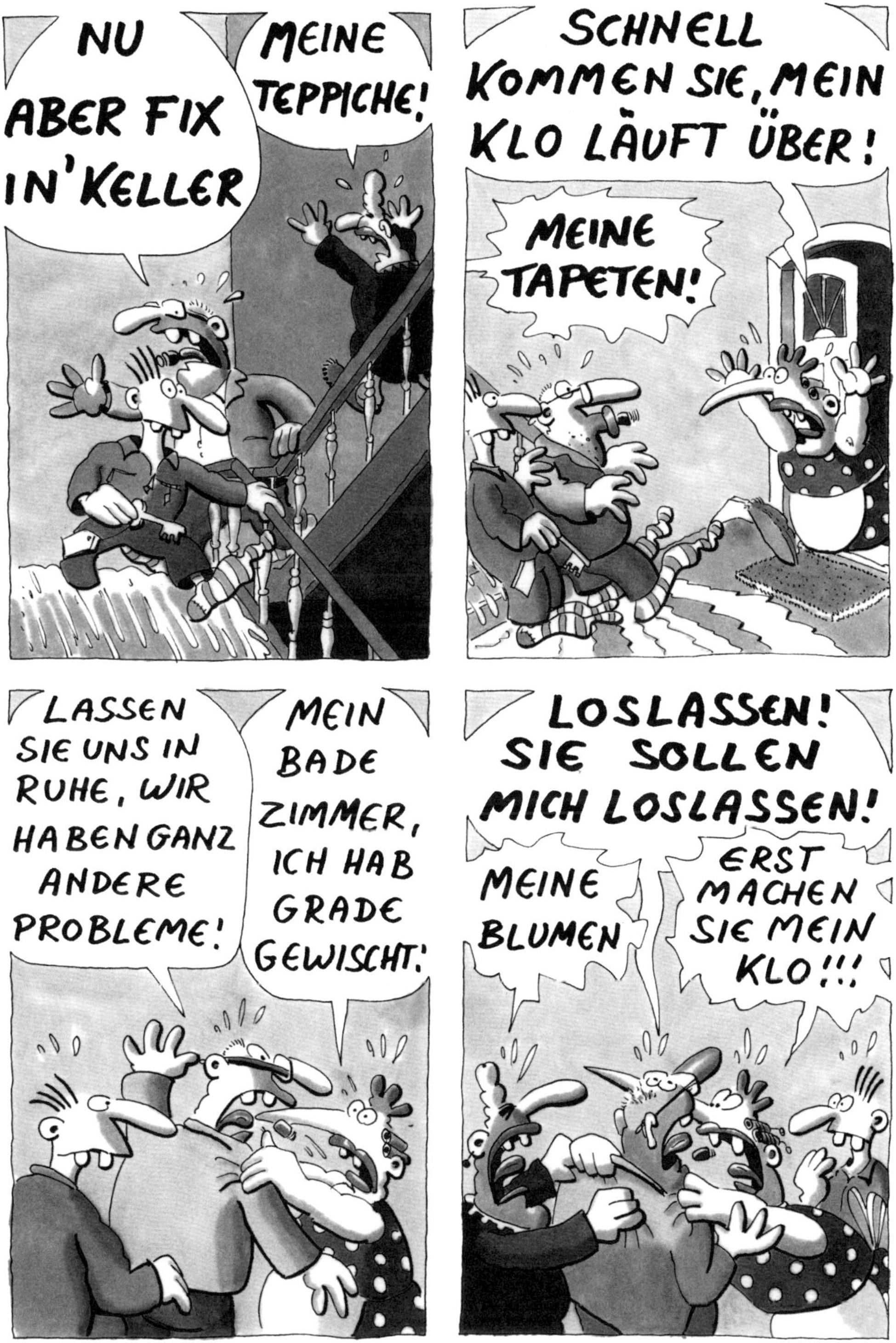
NU ABER FIX IN'KELLER
MEINE TEPPICHE!
SCHNELL KOMMEN SIE, MEIN KLO LÄUFT ÜBER!
MEINE TAPETEN!
LASSEN SIE UNS IN RUHE, WIR HABEN GANZ ANDERE PROBLEME!
MEIN BADE ZIMMER, ICH HAB GRADE GEWISCHT!
LOSLASSEN! SIE SOLLEN MICH LOSLASSEN!
MEINE BLUMEN
ERST MACHEN SIE MEIN KLO!!!

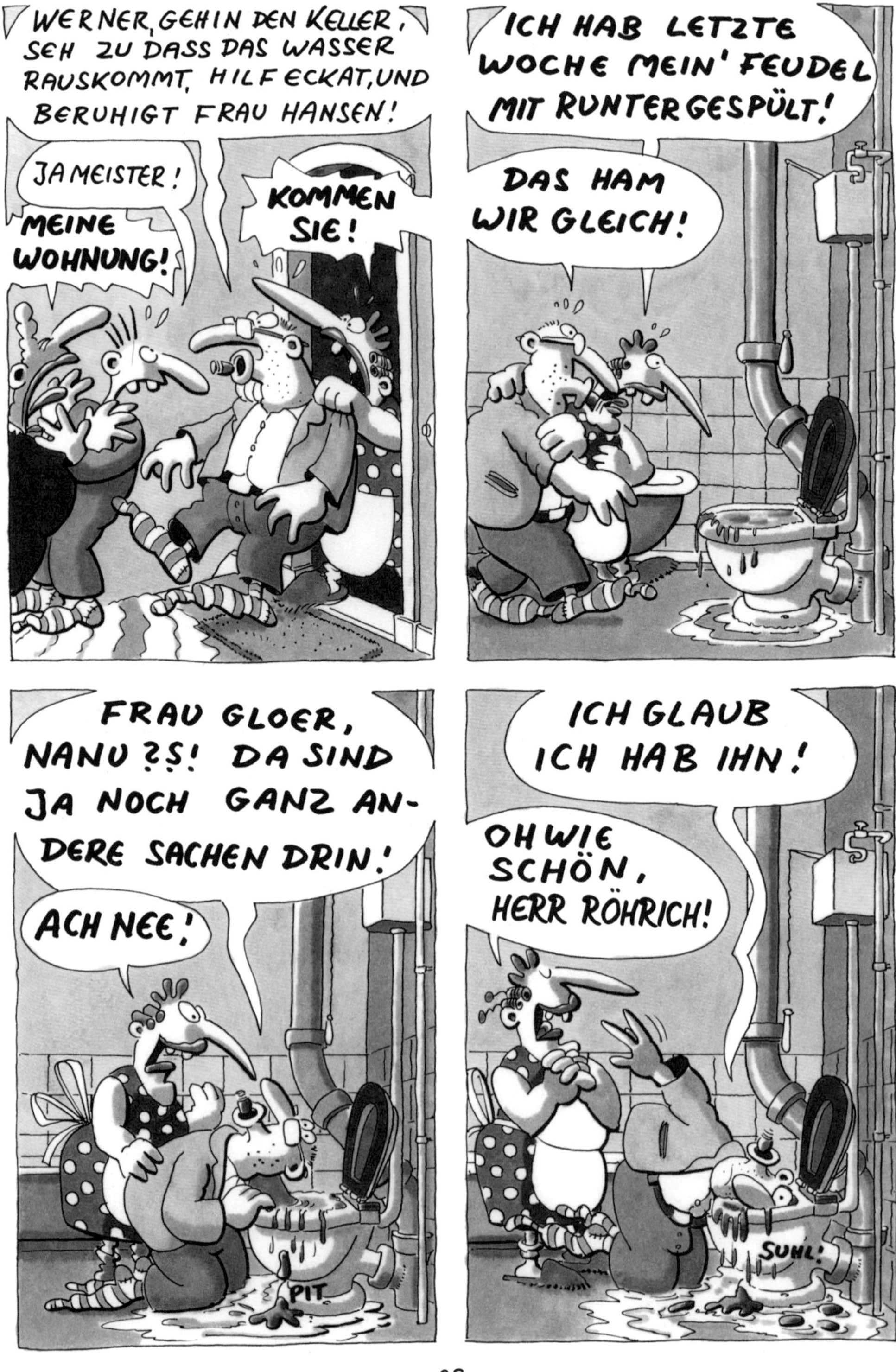
WERNER, GEH IN DEN KELLER, SEH ZU DASS DAS WASSER RAUSKOMMT, HILF ECKAT, UND BERUHIGT FRAU HANSEN!
JA MEISTER!
MEINE WOHNUNG!
KOMMEN SIE!
ICH HAB LETZTE WOCHE MEIN' FEUDEL MIT RUNTERGESPÜLT!
DAS HAM WIR GLEICH!
FRAU GLOER, NANU ?$! DA SIND JA NOCH GANZ ANDERE SACHEN DRIN!
ACH NEE!
PIT
ICH GLAUB ICH HAB IHN!
OH WIE SCHÖN, HERR RÖHRICH!
SUHL!

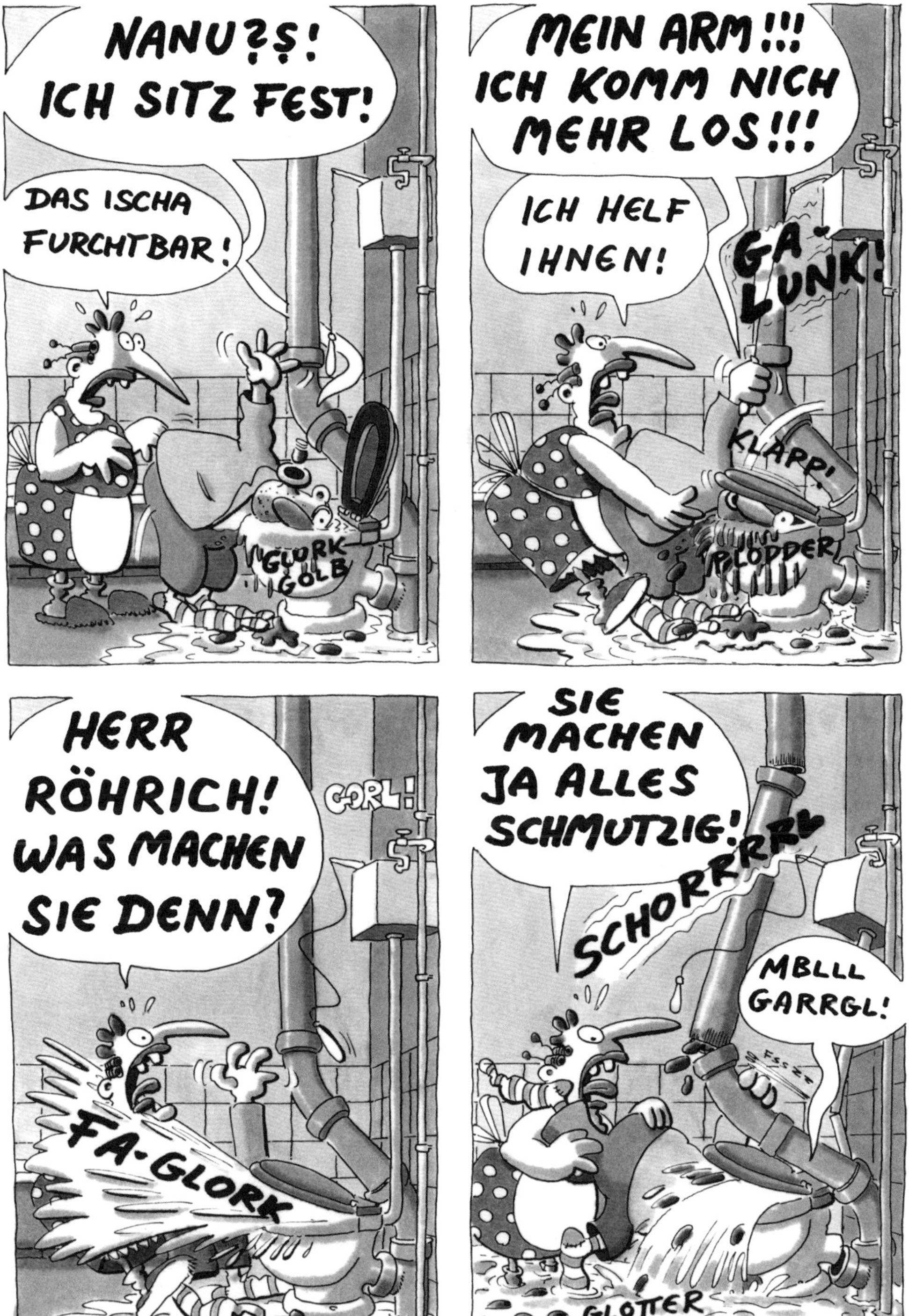

NANU?¿! ICH SITZ FEST!
DAS ISCHA FURCHTBAR!
GLORK GOLB
MEIN ARM!!! ICH KOMM NICH MEHR LOS!!!
ICH HELF IHNEN!
GA-LUNK!
KLAPP!
PLODDER
HERR RÖHRICH! WAS MACHEN SIE DENN?
GORL!
FA-GLORK
SIE MACHEN JA ALLES SCHMUTZIG!
SCHORRRRR
MBLLL GARRGL!
FSSZZ
GLOTTER

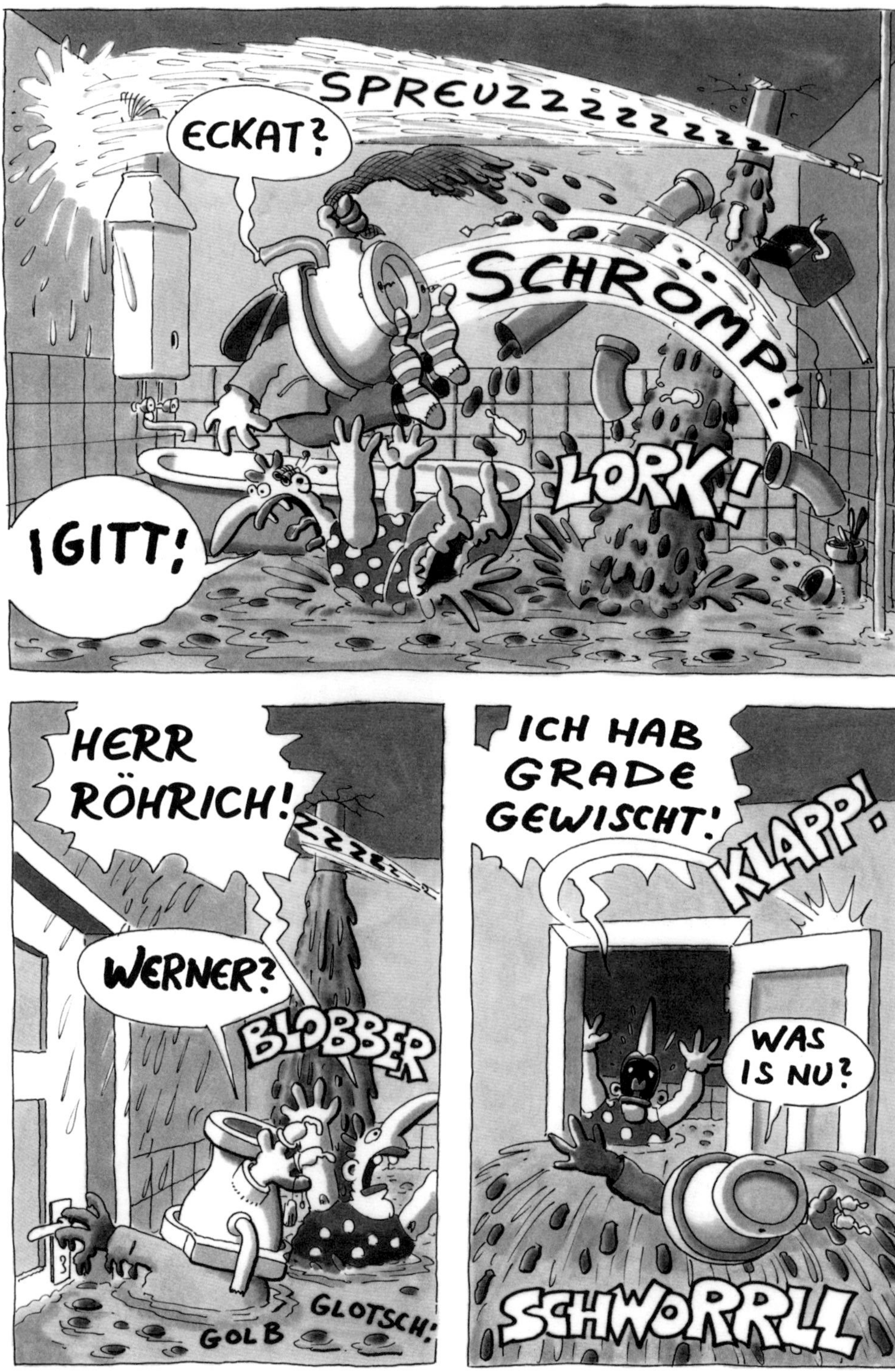
SPREUZZZZZZZZZZ
ECKAT?
SCHRÖMP!
LORK!
IGITT!
HERR RÖHRICH!
ZZZZZ
WERNER?
BLOBBER
GLOTSCH!
GOLB
ICH HAB GRADE GEWISCHT!
KLAPP!
WAS IS NU?
SCHWORRLL

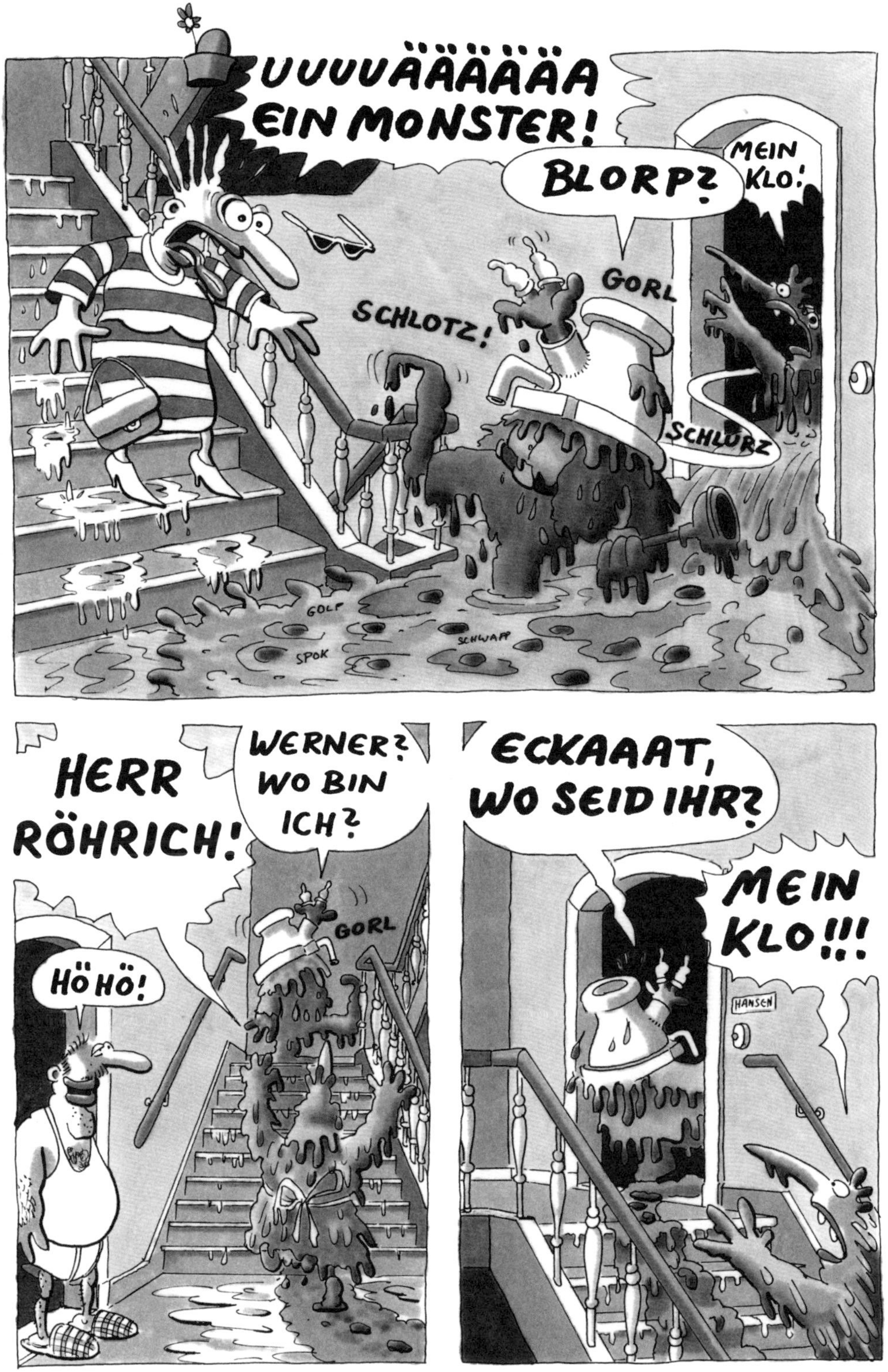
UUUUÄÄÄÄÄA
EIN MONSTER!
BLORP?
MEIN KLO!
GORL
SCHLOTZ!
SCHLURZ
GOLP
SPOK
SCHWAPP
HERR RÖHRICH!
WERNER? WO BIN ICH?
GORL
HÖHÖ!
ECKAAAT, WO SEID IHR?
MEIN KLO!!!
HANSEN

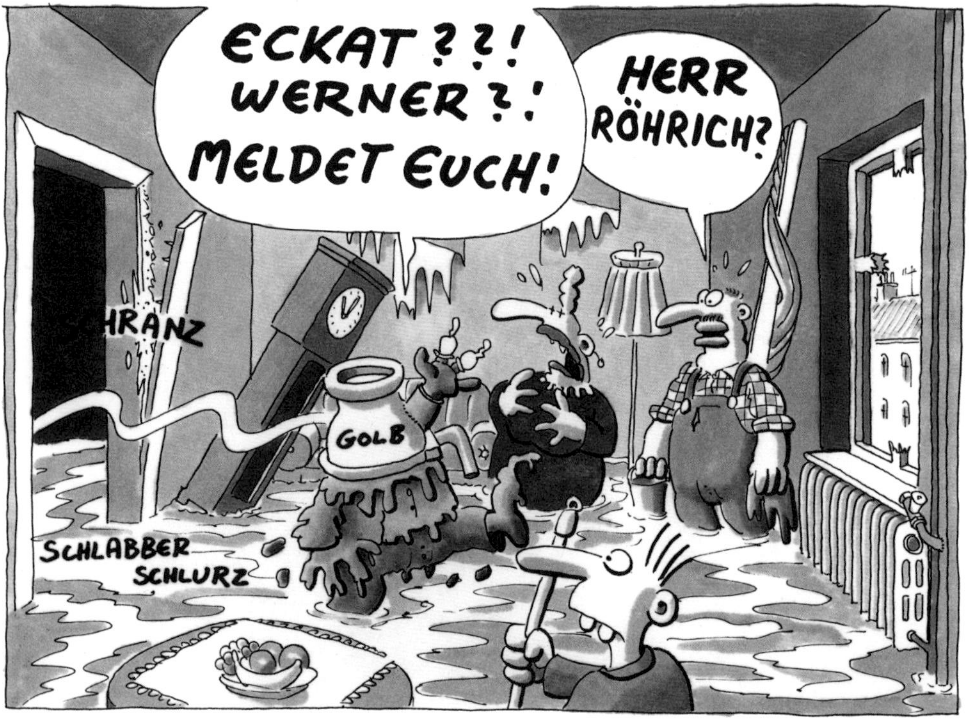
ECKAT???!
WERNER?!!
MELDET EUCH!
HERR RÖHRICH?
GOLB
SCHLABBER
SCHLURZ

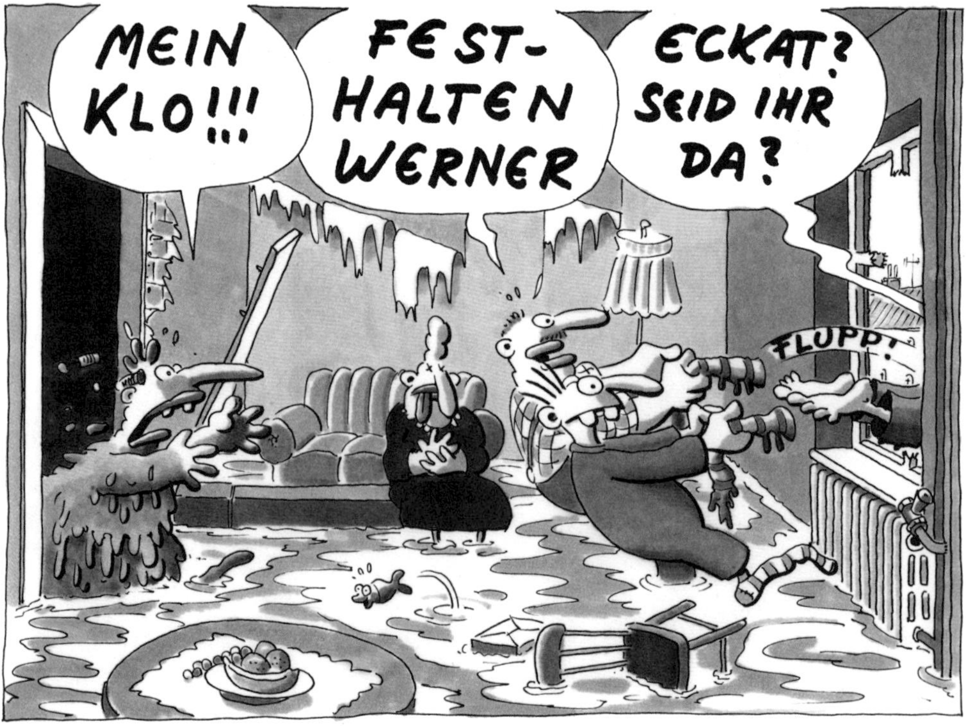
MEIN KLO!!!
FEST-HALTEN WERNER
ECKAT? SEID IHR DA?
FLUPP!

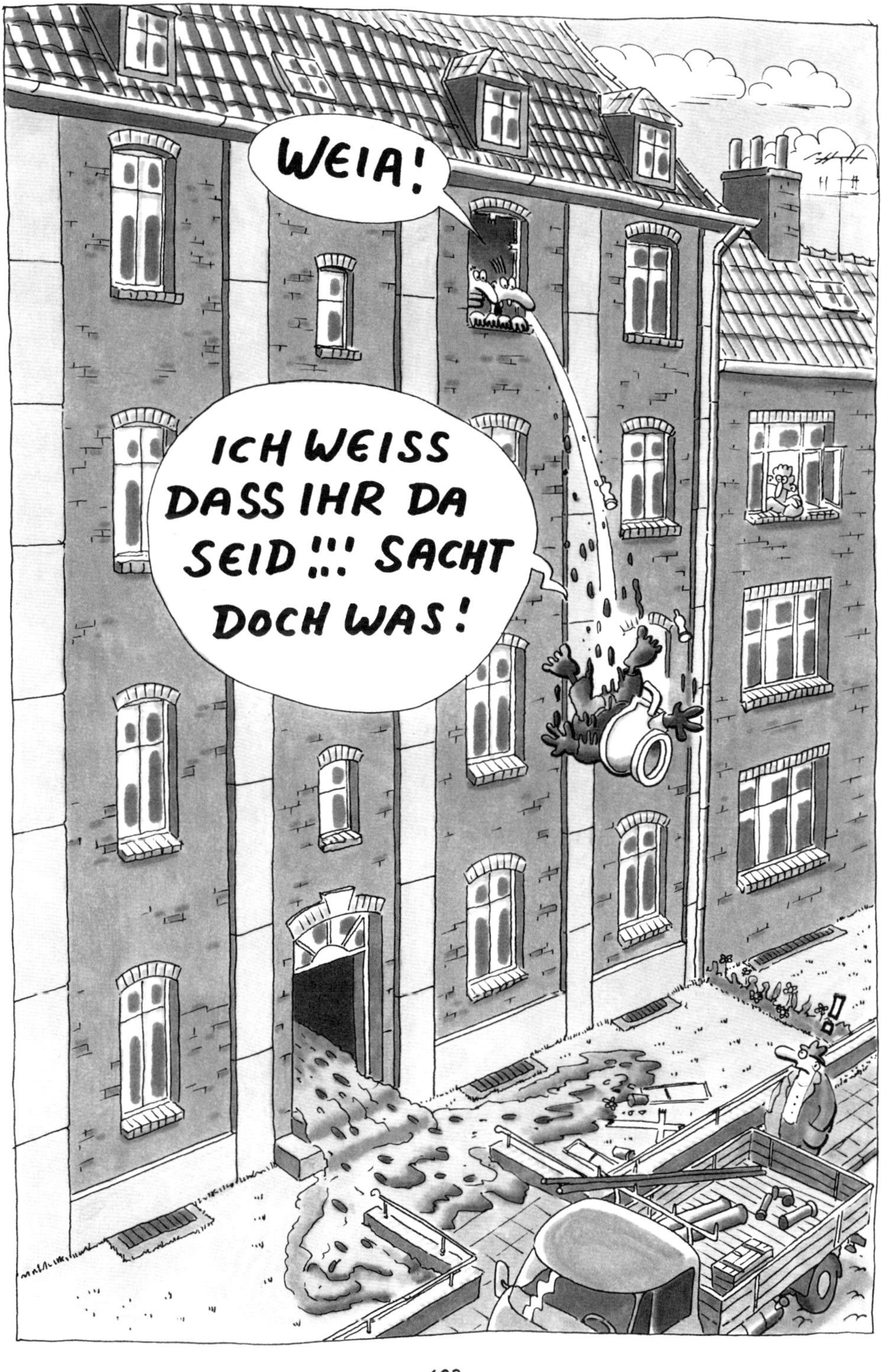
WEIA!
ICH WEISS DASS IHR DA SEID!!! SACHT DOCH WAS!

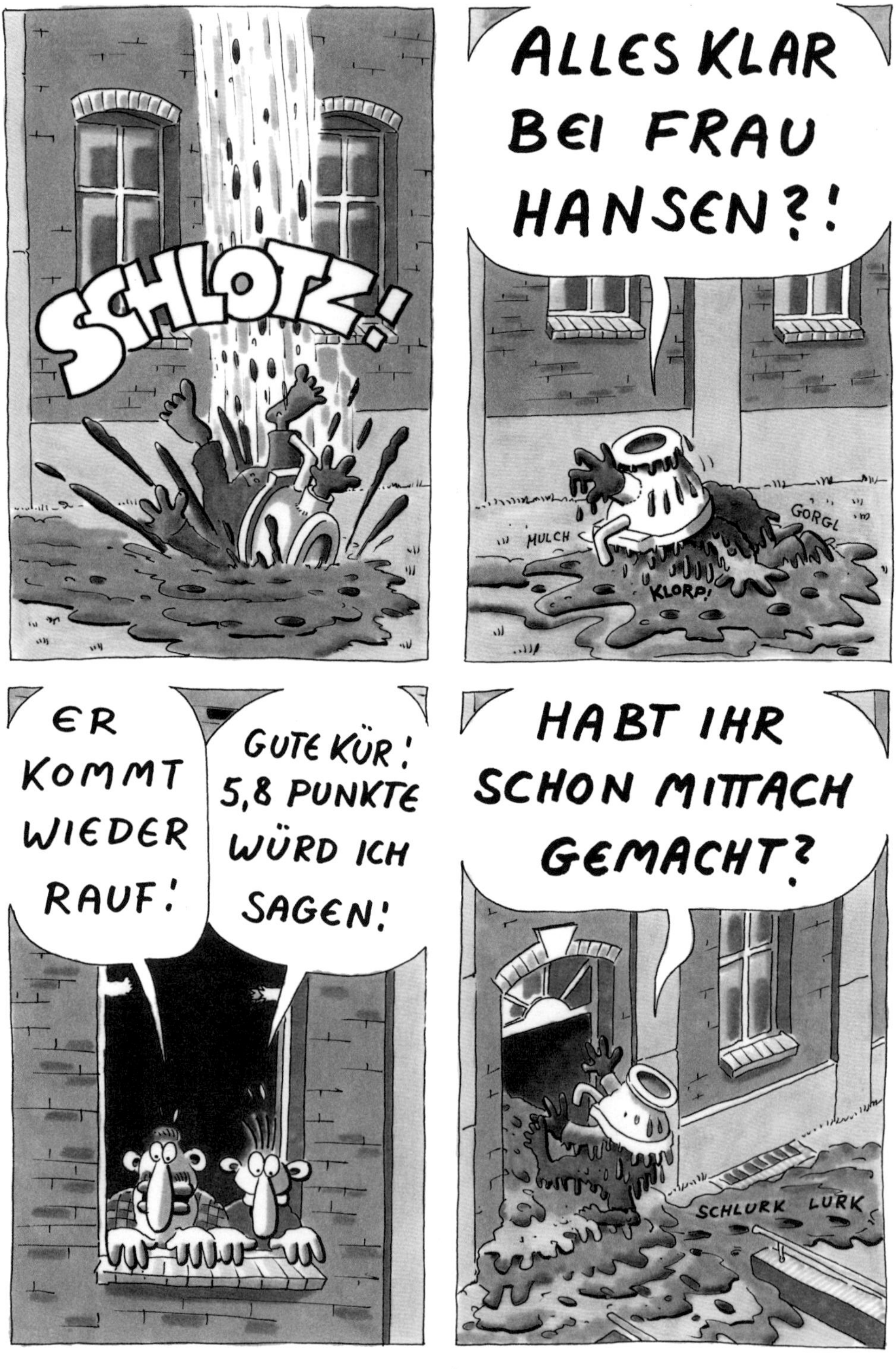
SCHLOTZ!
ALLES KLAR BEI FRAU HANSEN?!
MULCH
GORGL
KLORP!
ER KOMMT WIEDER RAUF!
GUTE KÜR! 5,8 PUNKTE WÜRD ICH SAGEN!
HABT IHR SCHON MITTACH GEMACHT?
SCHLURK
LURK

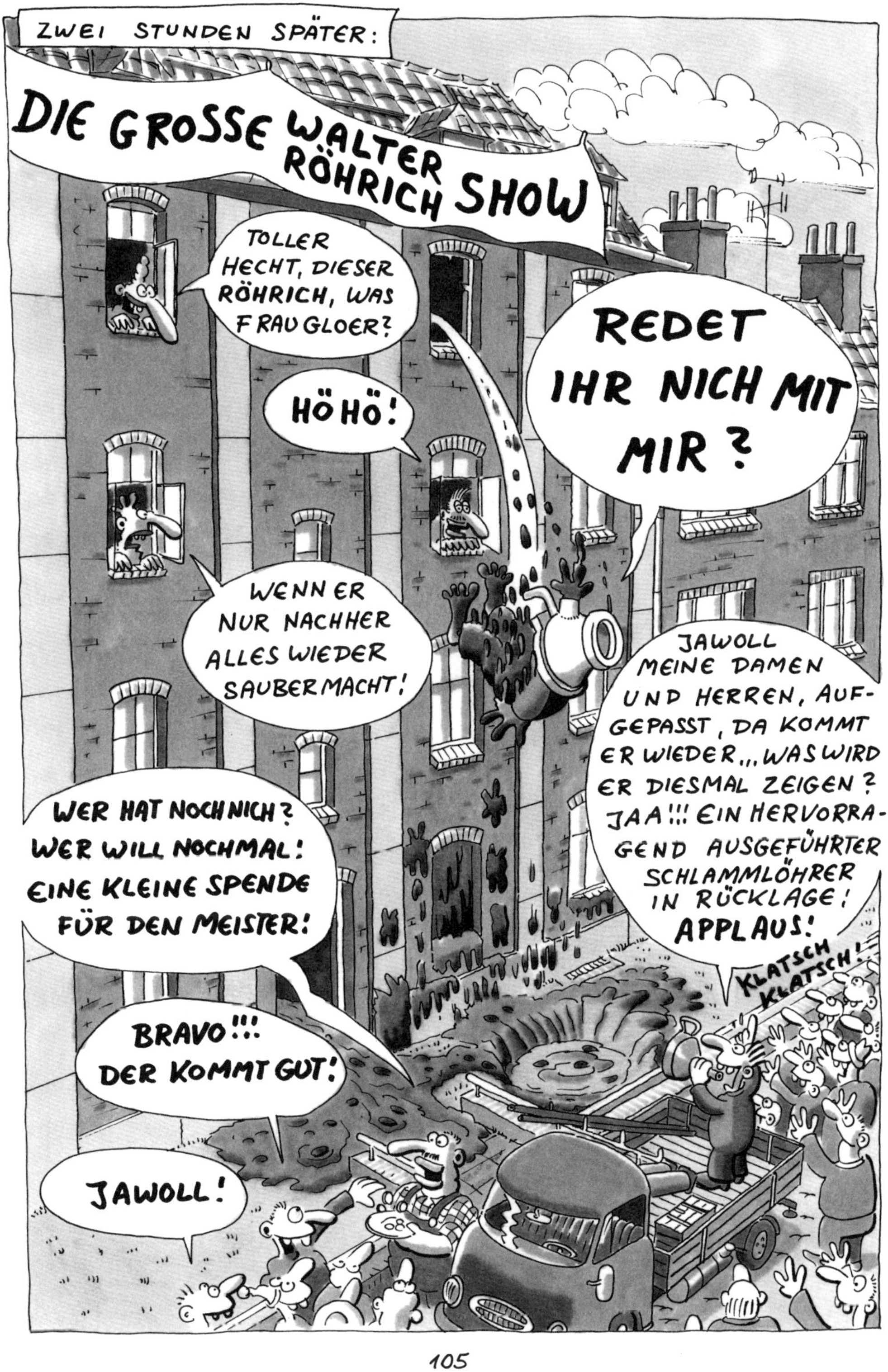

ZWEI STUNDEN SPÄTER:
DIE GROSSE WALTER RÖHRICH SHOW
TOLLER HECHT, DIESER RÖHRICH, WAS FRAU GLOER?
HÖHÖ!
REDET IHR NICH MIT MIR?
WENN ER NUR NACHHER ALLES WIEDER SAUBERMACHT!
JAWOLL MEINE DAMEN UND HERREN, AUFGEPASST, DA KOMMT ER WIEDER... WAS WIRD ER DIESMAL ZEIGEN? JAA!!! EIN HERVORRAGEND AUSGEFÜHRTER SCHLAMMLÖHRER IN RÜCKLAGE! APPLAUS!
WER HAT NOCHNICH? WER WILL NOCHMAL! EINE KLEINE SPENDE FÜR DEN MEISTER!
KLATSCH KLATSCH!
BRAVO!!! DER KOMMT GUT!
JAWOLL!

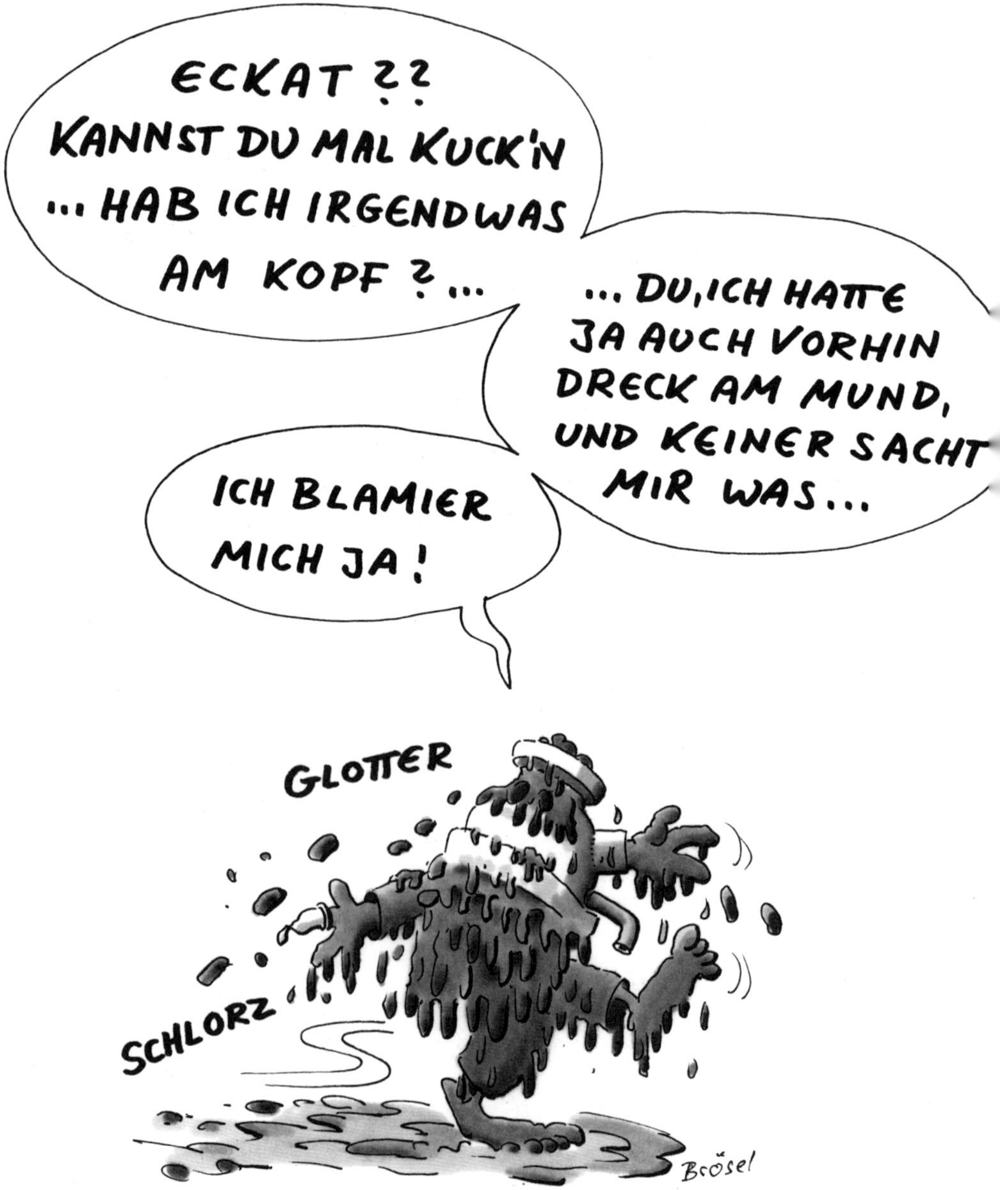
ECKAT ???
KANNST DU MAL KUCK'N
... HAB ICH IRGENDWAS
AM KOPF ?...
... DU, ICH HATTE
JA AUCH VORHIN
DRECK AM MUND,
UND KEINER SACHT
MIR WAS...
ICH BLAMIER
MICH JA!
GLOTTER
SCHLORZ
Brösel

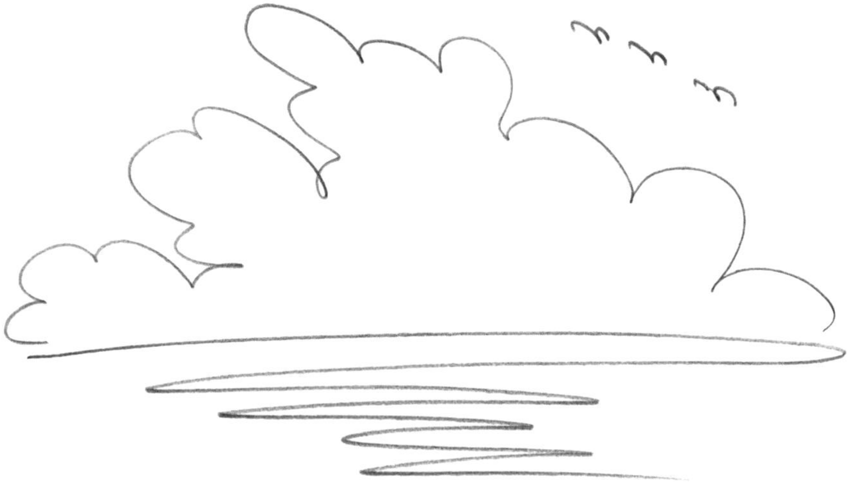

Die Seeluft, die ist frisch

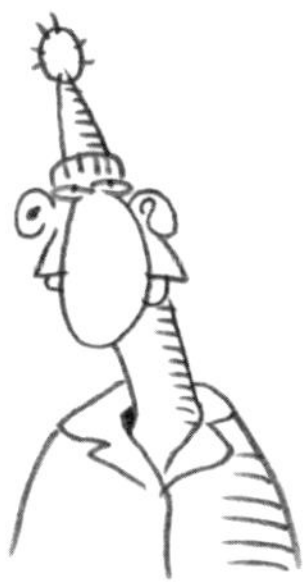

Herbert stinkt nach Fisch

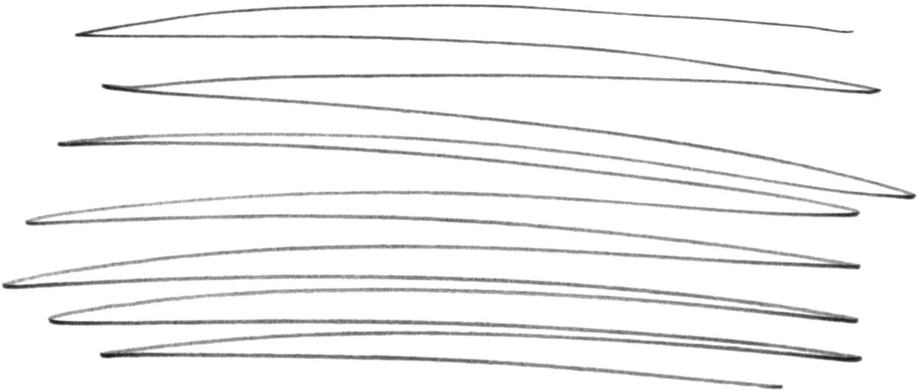

Wenn er im Nebel Kutter fährt,
und abends heim zur Mutter kehrt ...

... die Mutter betet:

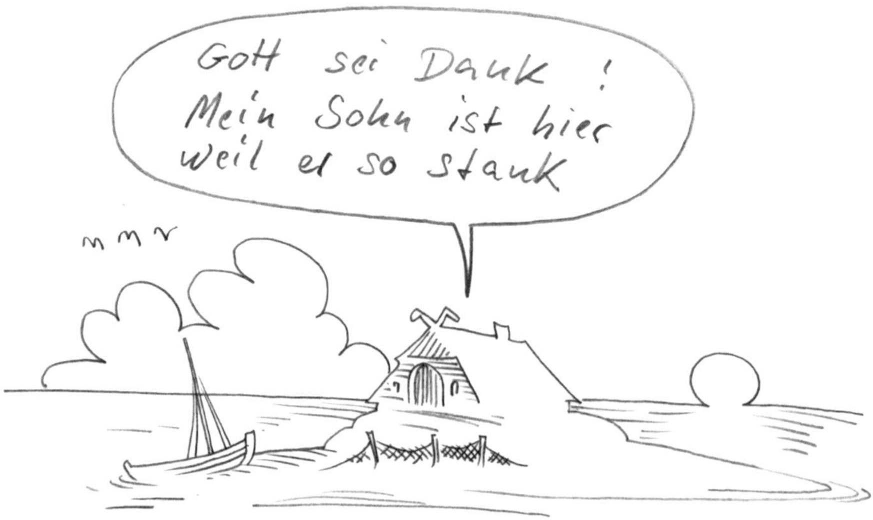

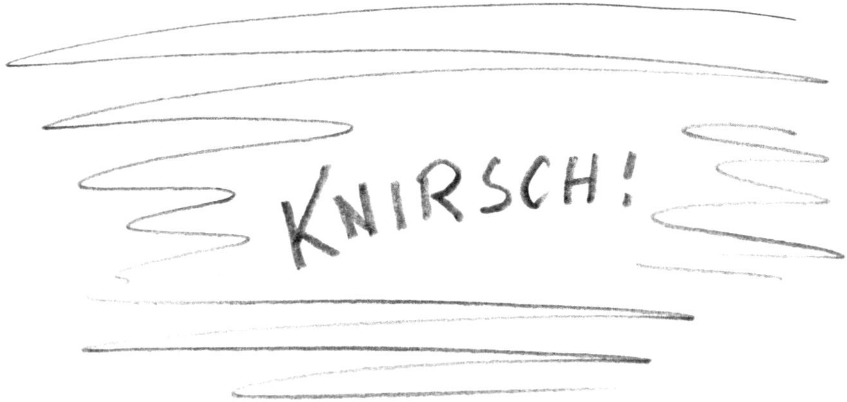

Doch eines Tags, oh Jammer
erfand ein Mensch die Klammer

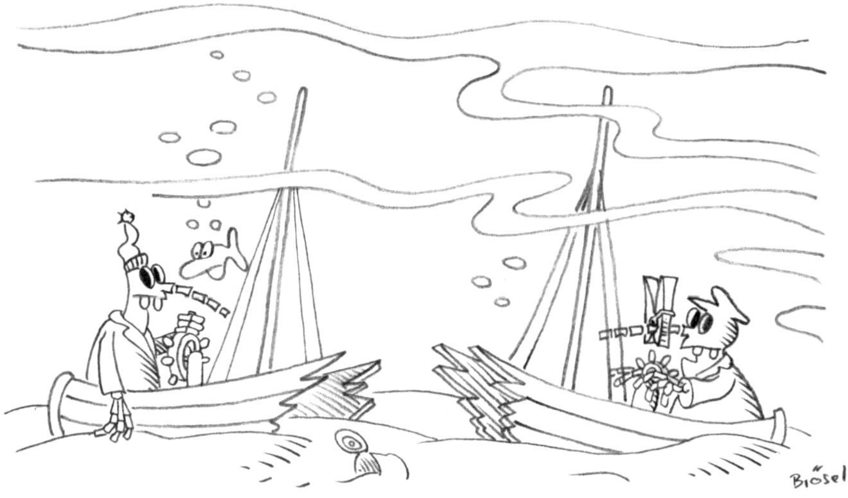

Was nützt das beste Nebelhorn
hat man nicht seine Nase vorn

Von Partei-Löwen und Wahl-Widdern:

Jungfrauen halten Mehrheit

Der CDU-Wähler im Zeichen der Sterne — Macht 544 Prozent Anhänger

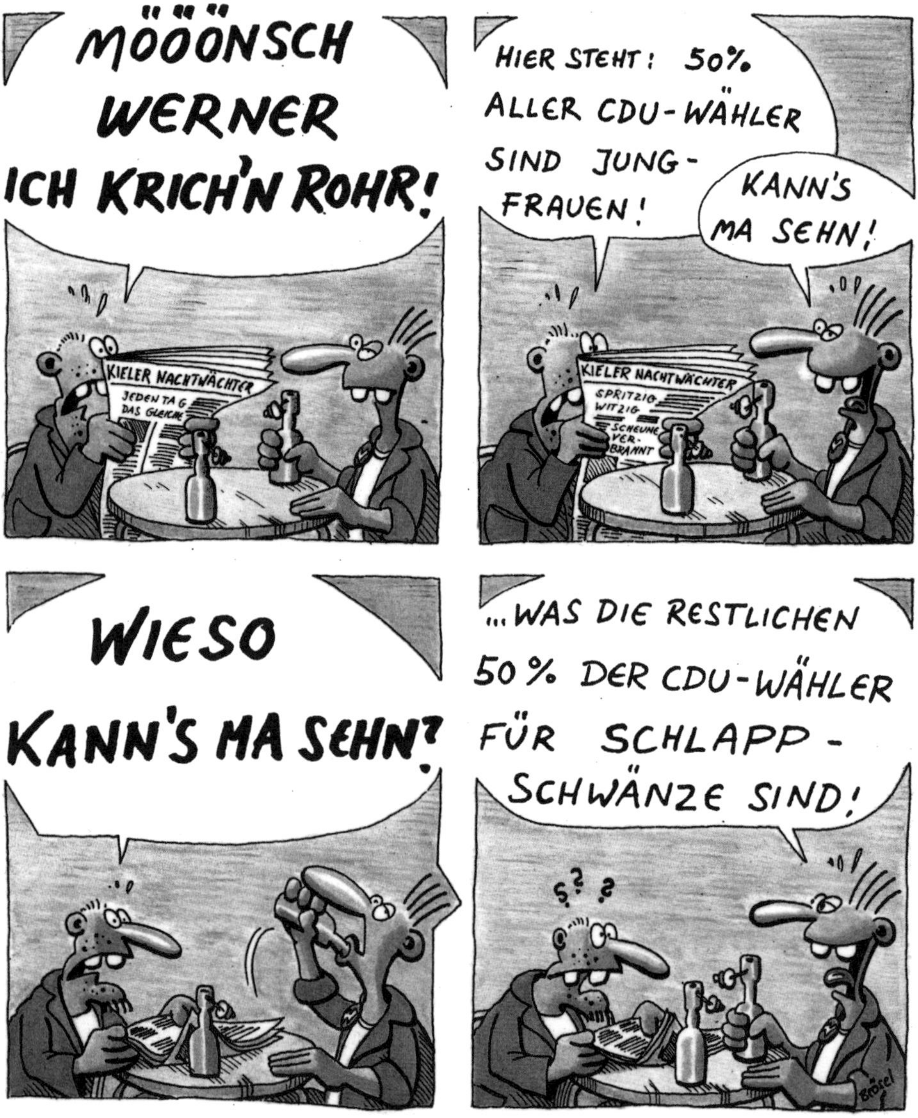

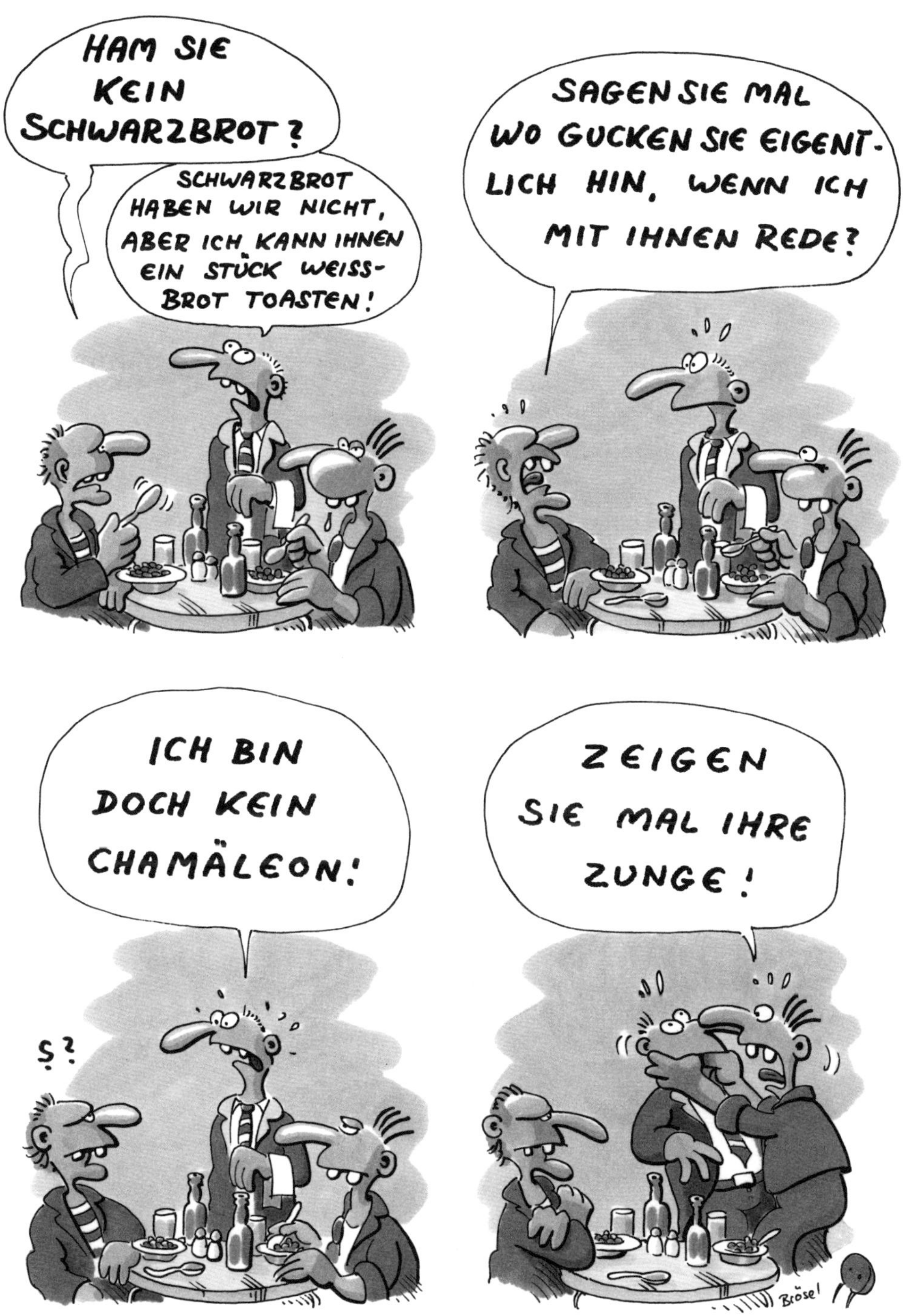
HAM SIE KEIN SCHWARZBROT?
SCHWARZBROT HABEN WIR NICHT, ABER ICH KANN IHNEN EIN STÜCK WEISSBROT TOASTEN!
SAGEN SIE MAL WO GUCKEN SIE EIGENTLICH HIN, WENN ICH MIT IHNEN REDE?
ICH BIN DOCH KEIN CHAMÄLEON!
ZEIGEN SIE MAL IHRE ZUNGE!
Brösel

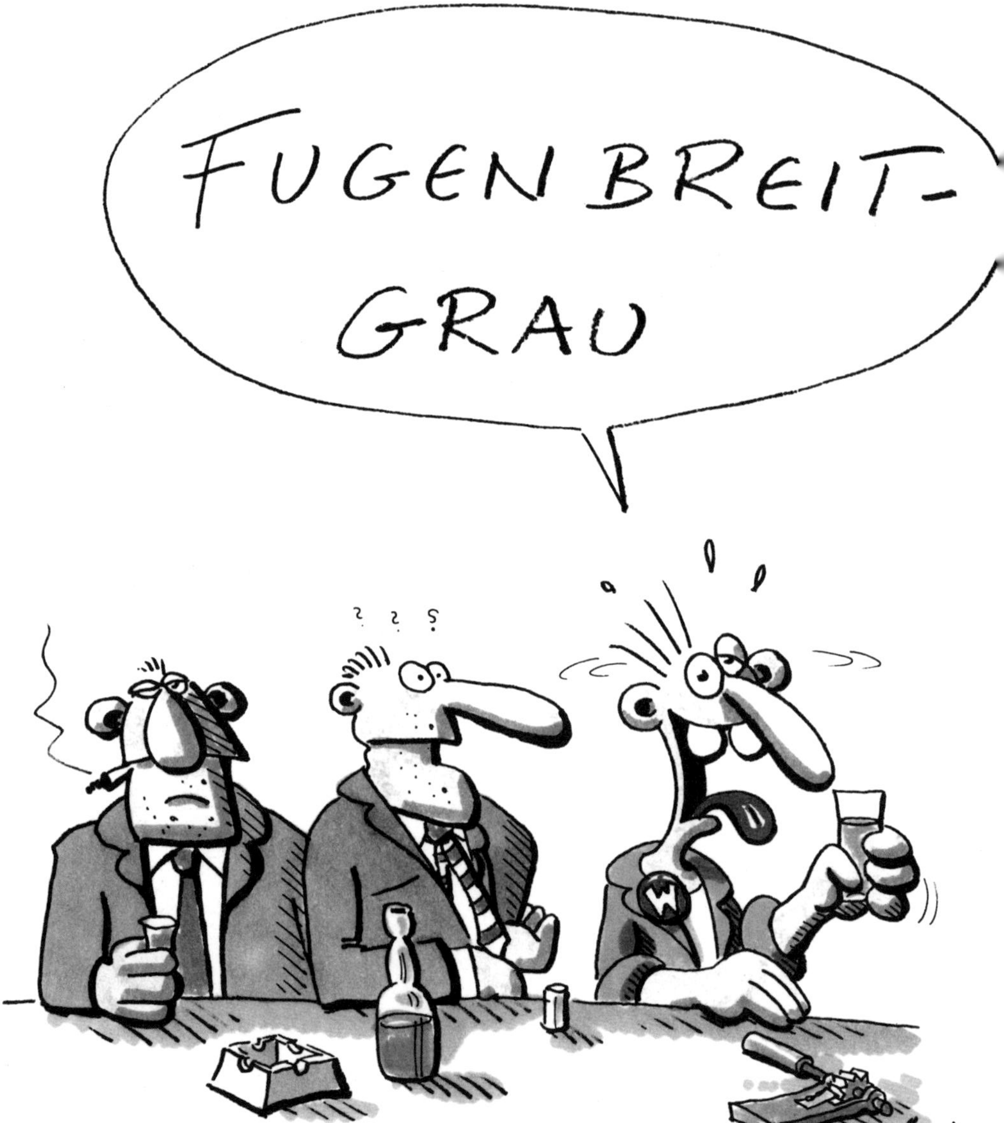
FUGENBREIT-
GRAU
Brösel

BESSER IS DAS!

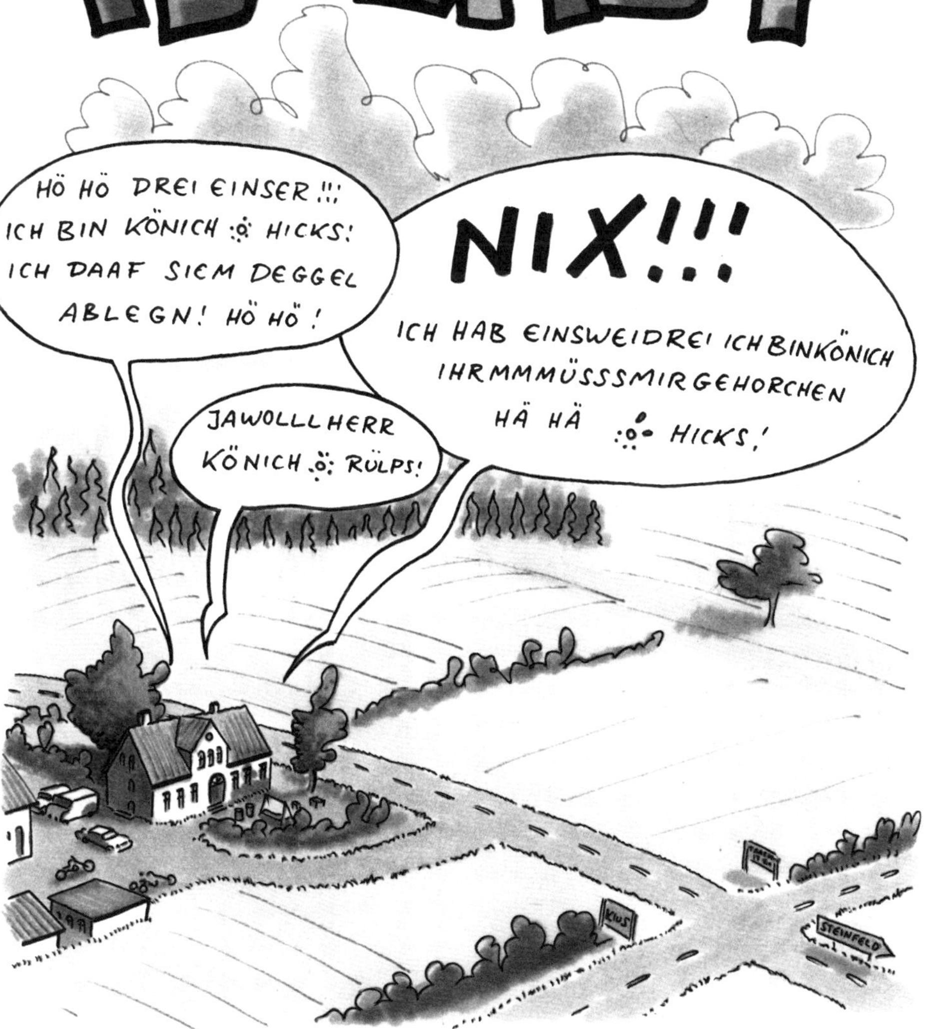

TÖNNSENHOF, 15. 7. 86: DIE DREI LUSTIGEN KERLCHEN WERNER, ANDI UND HANS-REINHARD WÜRFELTEN BIS ZUM ERBRECHEN UM DEN KÖNIGSTITEL.

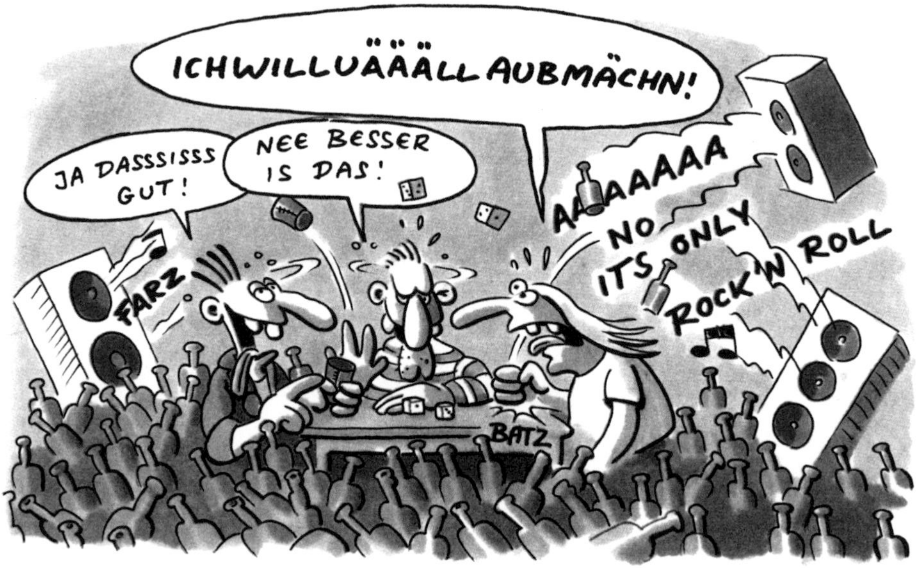

ALS DER MORGEN DÄMMERTE, HATTEN DIE WÜRFEL ENTSCHIEDEN....DER FRISCH ERKORENE REGENT ERTEILTE LAUTHALS SEINE BEFEHLE...

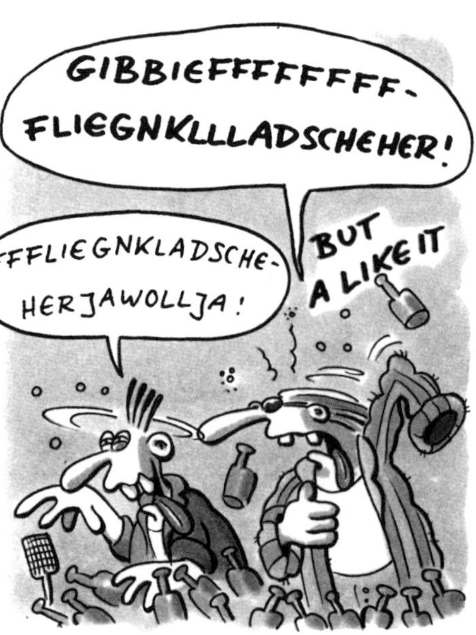

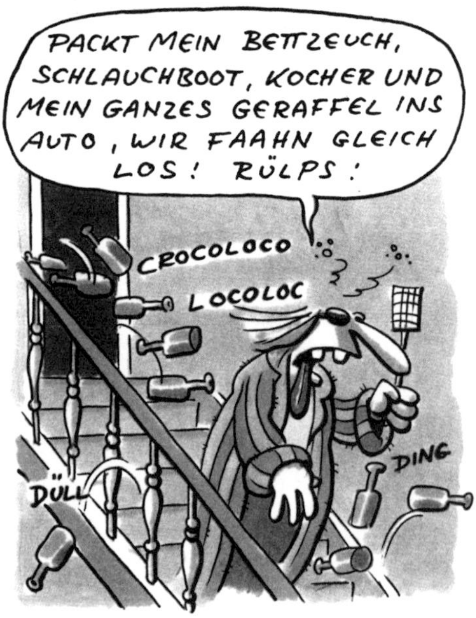

... UND DRÄNGTE ZUM AUFBRUCH.

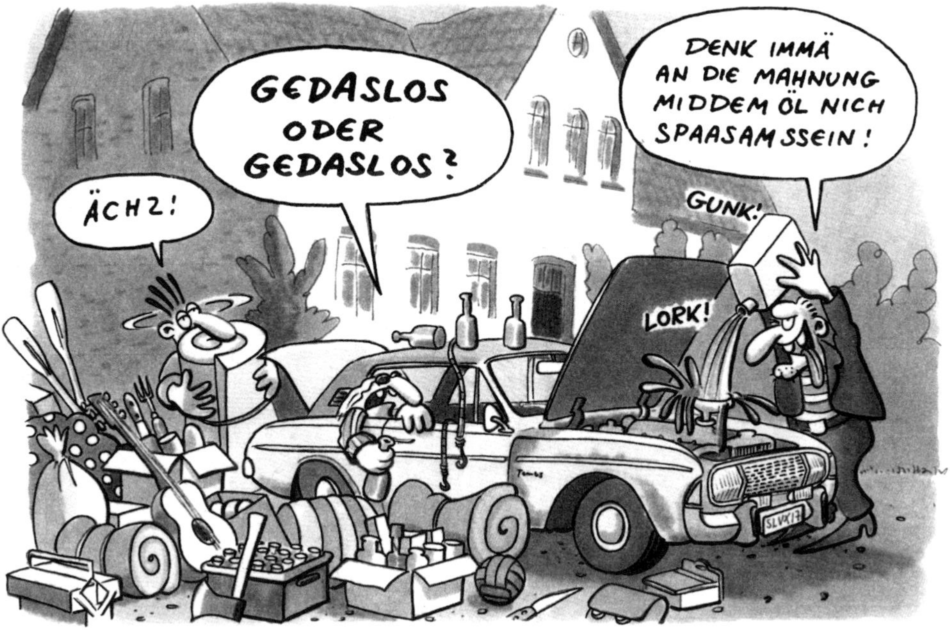

ZUR ERHÖHUNG DER FAHRTÜCHTIGKEIT ORDNETE DER MINERALSEKRETÄR DIE ZUBEREITUNG EINES KAFFEES AN.

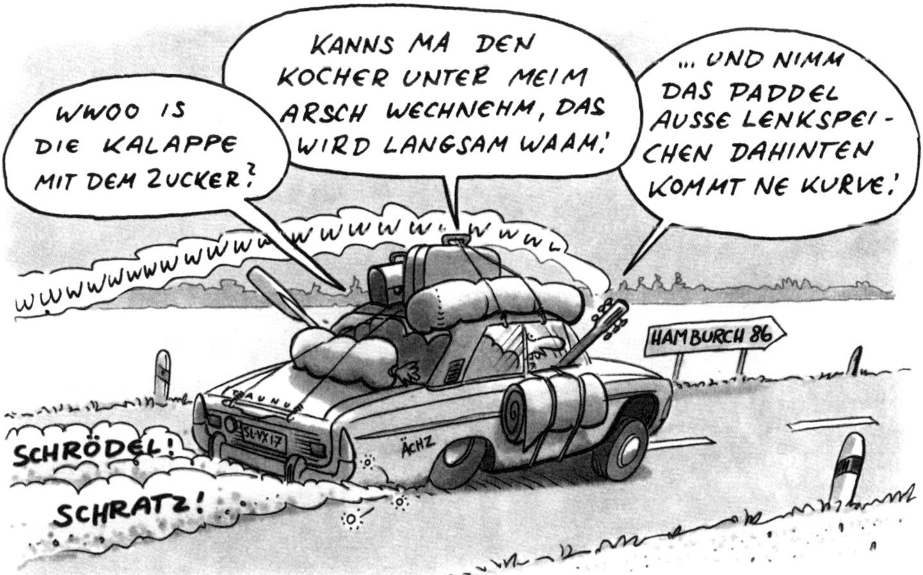

DER KÖNIG WAR UNZUFRIEDEN, WEIL ER SICH BEENGT FÜHLTE, JEDOCH IN HAMBURG SAH ER DIE LÖSUNG....

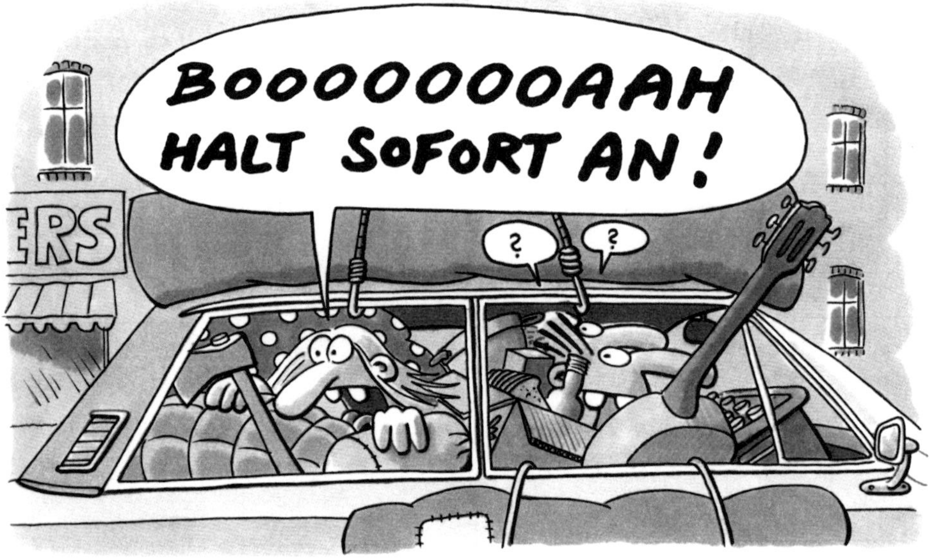

... EIN 7,3 LITER OLDSMOBILE NINETYEIGHT REGENCY. DAS WAR GENAU DES KÖNIGS KRAGENWEITE...

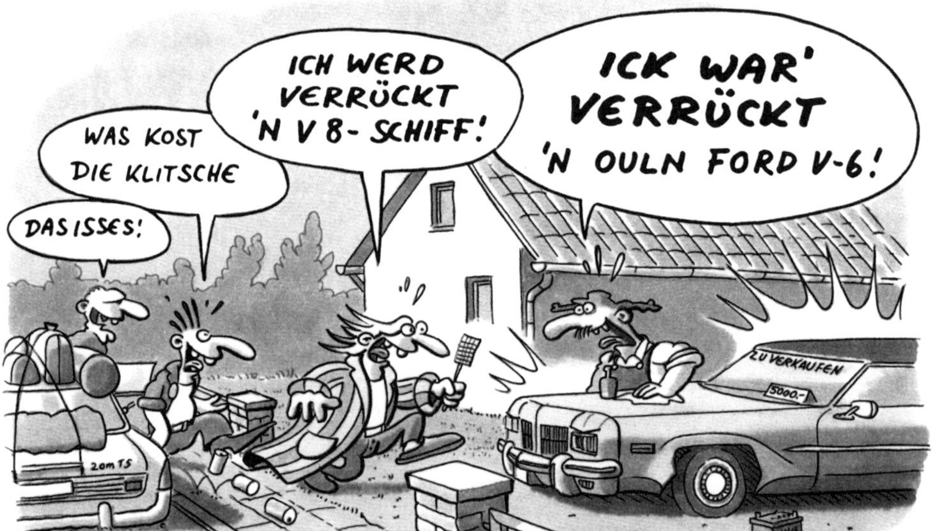

DER HÄNDLER WAR DEM KÖNIG WOHLGESONNEN, UND SIE TAUSCHTEN IHRE KAROSSEN SCHLICHT UM SCHLICHT.

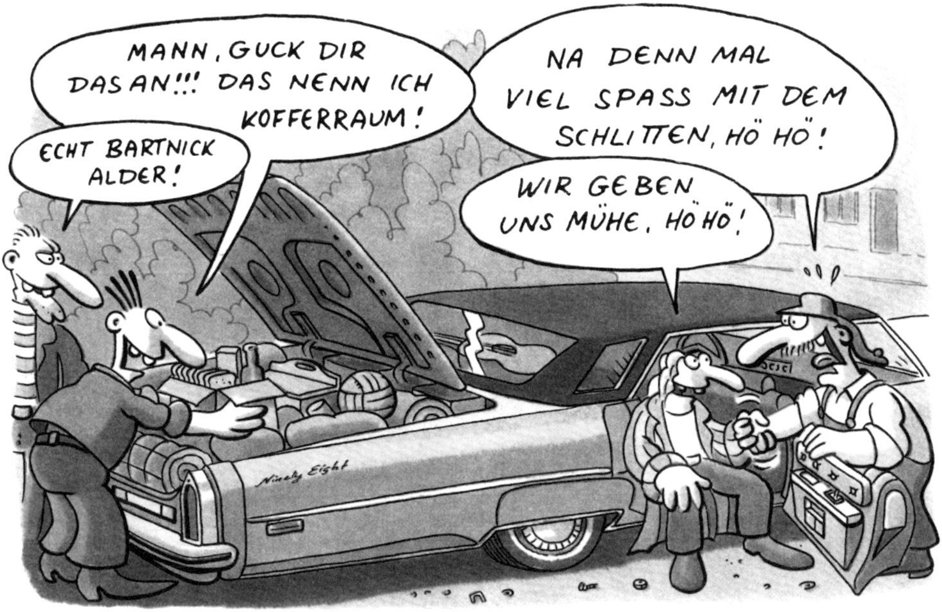

HEI WELCH EINE FREUDE!!! VON NUN AN HATTEN SIE GENUG PLATZ. GUTER DINGE SETZTEN SIE IHRE REISE FORT.

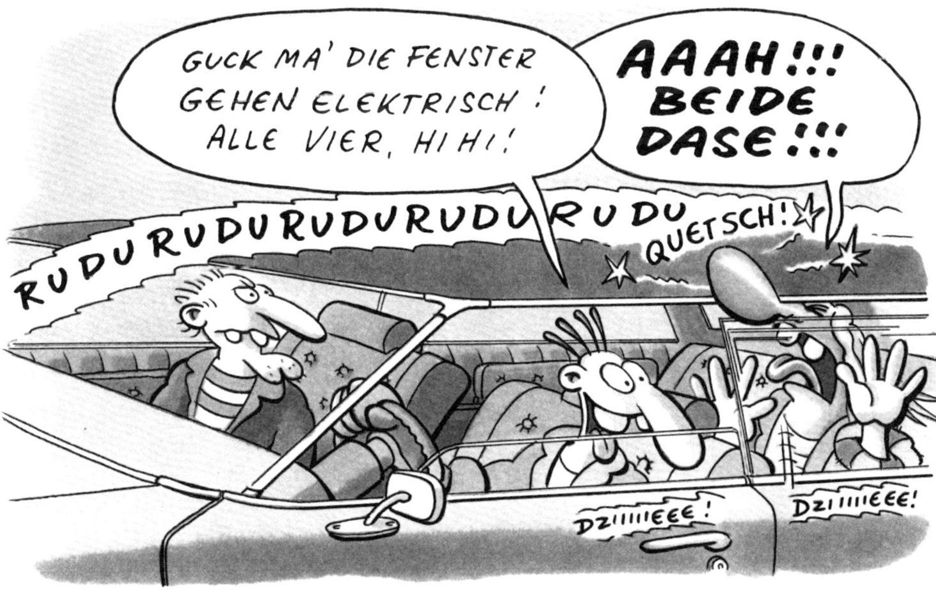

WERNER MACHTE SICH ERST EINMAL MIT DER TECHNIK IM COCKPIT VERTRAUT...

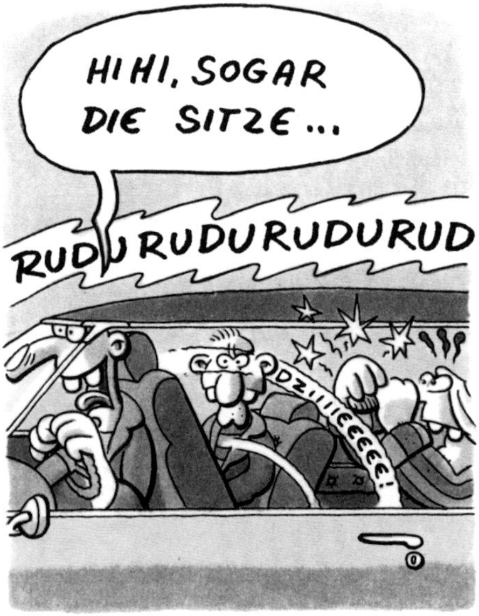

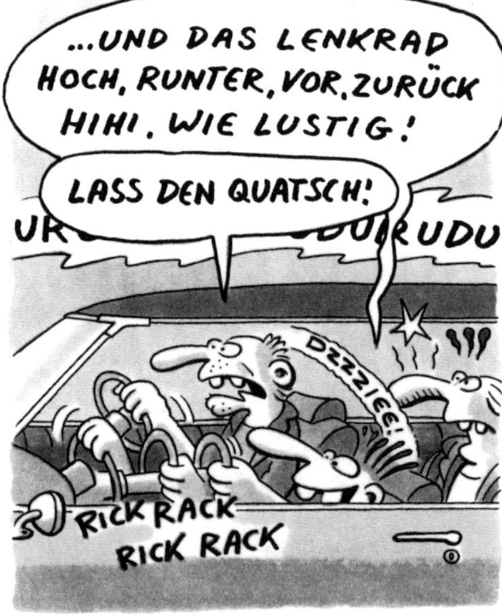

...UM DEN ANSPRÜCHEN SEINES AMTES ALS CHAUFFEUR SEINER MAJESTÄT GENÜGE ZU TUN...

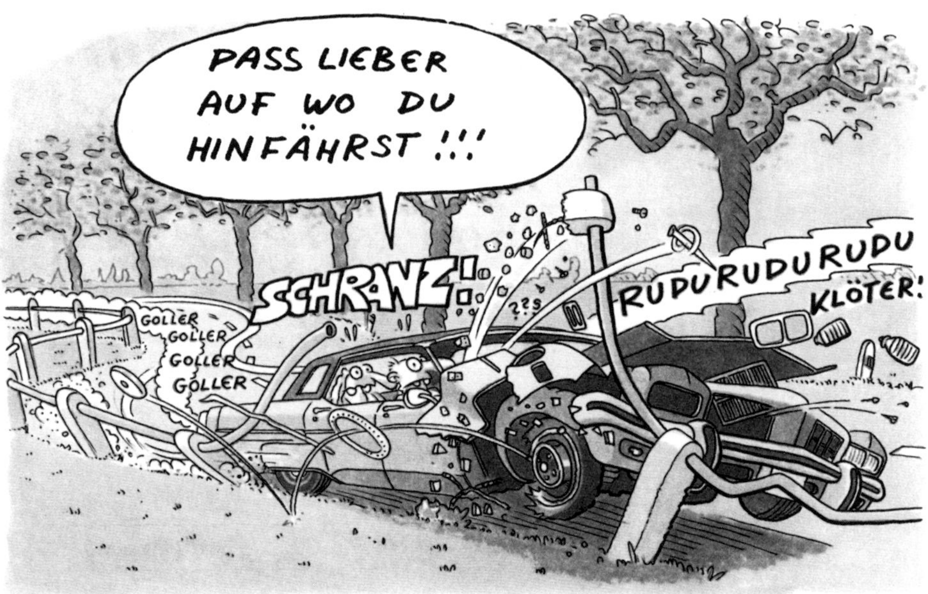

NUN LEUCHTETE ES DEM KÖNIG EIN, DASS DER CHAUFFEUR SEINEN ANSPRÜCHEN IN KEINSTER WEISE GERECHT WERDEN KONNTE.

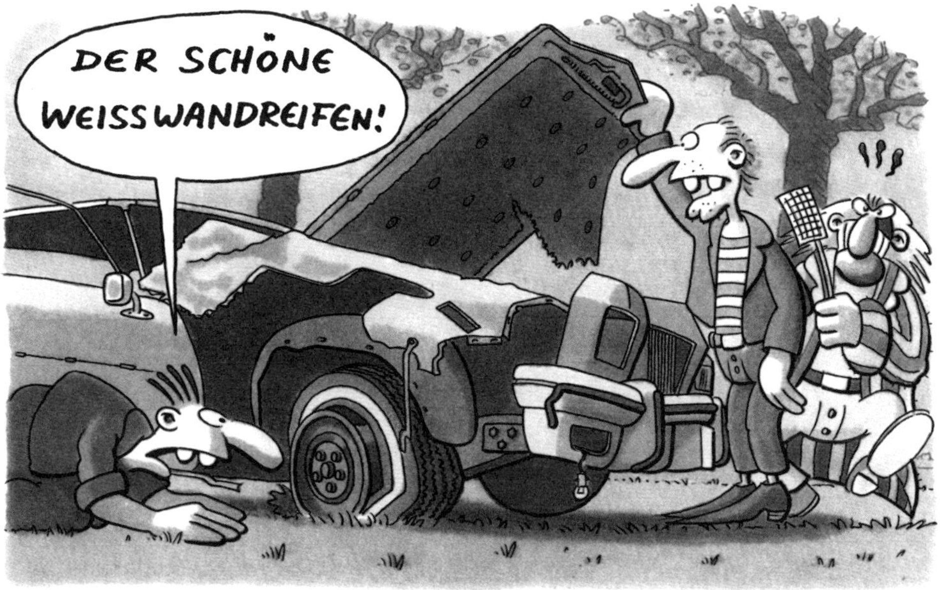

ZU ALLEM ÜBERFLUSS LIESS SICH DER CHAUFFEUR ZU DUMMEN BEMERKUNGEN HINREISSEN, DIE DEN ZORN DES KÖNIGS HERAUFBESCHWOREN.

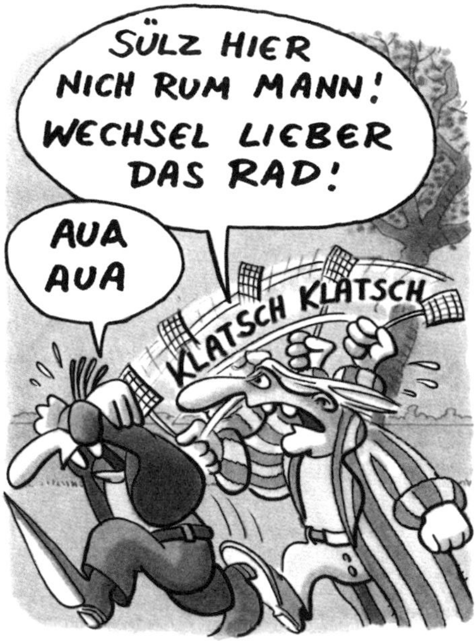

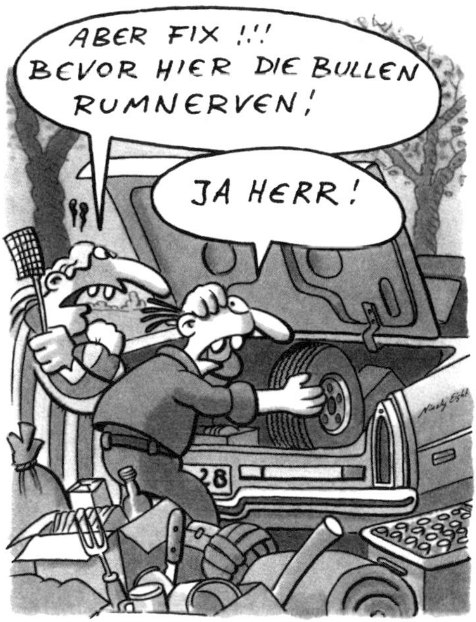

DAS KURZE AUFBEGEHREN SEINER UNTERTANEN MEISTERTE ER KÖNIGLICH, DENN ES WAR EILE GEBOTEN!

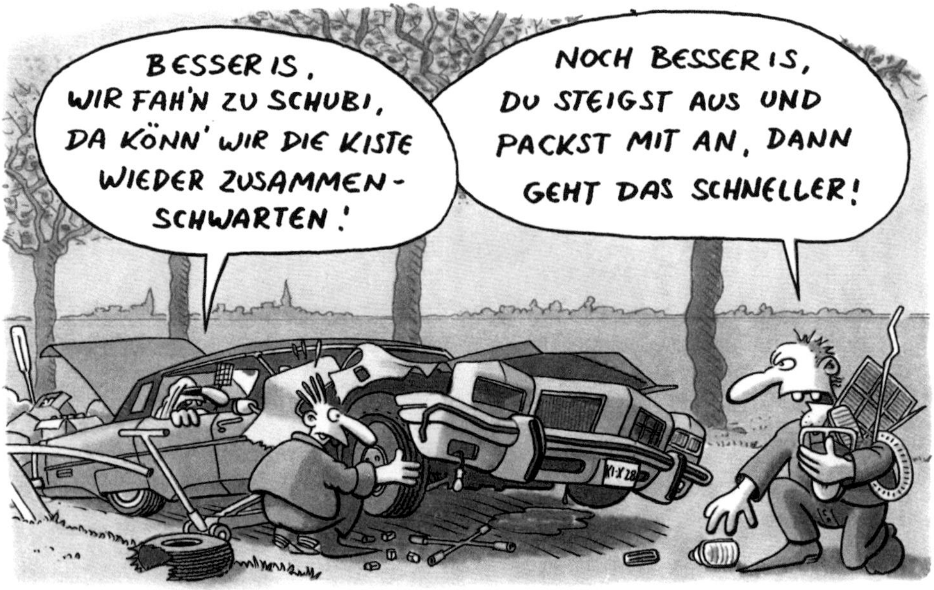

UND SO SETZTEN SIE IHRE FAHRT AUF GEHEISS IHRER MAJESTÄT FORT, ZUR NÄCHSTEN HOFSCHMIEDE.

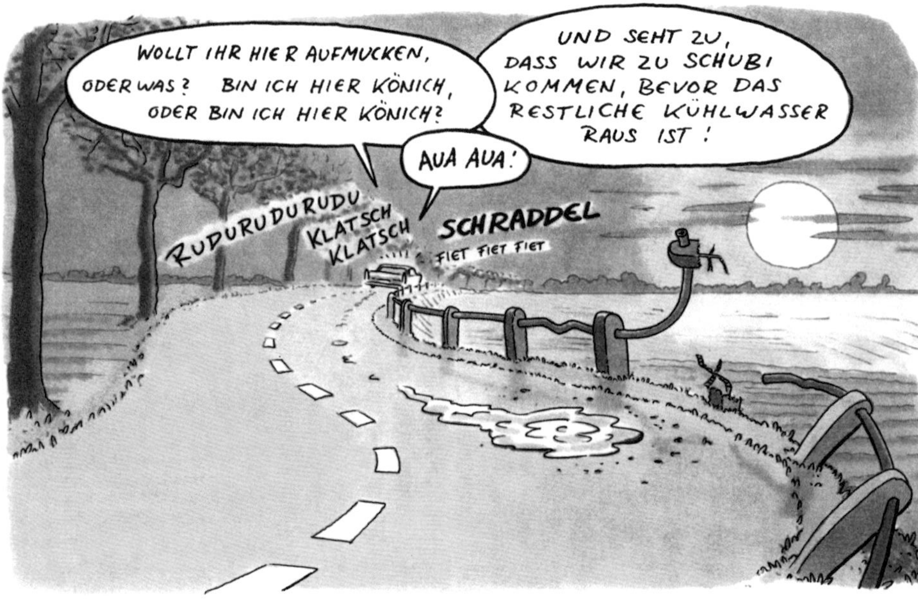

DES NACHTS WERKELTEN DIE SCHERGEN AN DER KÖNIGLICHEN KAROSSE, WÄHREND SICH DER REGENT UND SEIN HOFSCHMIED SCHUBIAK AM GERSTENSAFT SCHADLOS HIELTEN...

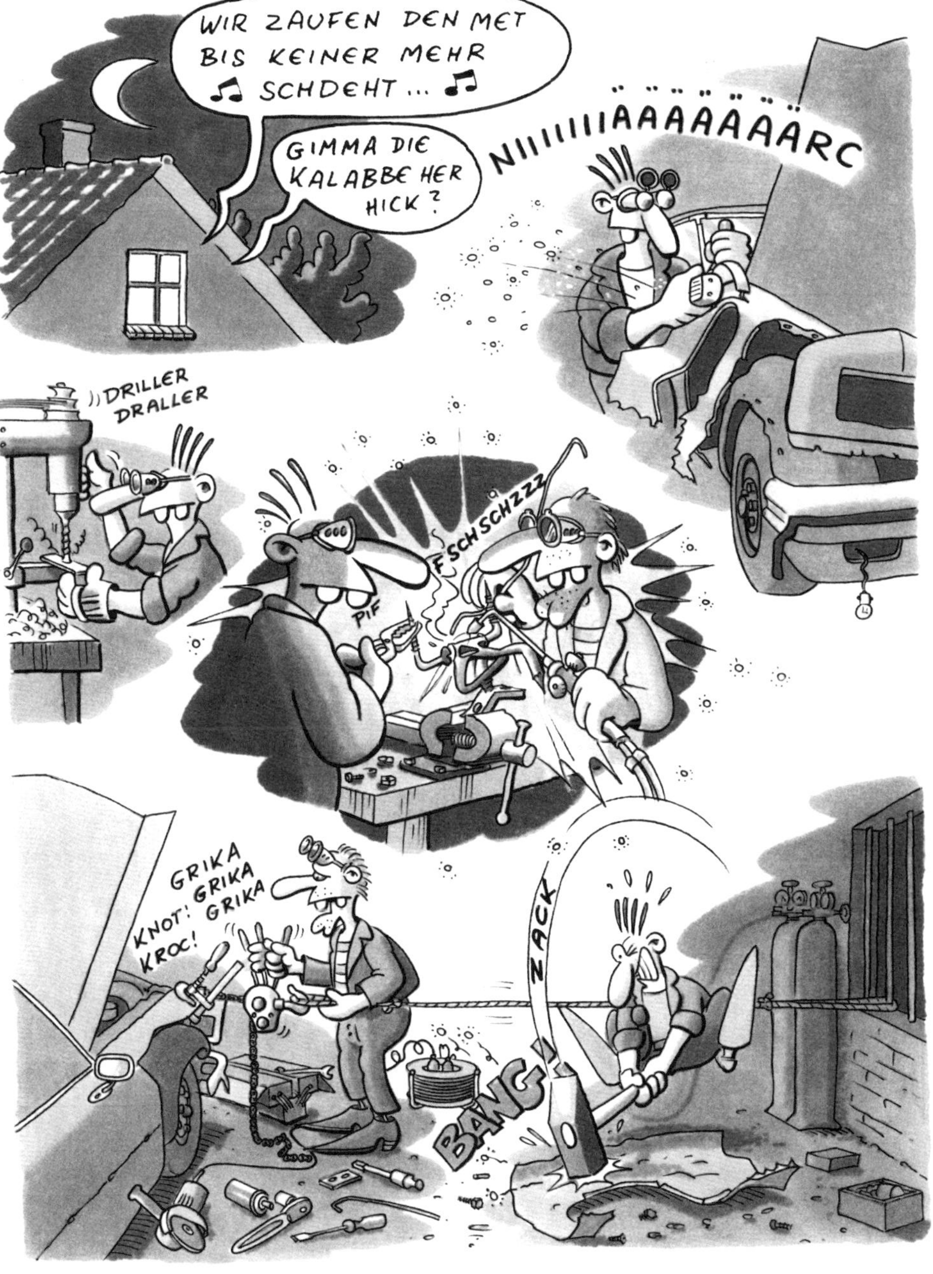

AM MORGEN, ALS DER KÖNIG SEINEN RAUSCH AUSGESCHLAFEN HATTE, BEGUTACHTETE ER DIE ARBEIT SEINER SCHERGEN.

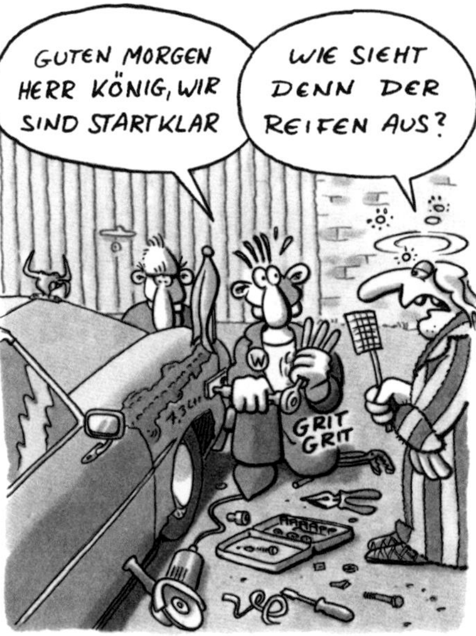

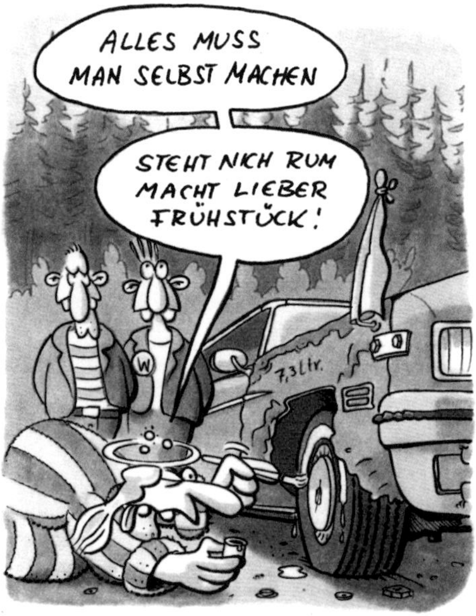

NACHDEM ER SEIN KUNSTWERK VOLLENDET HATTE, FÜHLTE ER SICH GESCHWÄCHT UND NAHM SEIN FRÜHSTÜCK EIN.

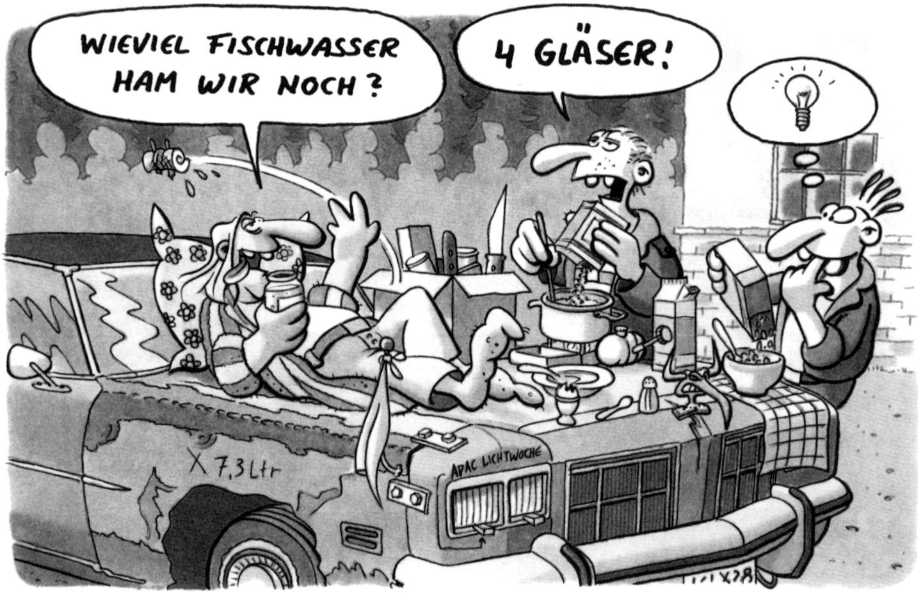

DER KÖNIG HATTE 'NEN TIERISCHEN BRAND. ER SOFF DEN GESAMTEN FISCHWASSERVORRAT AUS.

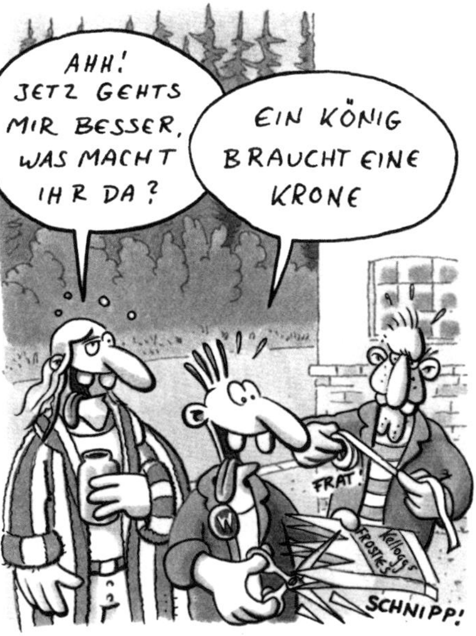

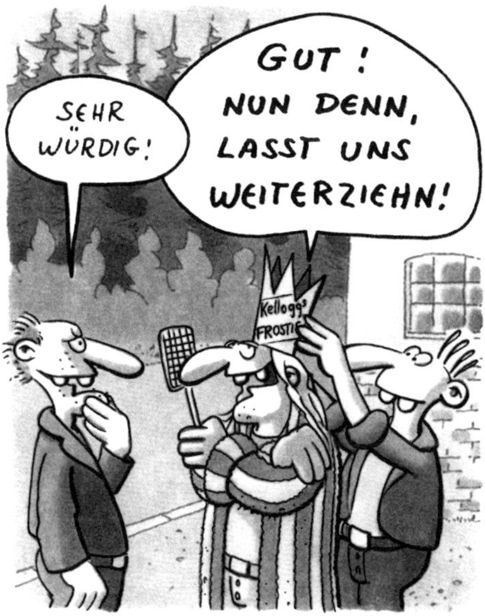

DIE STIMMUNG WAR GUT, DER KÖNIG KLIMPERTE AUF SEINER GITARRE ZU EINIGEN HITS AUS DEN SECHZIGERN.

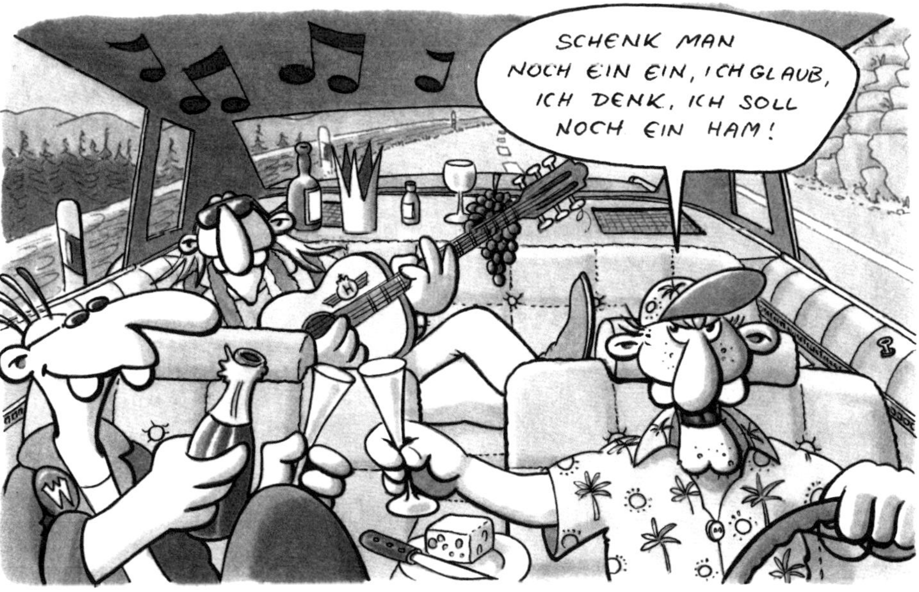

DIE MELODEIEN AUS DEM REKORDER UND DAS ANGENEHME LULLERN DES V 8-TRIEBWERKES MACHTEN DEN KÖNIG SCHLÄFRIG.

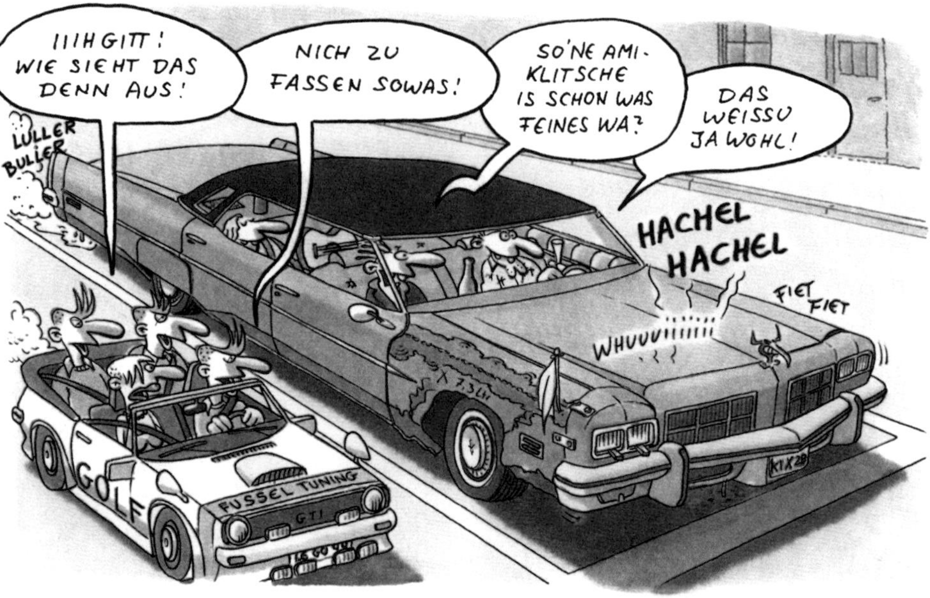

ER SCHMIEGTE SICH ZUFRIEDEN IN SEINE POLSTER, UND SCHWELGTE IN DER HOHEN KUNST DES DRÖSELNS.

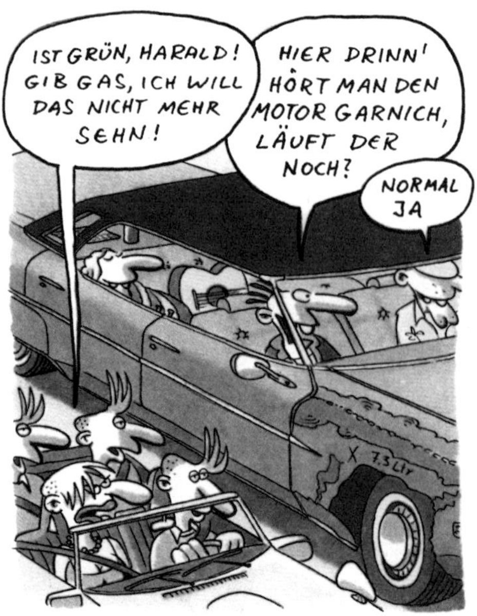

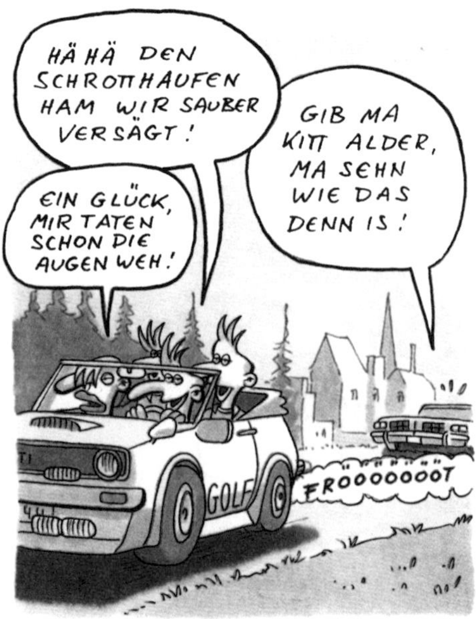

DIE SCHERGEN NUTZTEN DIE GELEGENHEIT, IM INNEREN DES ROLLENDEN KÖNIGREICHES EINE GERÄUSCHMESSUNG VORZUNEHMEN.

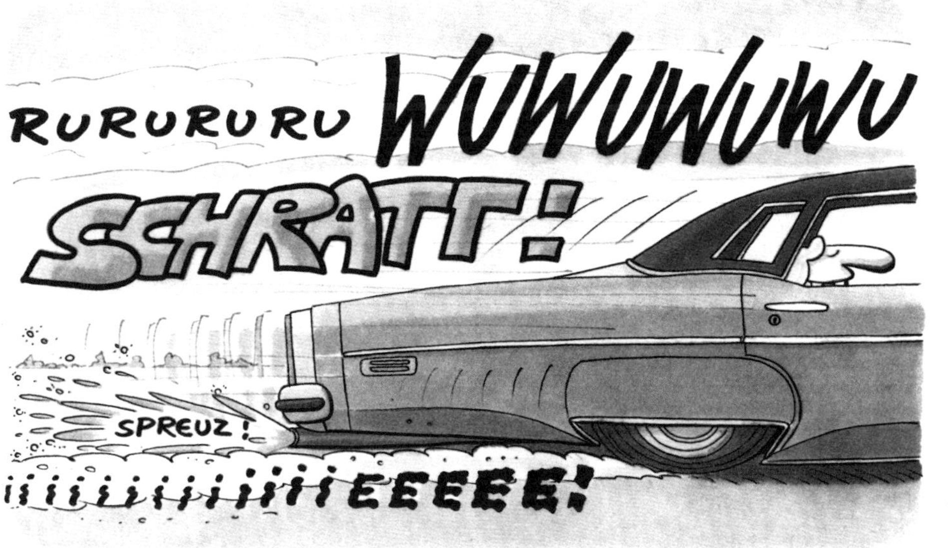

UNGEAHNTE KRÄFTE WURDEN FREIGESETZT, UND LIESSEN DEN AUTOWAGEN SCHNELLER UND SCHNELLER WERDEN.

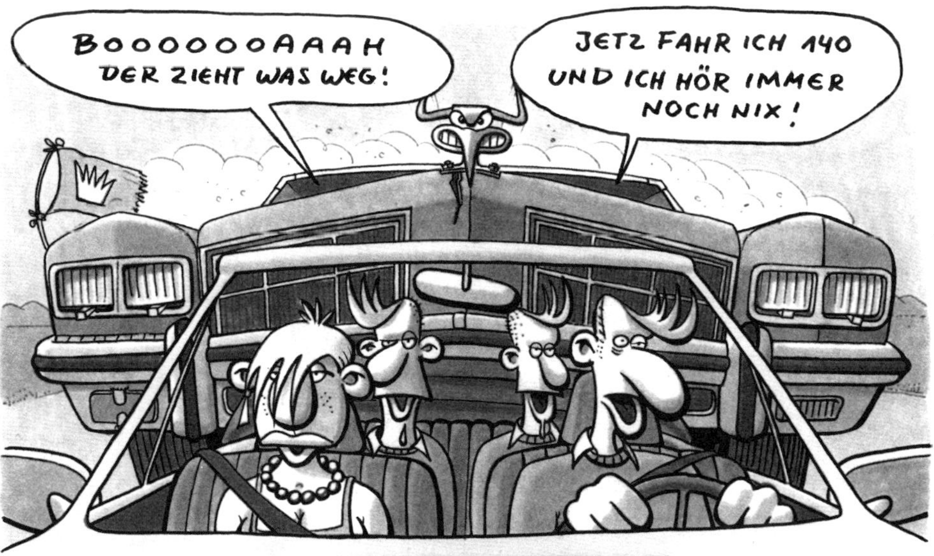

UND DER HOFSTAAT FREUTE SICH ÜBER DAS KRAFTVOLLE GEFÄHRT, DAS MIT IHNEN UNAUFHALTSAM RICHTUNG SÜDEN SCHWEBTE.

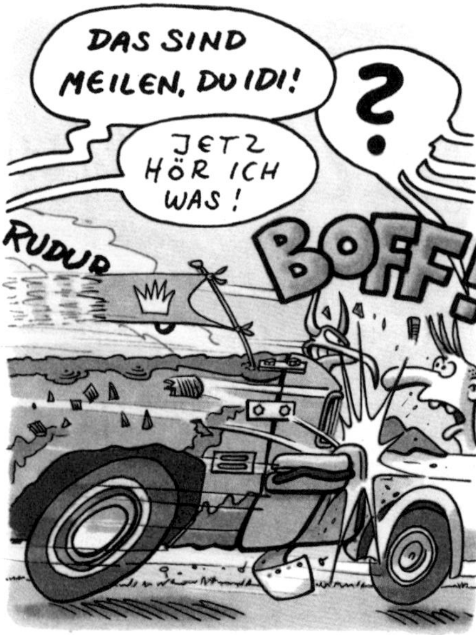

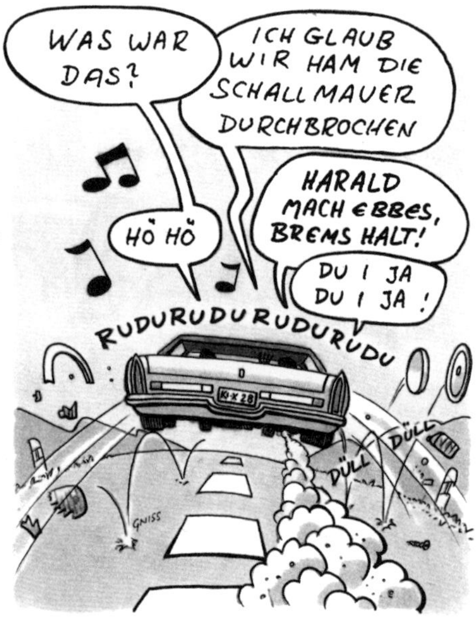

SO ERREICHTEN SIE NACH KURZER ZEIT DIE SCHWEIZER GRENZE, UND DER KÖNIG ERWACHTE AUS SEINER DRÖSELSTUDIE.

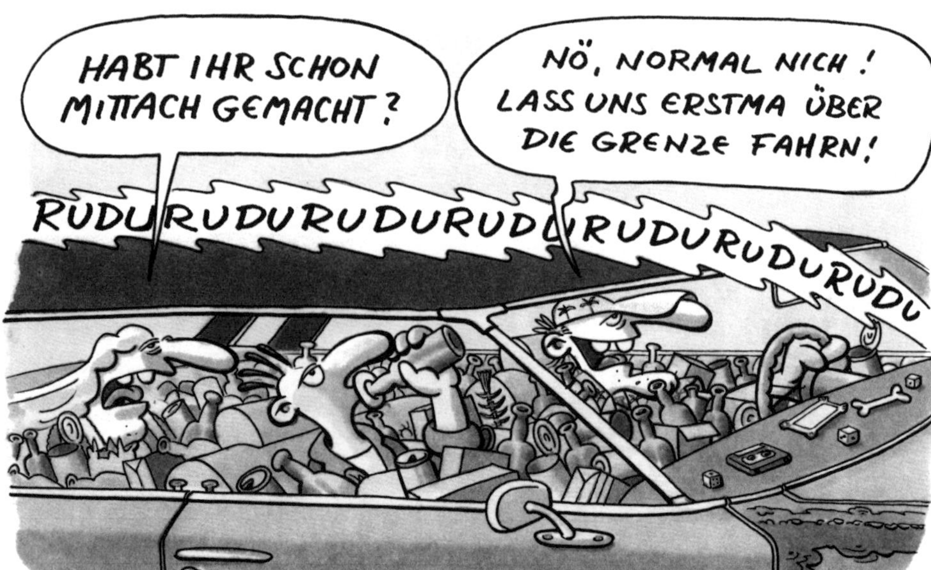

DORT ANGEKOMMEN, LIESS MAN ZUM UNMUT DER INSASSEN DIE KÖNIGLICHE KAROSSE WARTEN.

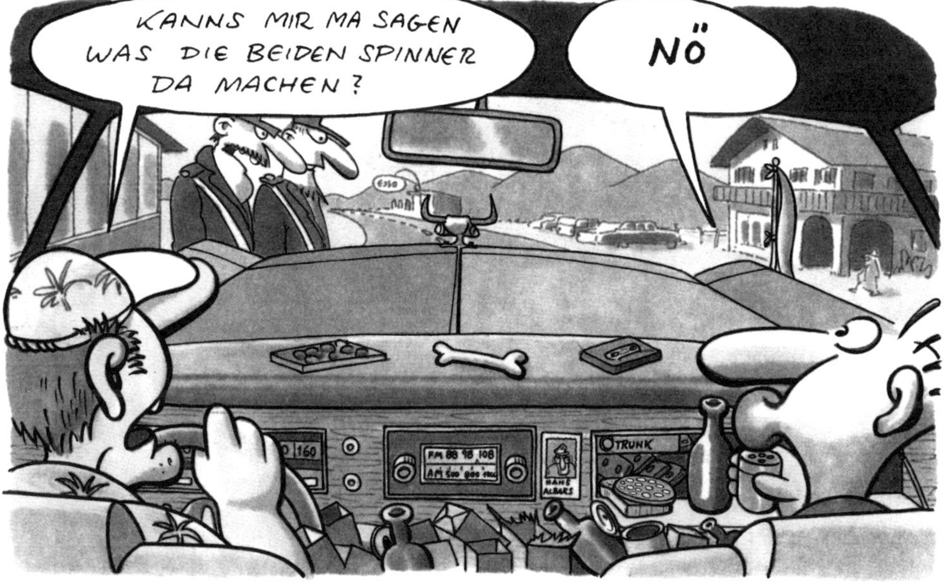

DIE BÜTTEL IGNORIERTEN DEN HOHEN STAATSBESUCH. MAN MUTMASSTE, DASS DIES ÄUSSERT MERKWÜRDIGE DIENSTLEUTE WAREN.

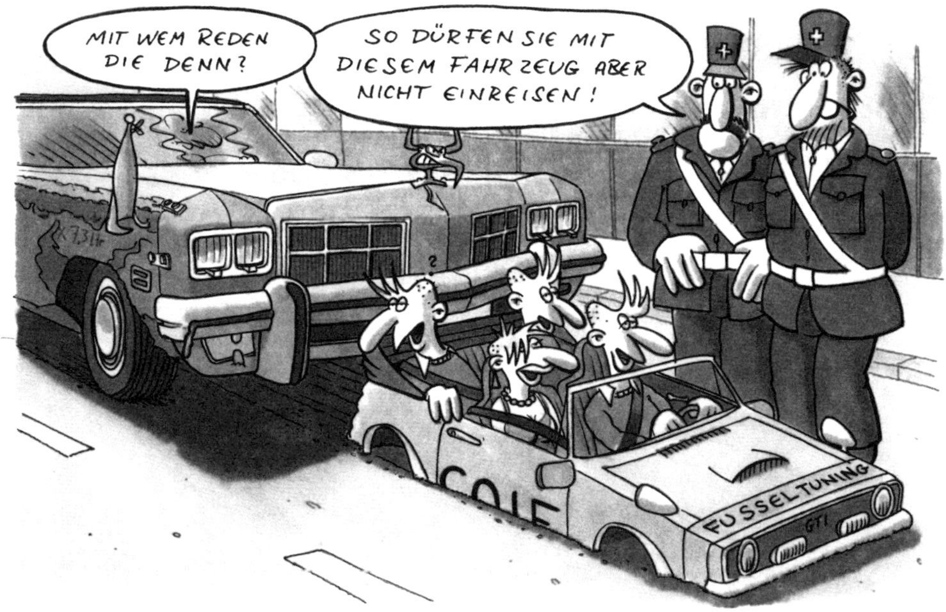

DER KÖNIG SANDTE SEINE UNTERTANEN AUS, UM SEINEN BESUCH GEBÜHREND ANZUKÜNDIGEN.

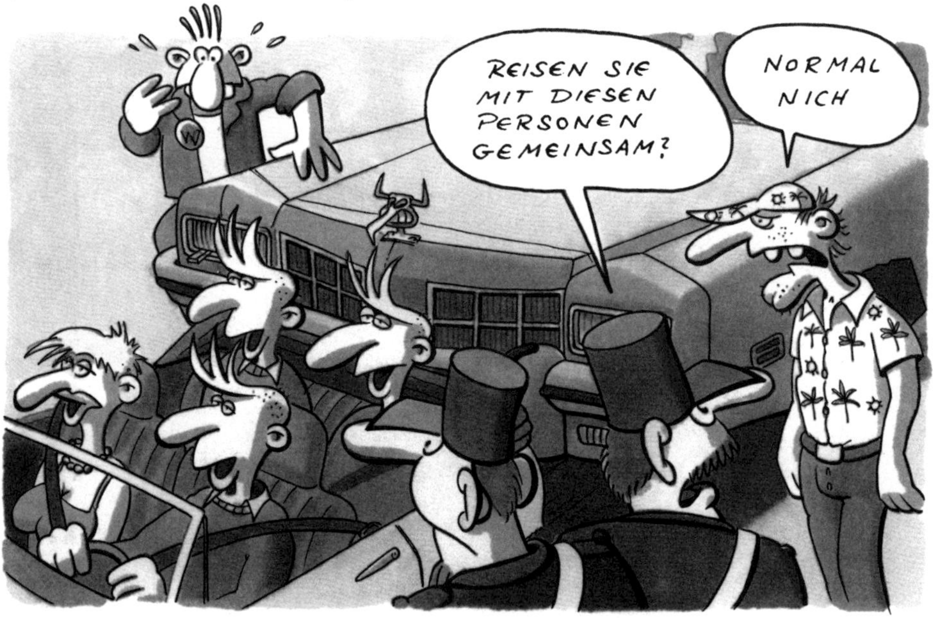

ES TAT SICH ABER SO AN, ALS OB IN DIESEM LAND DER BESUCH EINES MONARCHEN NICHT GEWÜRDIGT WURDE!

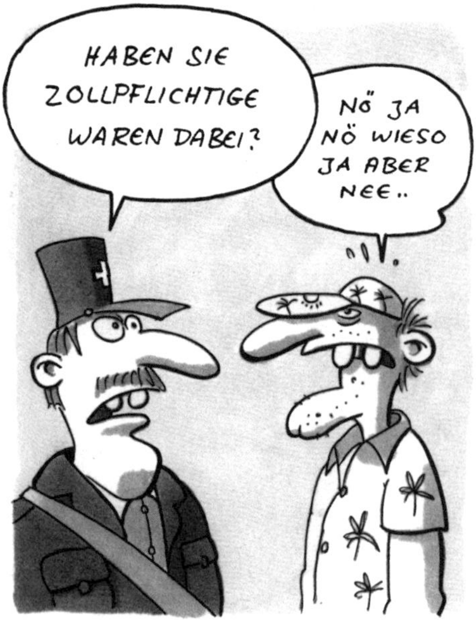

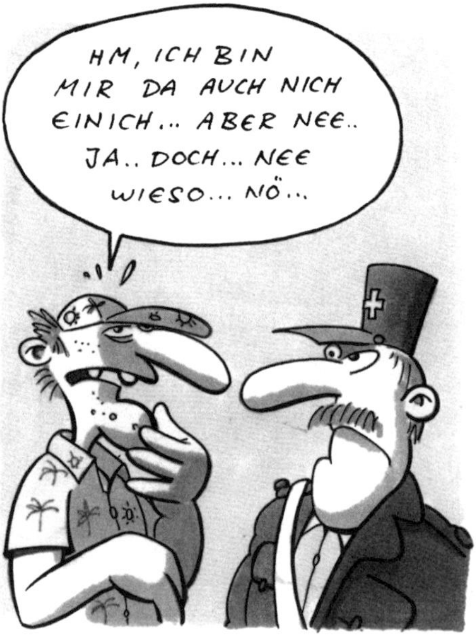

DIES SCHIEN SICH ZU BESTÄTIGEN, ABER DER KÖNIG BESCHLOSS, DEN BÜTTELN DIPLOMATISCH ENTGEGENZUTRETEN.

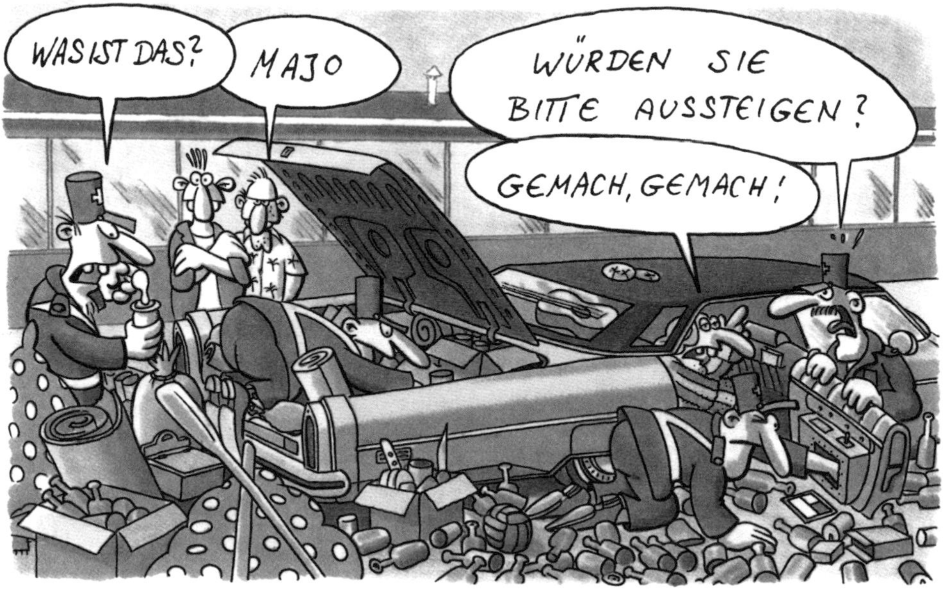

ER BEFAHL SEINEN SCHERGEN, DEN STAATSDIENERN AUF PÄDAGOGISCHE WEISE KLARZUMACHEN, WER SIE DORT BESUCHTE.

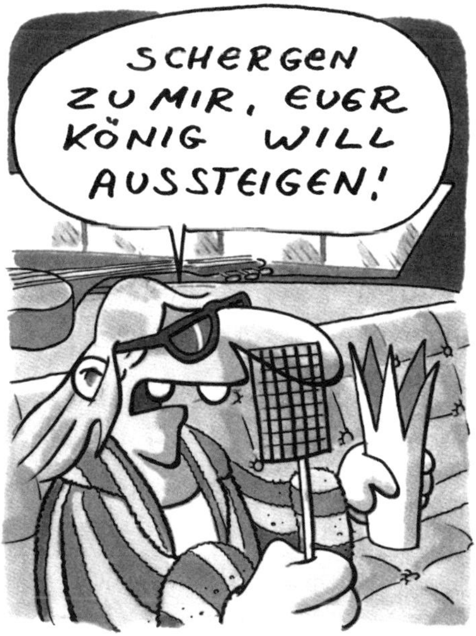

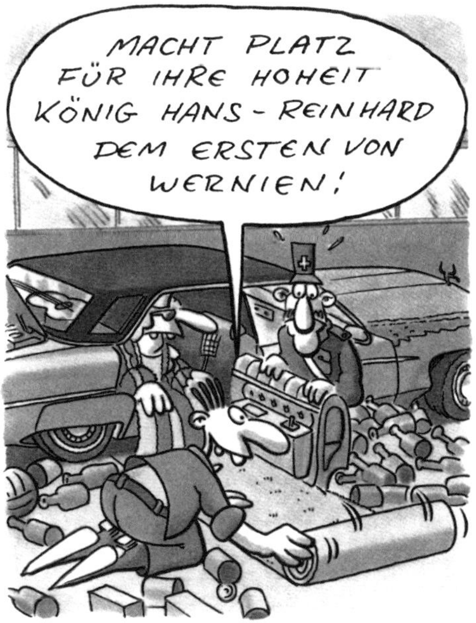

DIE ZEREMONIE MACHTE KEINEN EINDRUCK AUF DIE ZÖLLNER. DIE PENETRANTE SCHNÜFFELEI WURDE FORTGESETZT.

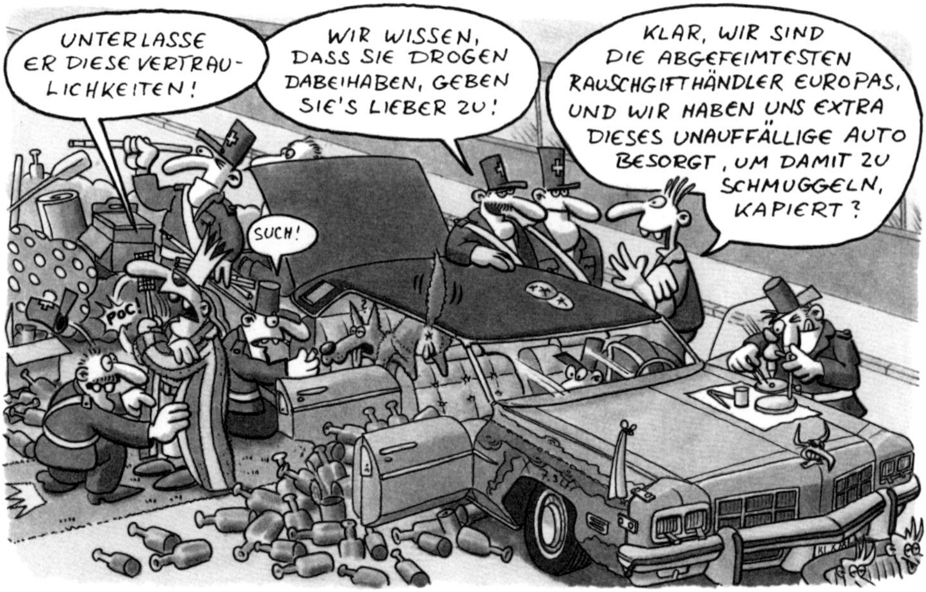

ALS SIE DEN KÖNIG DANN AUCH NOCH MIT DUMMEN FRAGEN VOLLSÜLZTEN, BRACH ER DIE DIPLOMATISCHEN BEZIEHUNGEN ZUR SCHWEIZ KURZERHAND AB.

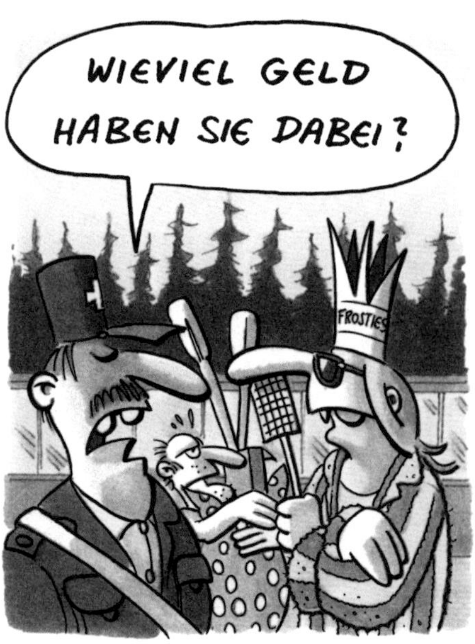

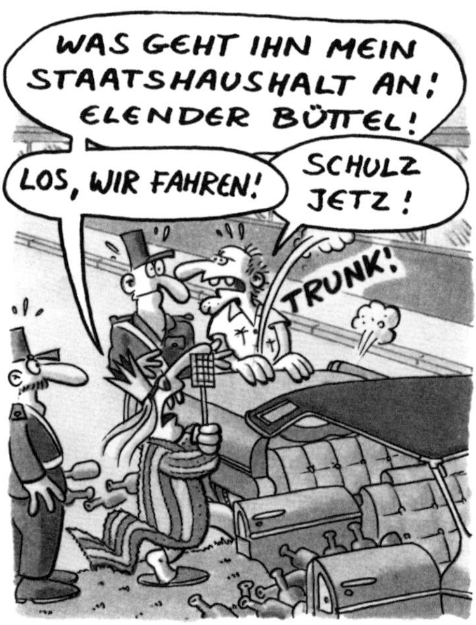

DER KÖNIG WAR ÄUSSERST GENERVT. AUF SEIN GEHEISS SETZTEN SIE IHRE REISE FORT.

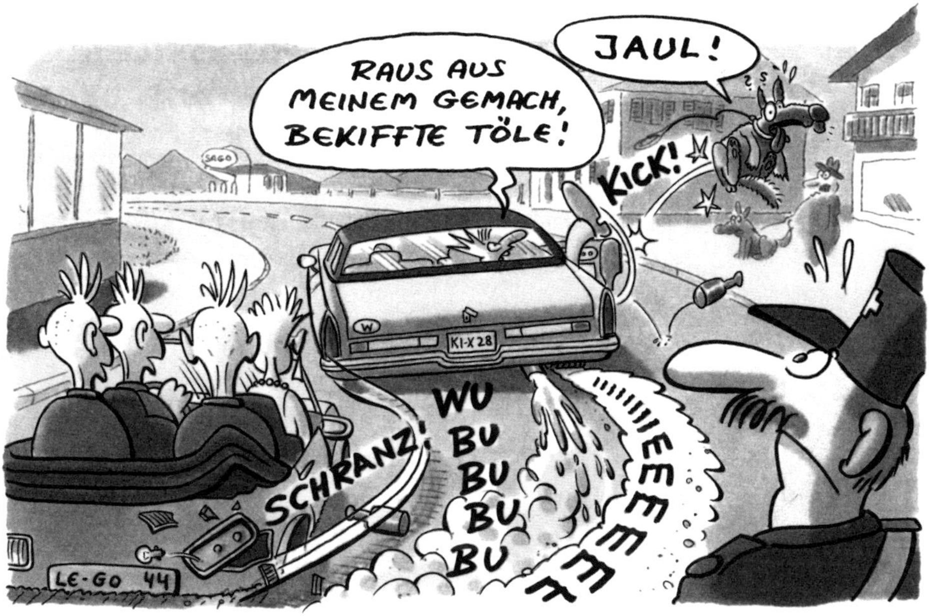

ALSBALD SAHEN SIE DIE WERBUNG IHRES KÖNIGLICHEN HOFBLATTES. DER KÖNIG LAG IM DISPUT MIT SEINEM VERLEGER, WEGEN DES NAMENS.

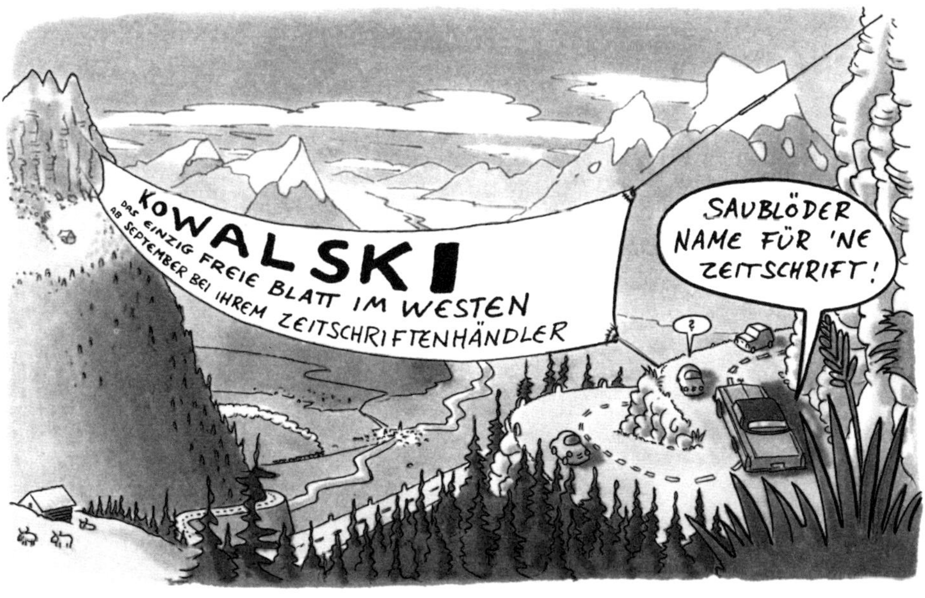

ABER VON ALLEDEM WOLLTEN SIE SICH NICHT DEN TAG VERDERBEN LASSEN, AUSSERDEM WAR KÖNIGSWECHSEL ANGESAGT.

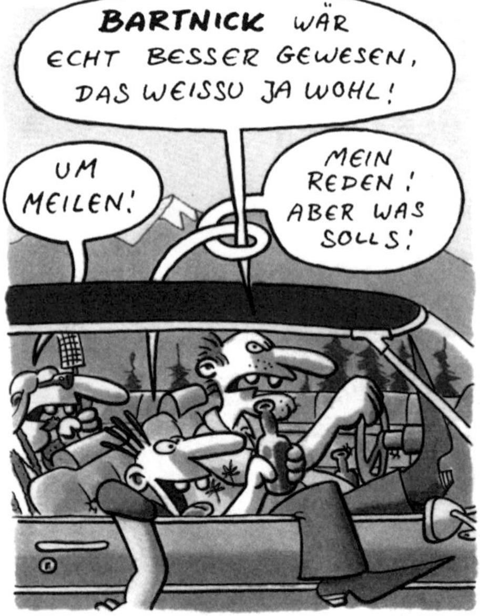

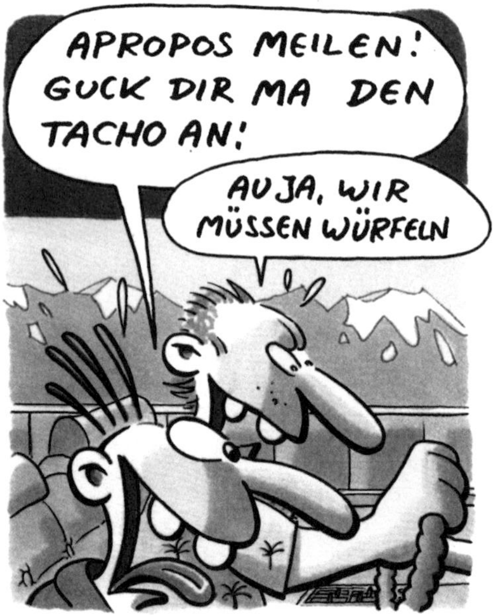

IHRE SINNE KONZENTRIERTEN SICH VOLL AUF DIE WÜRFEL. DIE SPANNUNG STIEG, WER WIRD DER NEUE KÖNIG WERDEN?

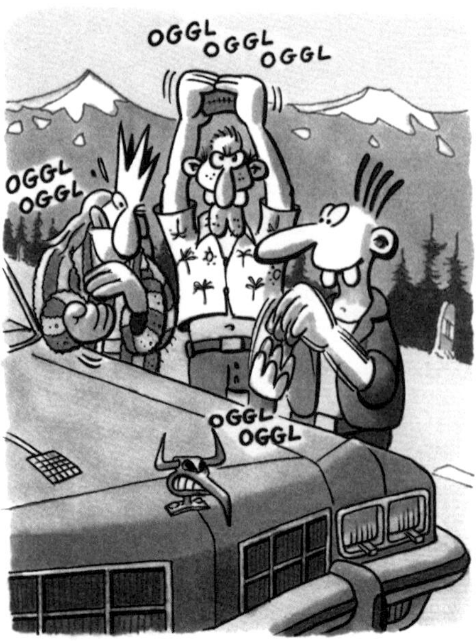

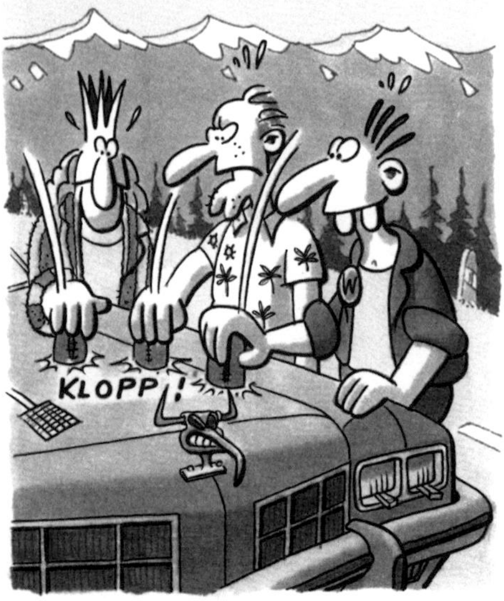

DER ALTE KÖNIG MUSSTE ABDANKEN, ER ÜBERREICHTE DEM NEUEN HERRSCHER KRONE, GEWAND UND ZEPTER.

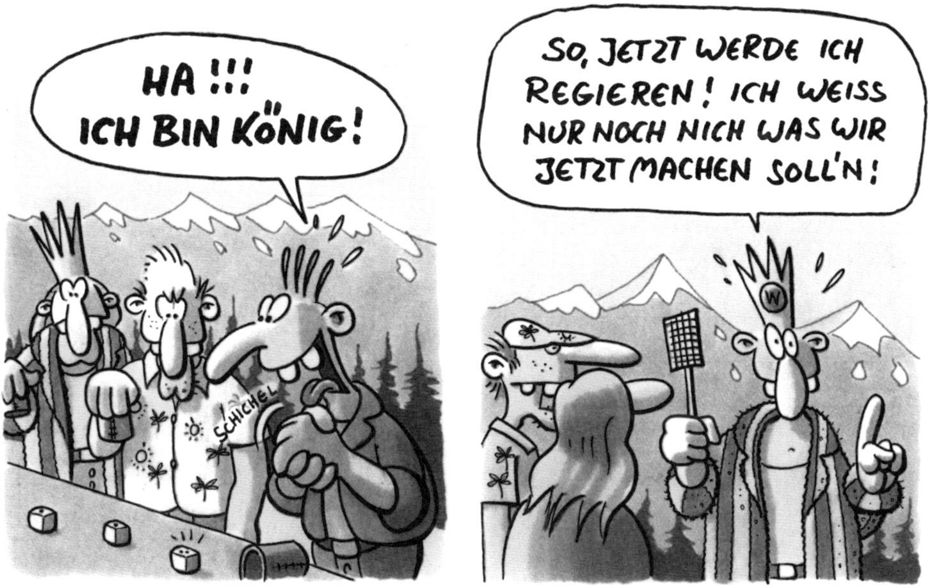

DER NEUE KÖNIG WAR EIN SCHÖNER, ANMUTIGER JÜNGLING VOLLER KRAFT UND TATENDRANG.

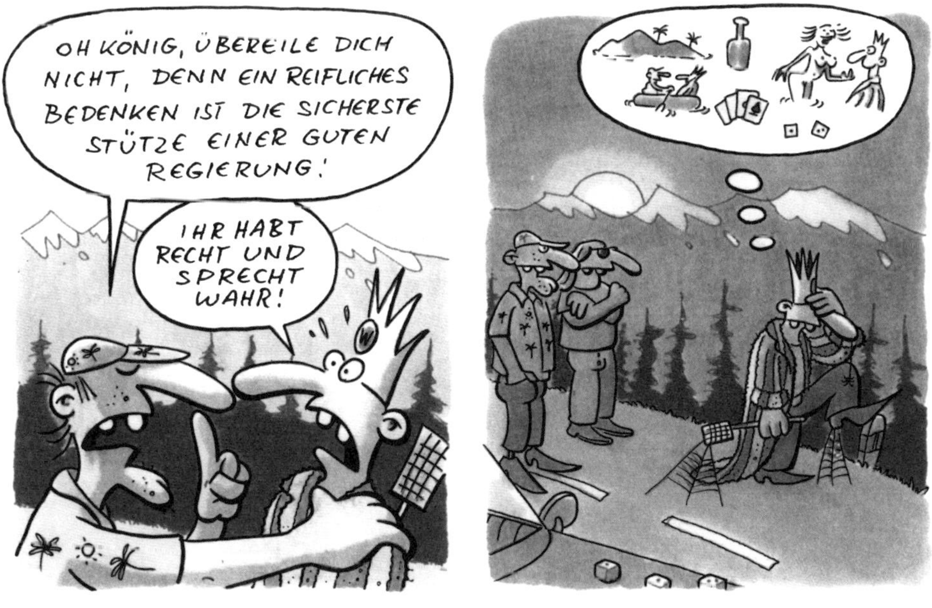

DER KÖNIG NAHM SICH DIE WORTE SEINES MINERALSEKRETÄRS ZU HERZEN, UND LIESS SEIN BLAUES BLUT DURCH DIE ADLIGEN GEHIRNWINDUNGEN STRÖMEN.

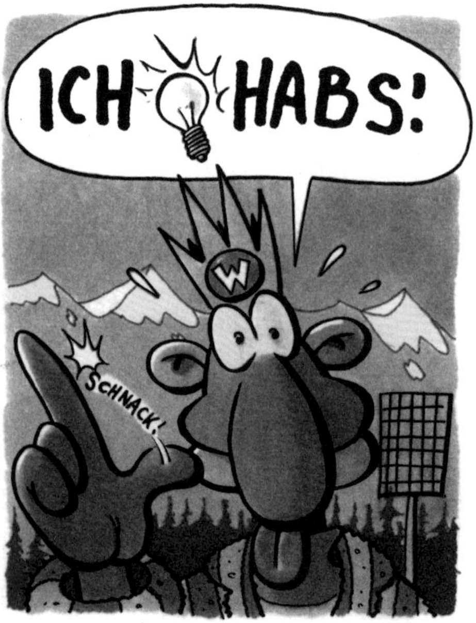

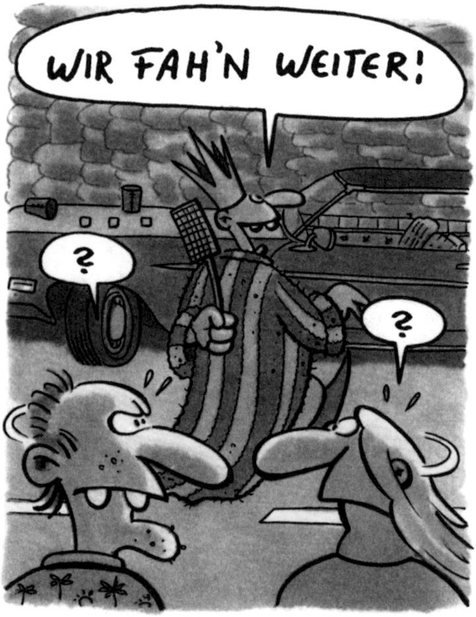

DIE UNTERTANEN BEWUNDERTEN DIE GÖTTLICHE FÜGUNG IHRES KÖNIGS, DIE SIE AN DIE GESTADE DES MITTELMEERES FÜHRTE.

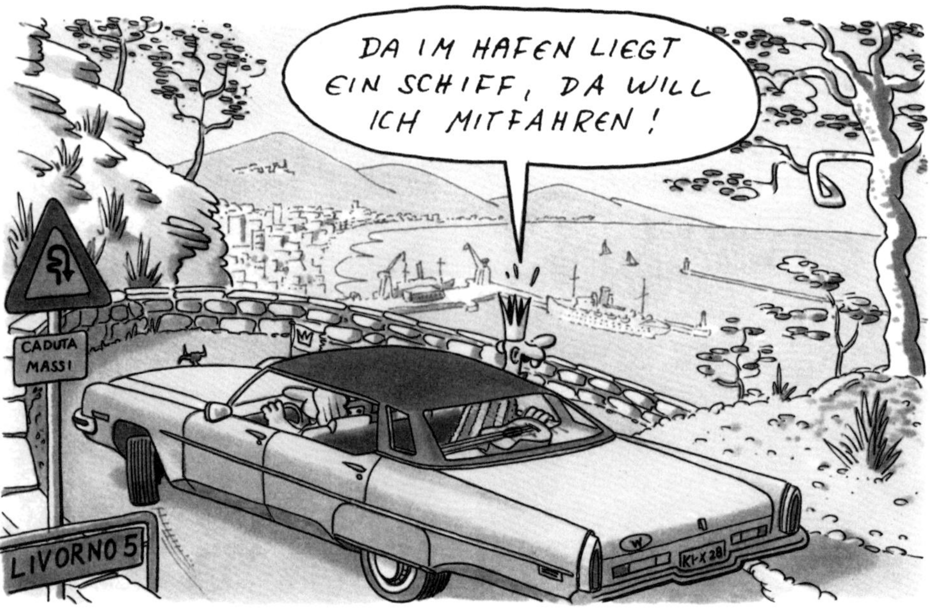

AM HAFEN ANGEKOMMEN, MACHTE DER KÖNIG SICH SORGEN UM DEN ZUSTAND DES SCHIFFES.

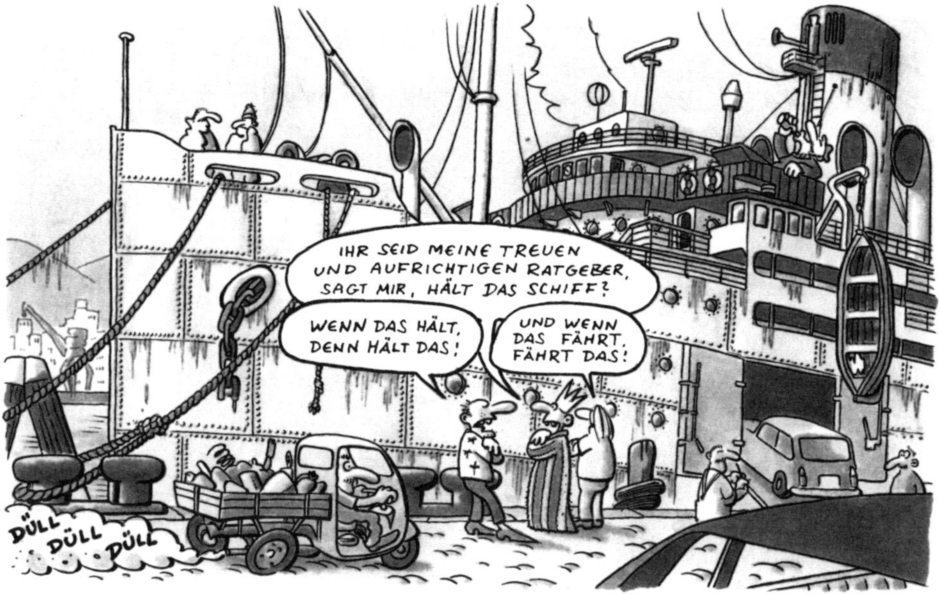

UM SICH NICHT IN GEFAHR ZU BRINGEN, ÜBERNACHTETE ER SICHERHEITSHALBER IN SEINEM SCHLAUCHBOOT.

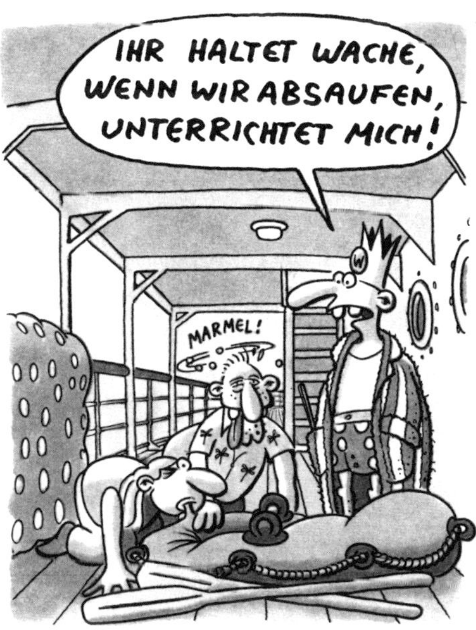

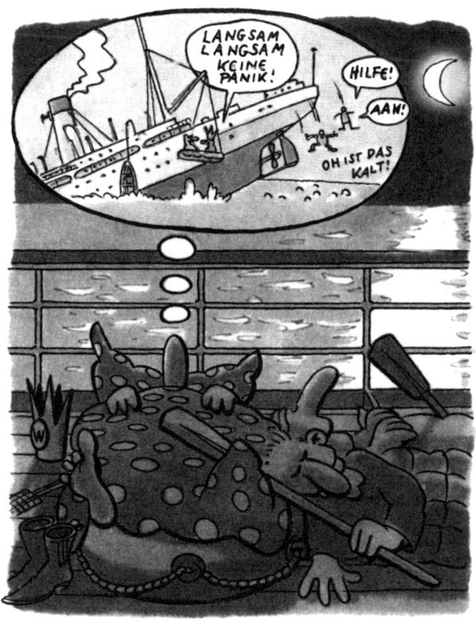

ALS DER KÖNIG AM NÄCHSTEN MORGEN SAH, DASS SEINE UNTERTANEN NICHT ÜBER IHN WACHTEN, STIEG ZORN IN IHM AUF.

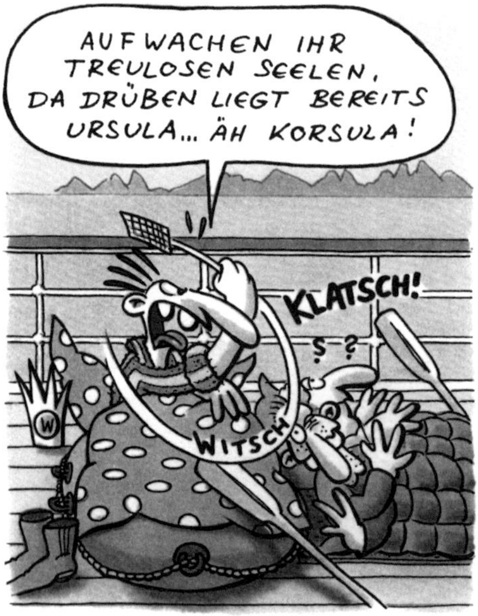

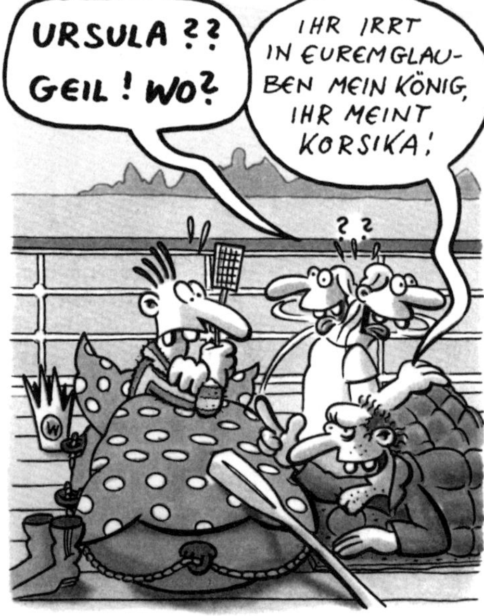

UM SEINE SCHLECHTE LAUNE ZU VERTREIBEN, BEFAHL ER SEINEN SCHERGEN EIN LIED VORZUTRAGEN.

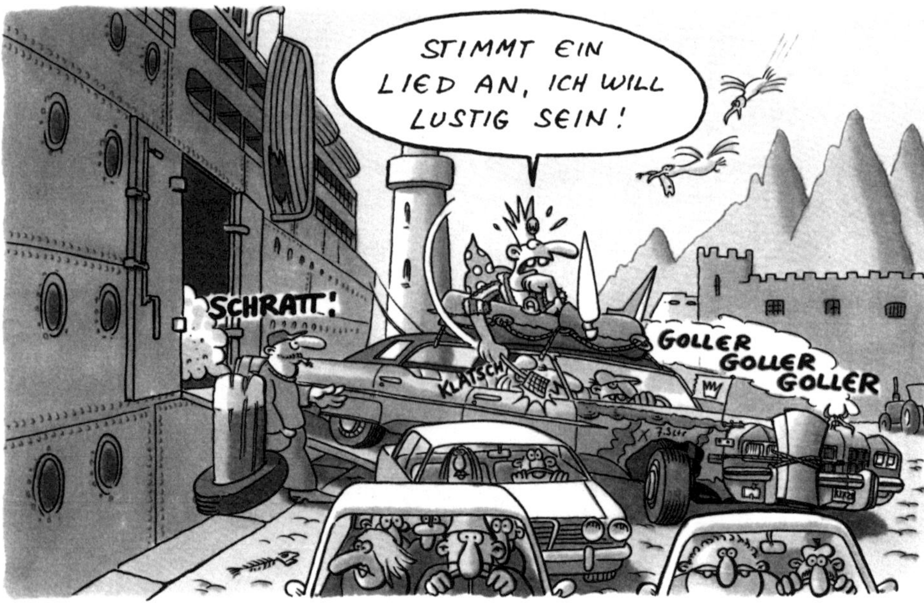

ES WAR EIN SCHÖNES EILAND AUF DAS IHR KÖNIG SIE GEFÜHRT HATTE, UND MIT FREUDEN SANGEN SIE FÜR IHREN HERRN.

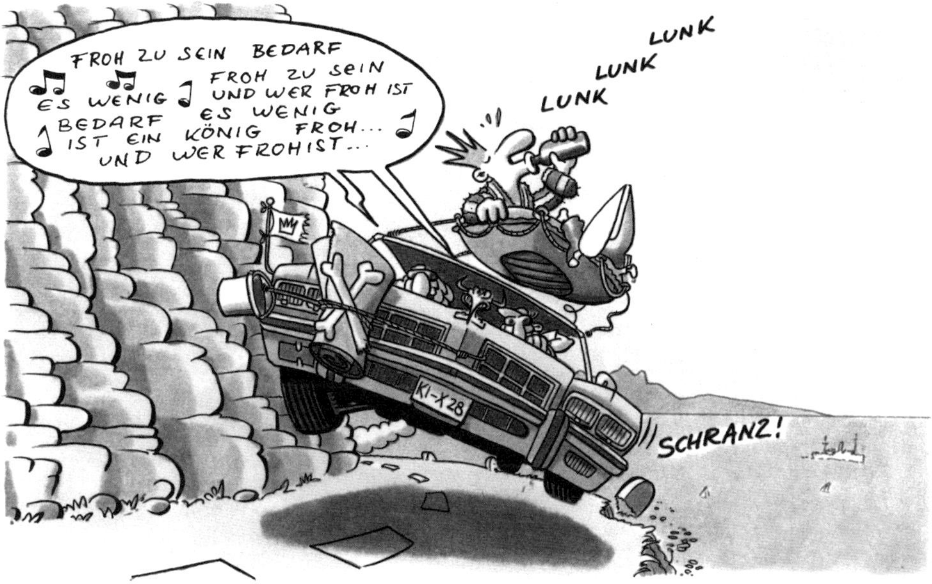

DES KÖNIGS BLICKE SCHWEIFTEN ÜBER DIE GLITZERNDEN FLUTEN, UND IHM GELÜSTETE NACH EINEM BADE.

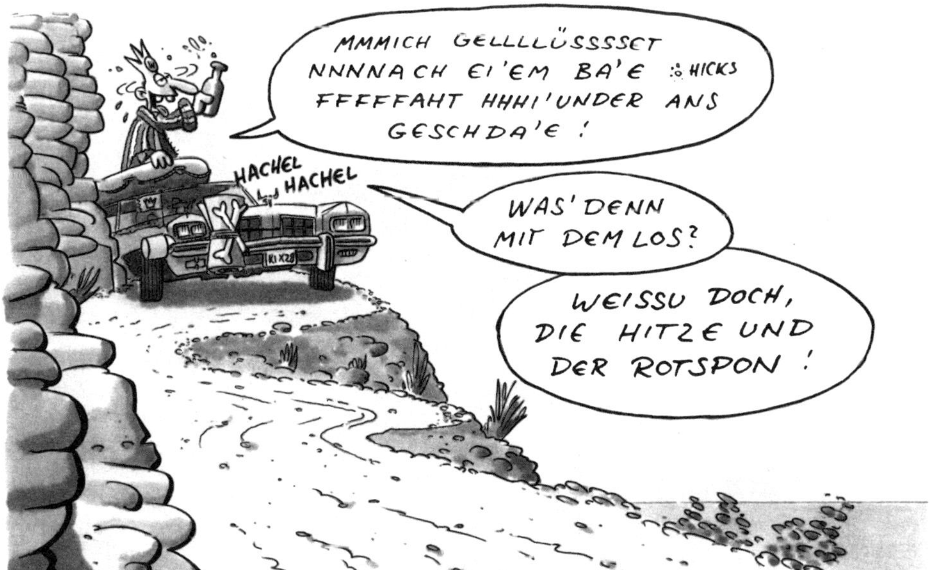

ALS DER KÖNIG SICH DAS PLÄTZCHEN NÄHER BETRACHTETE, WAR IHM KLAR, DASS ER DORT SEINEN URLAUB VERBRINGEN WOLLTE.

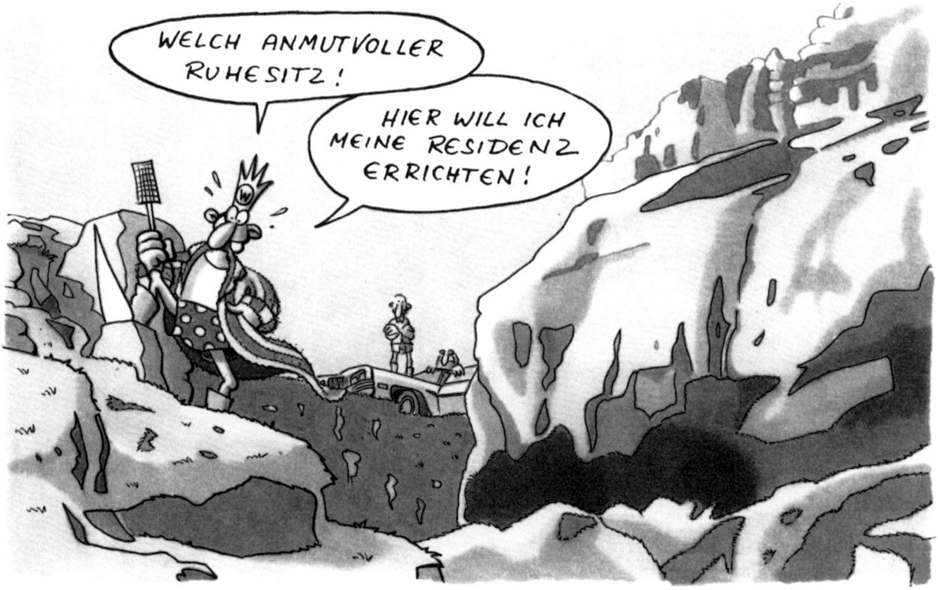

ER WIES SEINEN SCHLOSSVERWALTER AN, DAS SCHLOSS ZUR GEPÄCKKAMMER ZU ÖFFNEN, UND SEINE UTENSILIEN HINUNTERZUBRINGEN.

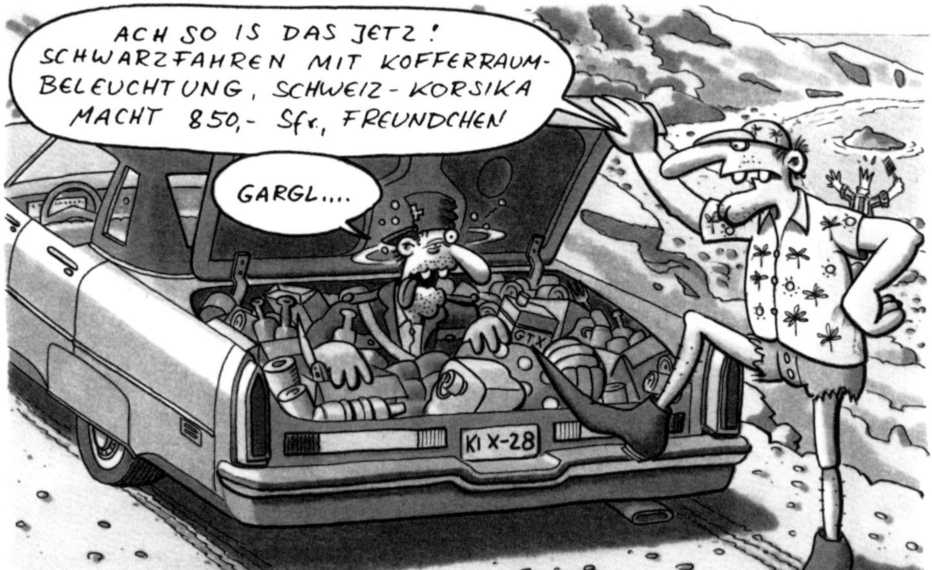

DER KÖNIG WAR ZUFRIEDEN UND DACHTE AN NICHTS BÖSES, NUR AN SEIN WOHLLEBEN UND SEINE RUHE.

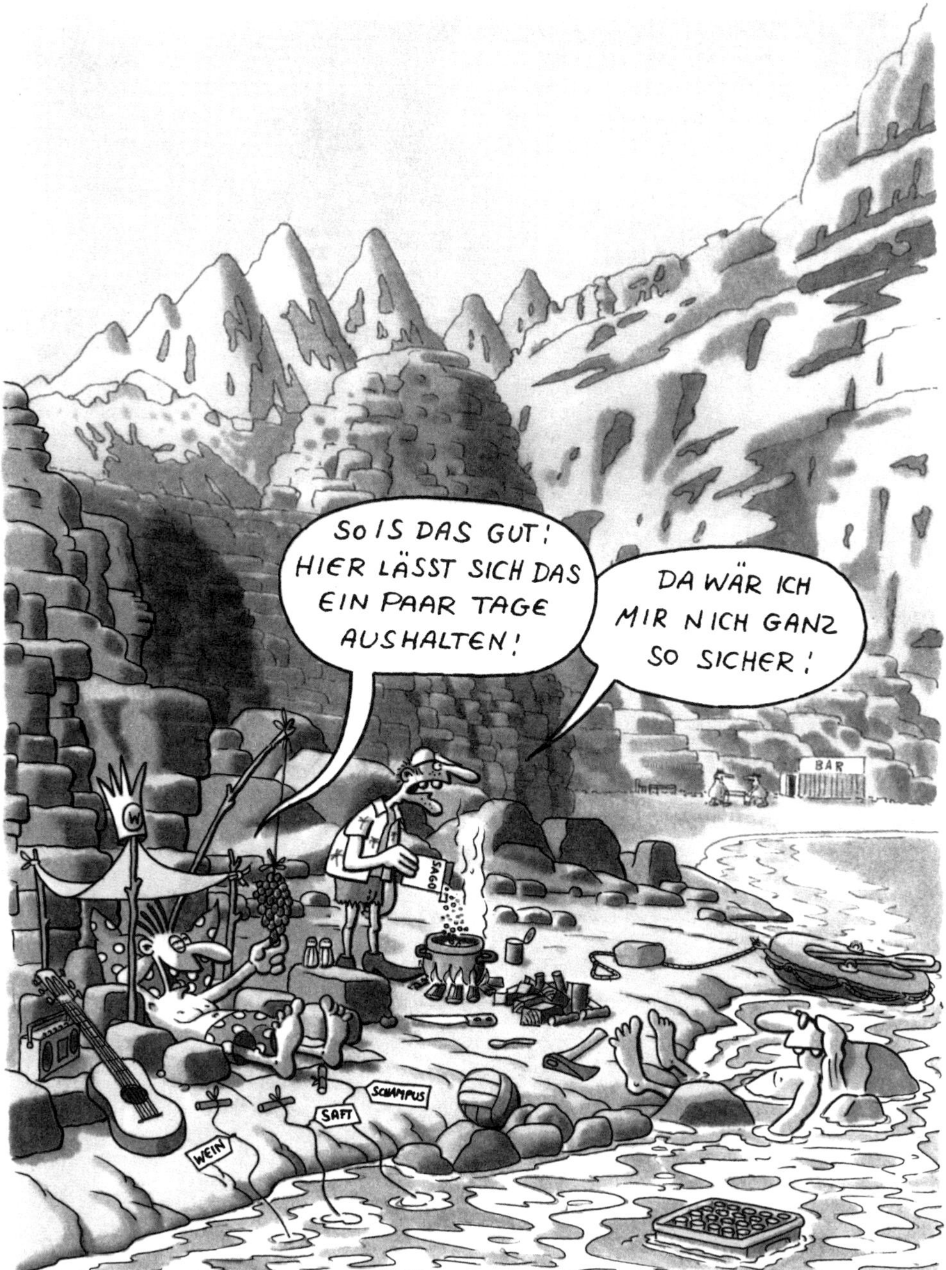

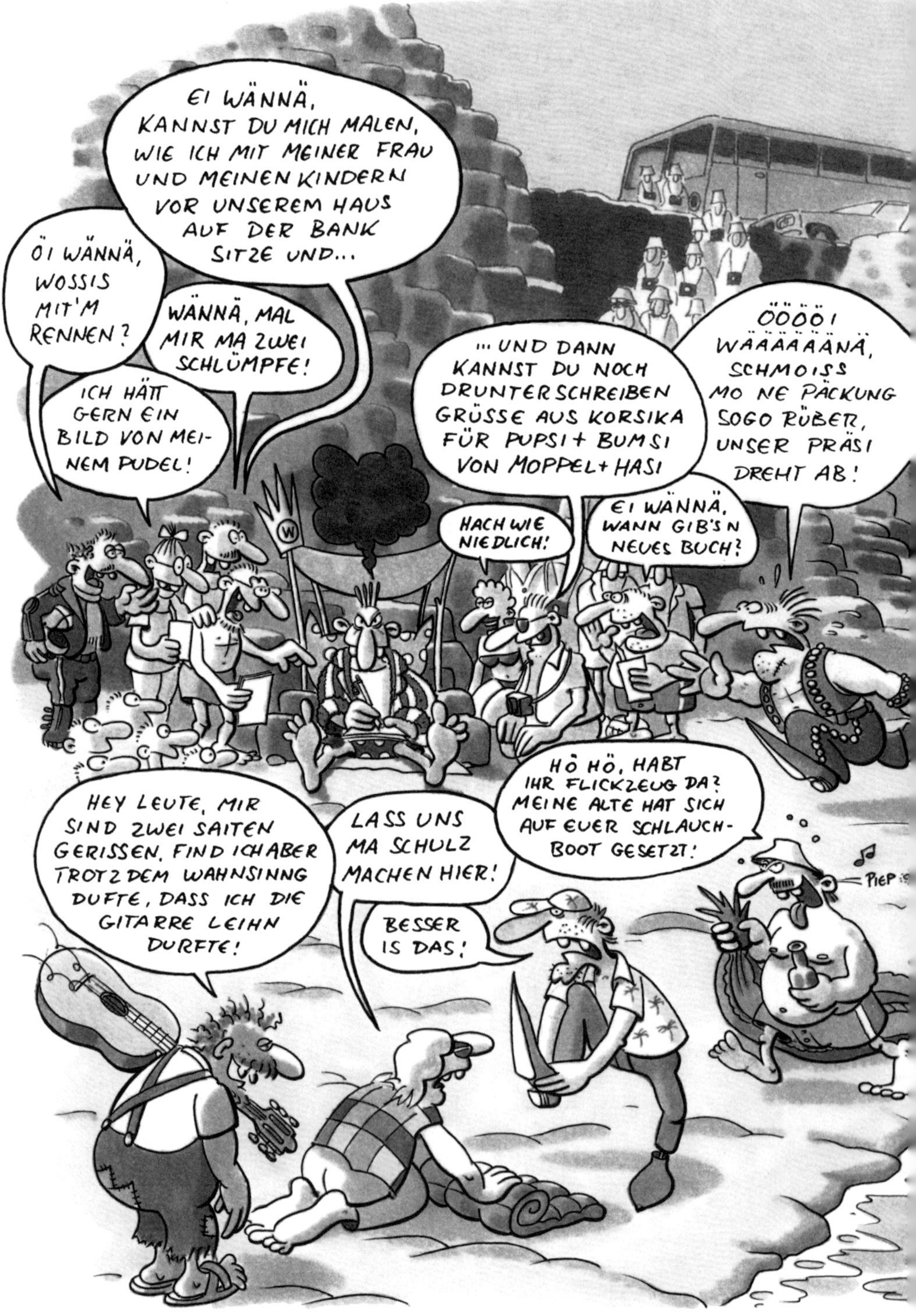
EI WÄNNÄ, KANNST DU MICH MALEN, WIE ICH MIT MEINER FRAU UND MEINEN KINDERN VOR UNSEREM HAUS AUF DER BANK SITZE UND...
ÖI WÄNNÄ, WOSSIS MIT'M RENNEN?
WÄNNÄ, MAL MIR MA ZWEI SCHLÜMPFE!
ICH HÄTT GERN EIN BILD VON MEINEM PUDEL!
... UND DANN KANNST DU NOCH DRUNTERSCHREIBEN GRÜSSE AUS KORSIKA FÜR PUPSI + BUMSI VON MOPPEL + HASI
ÖÖÖÖ! WÄÄÄÄÄÄNÄ, SCHMOISS MO NE PÄCKUNG SOGO RÜBER, UNSER PRÄSI DREHT AB!
HACH WIE NIEDLICH!
EI WÄNNÄ, WANN GIB'S N NEUES BUCH?
HEY LEUTE, MIR SIND ZWEI SAITEN GERISSEN. FIND ICH ABER TROTZDEM WAHNSINNG DUFTE, DASS ICH DIE GITARRE LEIHN DURFTE!
LASS UNS MA SCHULZ MACHEN HIER!
BESSER IS DAS!
HÖ HÖ, HABT IHR FLICKZEUG DA? MEINE ALTE HAT SICH AUF EUER SCHLAUCHBOOT GESETZT!
PIEP

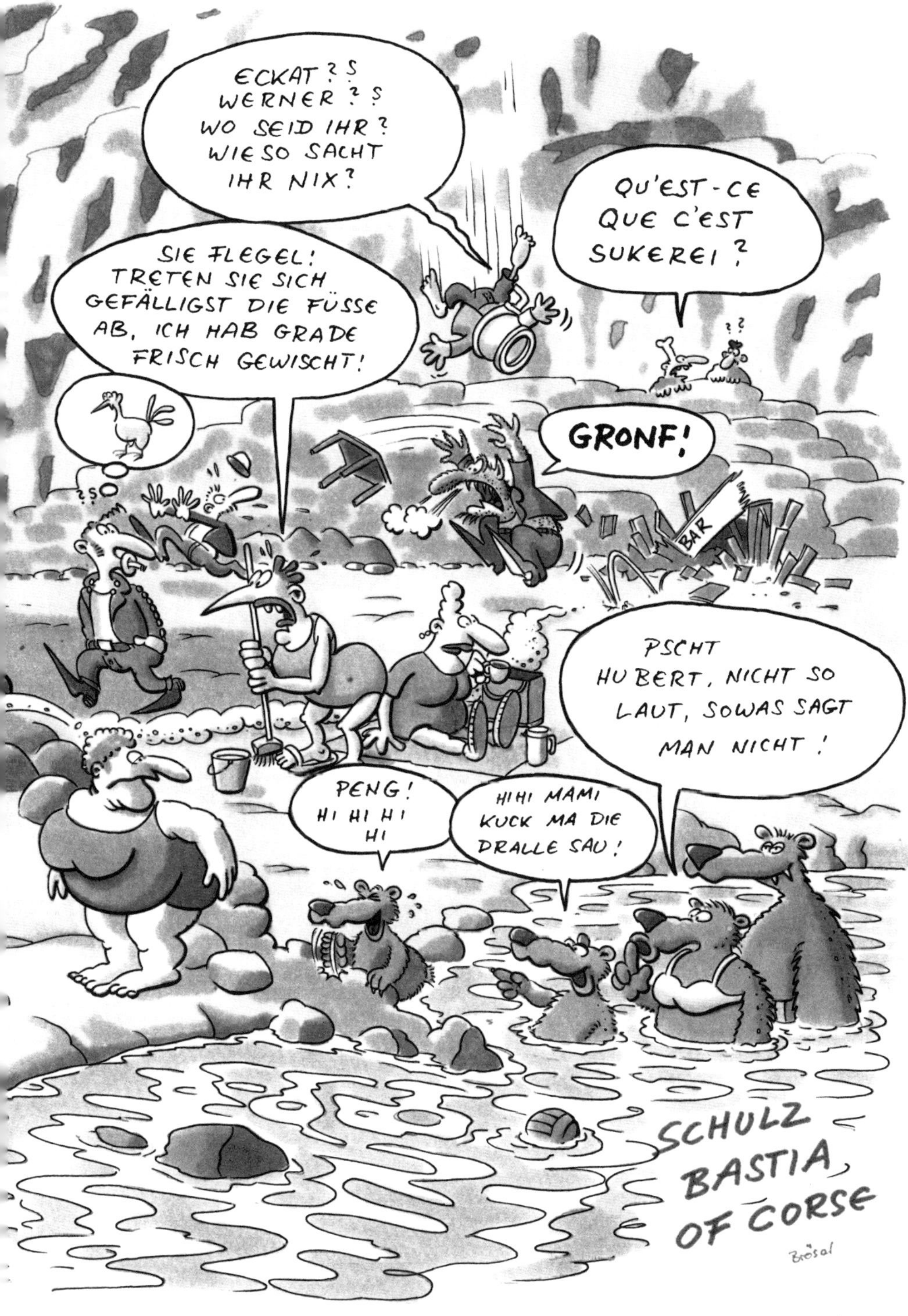
ECKAT?? WERNER?? WO SEID IHR? WIESO SACHT IHR NIX?
QU'EST-CE QUE C'EST SUKEREI?
SIE FLEGEL! TRETEN SIE SICH GEFÄLLIGST DIE FÜSSE AB, ICH HAB GRADE FRISCH GEWISCHT!
GRONF!
BAR
PSCHT HUBERT, NICHT SO LAUT, SOWAS SAGT MAN NICHT!
PENG! HI HI HI HI
HIHI MAMI KUCK MA DIE DRALLE SAU!
SCHULZ BASTIA, OF CORSE
Brösel

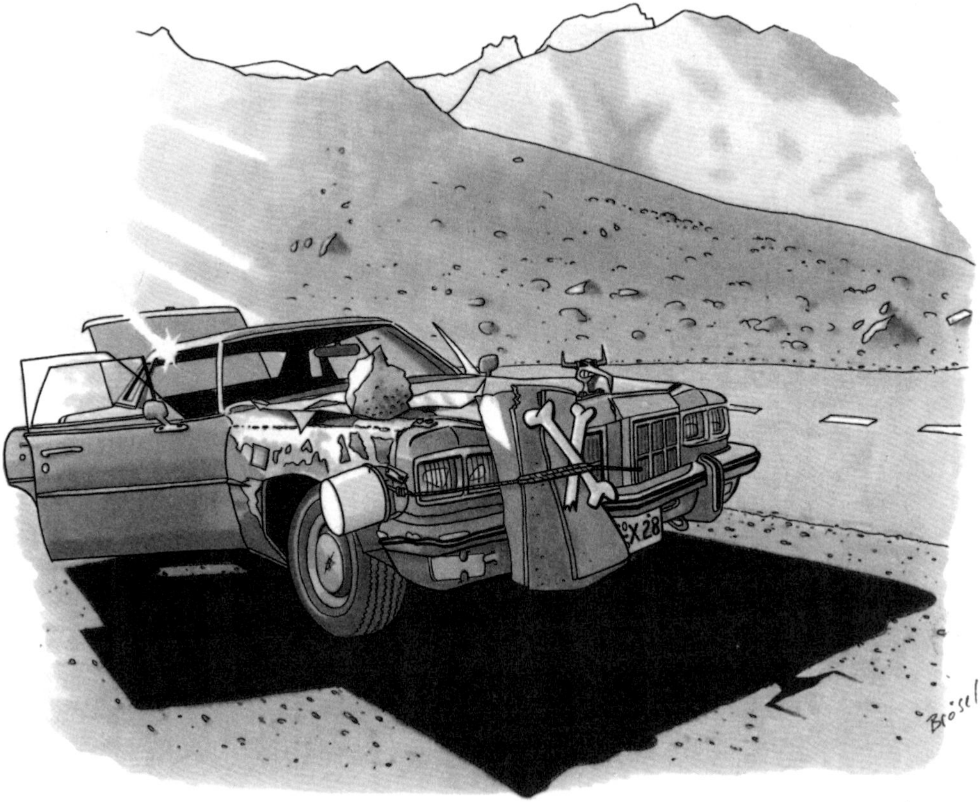
Brösel

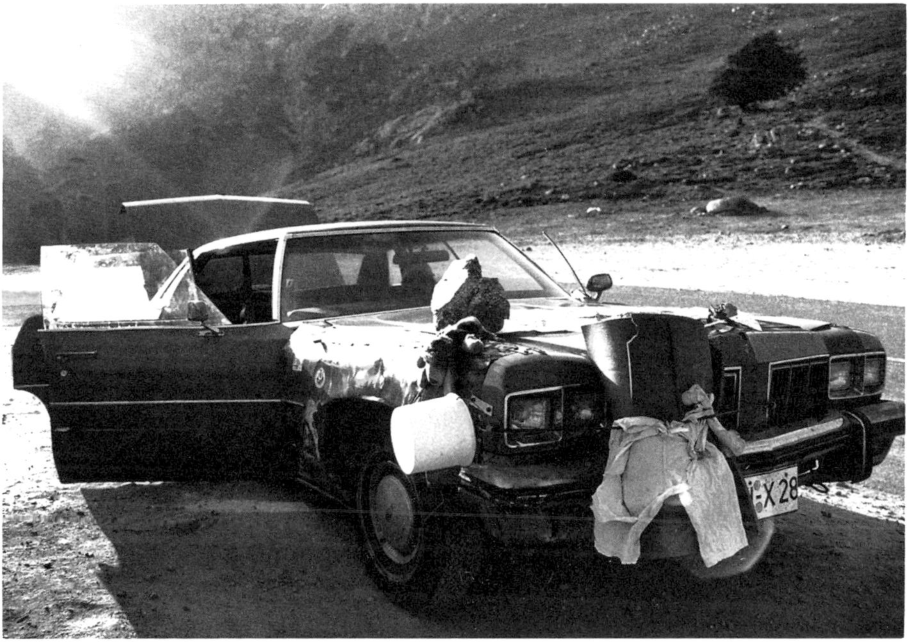